Dieses Buch ist für

Alex, Mika, Ron und Zoe

Dirk Arndt

Sprechstunde ZuFRIEDENheit

Stehen wir unserem Glück selbst im Weg?

Bibliografische Information der Deutschen Nationalbibliothek:
Die Deutsche Nationalbibliothek verzeichnet diese Publikation in der Deutschen Nationalbibliografie; detaillierte bibliografische Daten sind im Internet über http://dnb.dnb.de abrufbar.

Herstellung und Verlag: BoD – Books on Demand, Norderstedt

ISBN: 978-3-7448-7355-0

Einleitung

Mein Name ist Dirk Arndt, von Beruf bin ich Hausarzt und nebenbei Chirotherapeut und Zuhörer. Aus zuletzt genannter Funktion ist die Idee entstanden, dieses Buch zu schreiben.
Irgendeine Statistik besagt, dass wir Hausärzte im Schnitt am Tag 43 Patienten sehen, daraus habe ich errechnet, dass ich in knapp 20 Jahren einschließlich meiner Krankenhauszeit ungefähr 180000 Kontakte gehabt haben muss, viele Gespräche und Gedanken, die schon eine ganz gute Grundlage für dieses Werk sein können.
Mein Privatleben ist erfüllt vom Dasein als Ehemann , Vater, Hundehalter, Mitbewohner von Katzen, Nachbar, Kunde, Fußballfreund , Möchtegernsportler, Autofahrer und Einigem mehr.
Es ist mir wichtig, von vornherein klarzustellen, dass es sich um keinen Ratgeber handelt und das hat einen einfachen Grund:
Ich kenne Sie doch gar nicht, also kann ich Ihnen auch nichts raten.
Vielmehr möchte ich Beobachtungen mit Ihnen teilen und die mir dazu gekommenen Gedanken.
Gelegentlich kann sich etwas Ironie einschleichen, diese ist jedoch nie böse gemeint, sondern meiner Unfähigkeit geschuldet, Alles zu verstehen oder wirklich erklären zu können.

Ich werde Sie im weiteren Verlauf immer wieder einmal mit „Sie" ansprechen, dieses hat den einfachen Grund, dass ich „Sie" im deutschen Sprachgebrauch für die respektvollste Anrede eines unbekannten Erwachsenen halte. Alle, die es vertraulicher und mit weniger Distanz halten, können selbstverständlich das „Sie" in Ihrem Geiste durch „Du" ersetzen, das stört mich nicht. Sie bemerken vermutlich schon mein Bestreben, es möglichst vielen Leuten recht zu machen, ein Punkt in meiner Persönlichkeit, der noch einer gewissen Bearbeitung bedarf.

Grundsätzlich sollen erwachsene Menschen angesprochen werden, denn für Kinder gelten andere, teilweise unergründliche Gesetze und Regeln. Dennoch werde ich immer wieder den Bogen zur Kindheit spannen, wenn es dazu dienen kann, meine Gedanken anschaulicher zu machen. Jeder einzelne Mensch ist in meinen Augen eine Persönlichkeit, die etwas besitzt, was mir sehr wichtig ist, nämlich Würde. Darum möchte mich mit Ihnen bereits im Vorfeld darauf einigen, dass es Niemandem zusteht, einen anderen Menschen absichtlich in selbiger zu verletzen. Diejenigen Leser, die sich diesem Standpunkt nur schwer oder gar nicht anschließen können, werden im weiteren Verlauf vermutlich etwas

Schwierigkeiten haben, meinen Ausführungen zu folgen.

Wenn später immer wieder das Wort „man" auftaucht, meine ich eigentlich mich, da mir natürlich unbekannt ist, was in anderen Menschen und deren Köpfen vorgeht, jedoch ist es jedem freigestellt, sich meinen Gedanken anzuschließen und sich einbezogen zu fühlen. Dies erzeugt ein Gemeinschaftsgefühl und fühlt sich zunächst einmal gut an. Je häufiger es mir gelingt, dem einen oder anderen von Ihnen aus der Seele zu sprechen, desto mehr gute Gefühle habe ich also ausgelöst und das gefällt mir.

Die nächste Aufgabe wird es sein, eine gewisse Struktur in meine Gedanken zu bringen, um meine Botschaft zu vermitteln und Sie nicht unnötig zu verwirren, denn ich möchte Sie ja anregen und nicht in eine Ratlosigkeit stürzen.

Es entspricht meiner festen Überzeugung, dass in jedem von Ihnen unendlich viel Interessantes steckt und das gilt es zu entdecken. Vielleicht gelingt es mir ja, Ihnen dieses näher zu bringen. Und unter Umständen führt dies im weiteren Verlauf, wenn Ihnen das erst einmal klar geworden ist, dazu, besser mit sich selbst umzugehen. Wer weiß?

Viele Informationen, die mir in meinem Leben begegnet sind, habe ich lange nicht verstanden, bis ich sie mir in meine eigene Sprache übersetzt habe oder bis ich mir Begriffe und viel verwendete Floskeln ausformuliert und ein echtes Bild davon gemacht habe. Diese Fähigkeit haben wir, glaube ich, sehr tief vergraben. Nicht verloren, nur verlegt. Im zarten Alter von 5 Jahren haben wir noch gefragt: „Was bedeutet das?" Als Erwachsener gehen wir oft über Vieles hinweg, was wir hören und sehen, fragen längst nicht mehr so viel, aus Zeit- und manchmal aus Interessemangel.

Das ist ja oft auch gut so, weil wir sonst unseren Haupt- oder Arbeitsspeicher überlasten würden. Nur manchmal würde es gar nicht so viel schaden, denn es würde Struktur in bereits abgespeicherte Daten in unserem Gehirn bringen, die wir irgendwann -noch unverstanden - in eine Zwischenablage gepackt haben, in der Hoffnung, eines Tages diesbezüglich schlauer zu sein. Stichwort: „Kann man ja eventuell später noch einmal brauchen".

Im weiteren Verlauf werde ich einige dieser Übersetzungen vorstellen, dann wird sicherlich klarer, was ich eben umständlich zu erklären versucht habe.

Immer wieder tun wir Sachen, ohne eigentlich genau zu wissen, warum wir sie tun. Oder wir wiederholen Tätigkeiten wieder und wieder nur um der Wiederholung willen. Stichwort: „Das haben wir schon immer so gemacht." Ist ja auch nicht schlimm, hat sogar oft Sinn, denn je häufiger wir Tätigkeiten verrichten, desto sicherer beherrschen wir sie.

Außerdem machen uns Veränderungen Angst, weil wir nicht wissen, wohin sie uns führen. Und Neuerungen könnten uns Zeit, Arbeit und Mühe kosten.

Andererseits beobachten wir mit Argwohn, Belustigung oder Verwunderung dieses gleiche Verhalten an anderen Menschen, ohne deren Beweggründe zu kennen.

Alles lässt sich aus verschiedenen Perspektiven betrachten, sogar das Verhalten Anderer.

Wir lassen uns häufig mit uns einleuchtenden Erklärungen manipulieren, weil sie auf den ersten Blick so logisch erscheinen, aber sind sie es wirklich beim zweiten Hinschauen immer noch?

In der Regel ersparen wir uns das zweite Hinschauen und die eben aufgeworfene Frage erübrigt sich. Tun wir es doch, reiben wir uns häufiger als erwartet die Augen und wundern uns.

Als Beispiel fahre ich zurück in die Zeit meiner Jugend, die Achtzigerjahre des zwanzigsten Jahrhunderts. Jugendzeitschriften waren furchtbar angesagt und in diesen Zeitschriften fanden sich Interviews sowohl mit bekannten Persönlichkeiten, als auch mit Lesern (ob diese Interviews mit Zweitgenannten wirklich stattgefunden haben oder in den Redaktionen erdacht wurden, sei einmal dahingestellt) und auf die Frage, welche Eigenschaft der Befragte an Anderen am wenigsten schätze oder gar verabscheue kam regelmäßig die Antwort „Unehrlichkeit". Logisch, oder? Nun kann man aber auch fragen, warum ein Mensch unehrlich ist. Und ob er es immer ist oder nur einmalig oder manchmal. Sind wir nicht manchmal nicht ganz ehrlich, weil wir unser Gegenüber nicht verletzen wollen und die von uns empfundene, subjektive Wahrheit in dieser Situation gar Niemanden nutzt? Sind wir nicht manchmal aus lauter Angst vor den Konsequenzen der von uns ausgesprochenen Wahrheit unehrlich? Gibt es nicht tausend andere Gründe? Vielleicht stellt sich diese zunächst als logisch empfundene Aussage aus anderer Perspektive ganz anders dar.

Meine persönliche Antwort auf die oben genannte Frage lautet im Übrigen „Geiz" und ich werde im weiteren Verlauf noch sehr genau erklären, warum ich mit dieser , nicht mit Sparsamkeit zu verwechselnden , Charaktereigenschaft nur schwer klar komme.

Bei manchen Problemen, die uns lästig sind, fehlen uns einfach nur kleine Tricks, um sie besser

angehen und vielleicht beherrschen zu können.
Einige dieser Tricks, die ich mir abgeguckt und
teilweise modifiziert habe, möchte ich Ihnen darlegen. Ein Beispiel ist mein Konzept der Rauchentwöhnung oder die Vermeidung von Infektio-
nen.

In der Hoffnung Ihr Interesse geweckt zu haben und
mich nicht so zu verzetteln, das keiner mehr durch-
blickt und Sie bis zum Schluss nicht zu enttäuschen,
starten wir nur gemeinsam in meine Gedankenwelt.

Survival of the fittest

In den entwicklungsgeschichtlich ältesten Teilen
unseres Gehirns sind zwei wichtige Informationen gespeichert, die allem Anderen übergeord-
net sind, nämlich das Überleben und die Arterhaltung. Diese Informationen gaben schon unseren Vorfahren, deren Kommunikation sich noch
auf ein Minimum beschränkte, verhaltensweisen
vor, die ihnen halfen, sich so zu benehmen, dass
die beiden eben erwähnten Prioritäten nie außer
Acht gelassen wurden und sie gelten noch heute,
auch wenn viele Menschen den Eindruck erwe-
cken, als wollten sie sich darüber hinwegsetzen.
Sie sind eine Art Schablone, in die die meisten
Lebewesen hineingezwängt sind. Allerdings haben wir uns im Laufe der Jahre Regeln auferlegt,
die das Ausleben unserer Instinkte im Zügel hält,
damit im günstigsten Falle alle Mitglieder einer
Gesellschaft, auch die schwächeren, die Gelegenheit haben, durchzukommen.
Um zu überleben, optimierte man nach und nach
Lebensweisen, die sich zwischen den Kulturen
nur marginal unterscheiden. Beispielsweise hat
es sich bewährt, in Gemeinschaften zu leben, da
man einerseits gemeinsam stärker ist, um sich zu
verteidigen und andererseits gemeinsam mehr
erreichen kann, indem man Aufgaben teilt und

nach den individuellen Fähigkeiten der Mitglieder ausführen lässt.

Schon unsere Urahnen suchten sich gemeinsame Höhlen, richteten diese zusammen ein, beschafften sich miteinander beim Pflanzensammeln und auf der Jagd Nahrung und bildeten eine wehrhafte Einheit gegen gefährliche Tiere und Menschen, die die Gemeinschaft bedrohten.

Damit nicht alles durcheinander läuft, bedarf es einer gewissen Koordination. Diese obliegt im Allgemeinen dem Anführer oder dessen Delegierten. In der Regel bringen diese Positionen Privilegien mit sich. Die Auswahl dieses Anführers kann nach verschiedenen Kriterien erfolgen, ganz nach Bedarf.

Im günstigsten Fall zeichnet sich der Anführer, Chef, Mutter, vielleicht auch Vater, Abteilungsleiter, Feldwebel, Babo , je nach Umfeld genannt, durch ein Mindestmaß an Intelligenz und Führungsqualität aus. Wenn das Auswahlkriterium allerdings vorrangig Körperkraft ist, was nicht selten vorkommt, kann es passieren, dass vorausschauendes Denken eher im Hintergrund steht. Körperkraft kann wahlweise auch durch vorhandenes Vermögen oder subjektiv empfundene, optische Vorzüge ersetzt werden und manchmal wird auch einfach derjenige die Führungsfigur, der die meiste Energie aufbringt, dieses Amt zu erlangen. Zumindest hat sich mir im Laufe der Zeit dieser Eindruck aufgedrängt. In ganz unglücklichen Konstellationen werden Leute so lange befördert, bis sie den geringst möglichen Schaden anrichten können, aber das ist ein anderes Thema.

In vielen Kulturen hat es sich durchgesetzt, einer Person oder Personengruppe mit langer Lebenserfahrung die Führungsrolle zu überlassen, wahrscheinlich in vielen Fällen keine so schlechte Idee, vielleicht aber auch nicht immer, denn viele Menschen werden ihr ganzes Leben lang nicht schlau, andere sind es schon in jungen Jahren und können ihre Ideen aufgrund ihres Alters nicht durchsetzen, vielleicht sogar, weil sie wegen ihrer Schlauheit nicht verstanden werden. Diese Führungspersönlichkeiten „krönen" also einen Großteil unserer Hierarchien. Parallel dazu gelangen noch einige weitere Menschen in diese erhöhte Ebene. Diese Leute weisen in der Regel Talente oder Fähigkeiten in einer Qualität oder Quantität auf, die dem Durchschnittsmenschen nicht gegeben sind. Als Beispiel dienen Spitzensportler, Künstler oder Meister eines Faches. Ihnen kommen ebenfalls die oben erwähnten Vorzüge des Lebens zu und diese zu erlangen ist Ziel vieler unserer Zeitgenossen und war es auch schon in allen Zeiten der Menschheitsgeschichte. Dies sind diejenigen Menschen, die ein Höchstmaß an Ansehen genießen und das, obwohl niemand die genauen Hintergründe kennt, aus welchem Grund es die bewunderte Person zu ihrem Erfolg gebracht hat. Damit meine ich, dass wir als weit Außenstehende Menschen bewundern, ohne zu wissen, warum diese es zu großem Erfolg gebracht haben, wie viele andere Leute auf deren Weg nach oben auf der Strecke geblieben sind, wie viele Ideale auf dem Weg zur Spitze über Bord geworfen wurden.

Bedauerlicherweise scheint es jedoch in unserem Gehirn auch noch einige andere Schablonen zu geben, die uns, wenn auch in unterschiedlicher Ausprägung, antreiben, und diese stehen den ursprünglichen Ideen eines friedlichen, für alle erquicklichen Zusammenlebens entgegen. Das heißt, sie nutzen zwar dem Einzelnen oder einer Teilgruppe, erschweren jedoch der Gesamtheit das Leben.

Ein Problem ist nach meinem Dafürhalten die Antriebsfeder der Menschen, es zu Erfolg zu bringen. Dabei ist es vielen Menschen egal, was auf ihrem Weg nach oben Alles auf der Strecke bleibt.

Übersetzt man „Survival of the fittest" richtig, so bedeutet es Überleben des am besten Angepass-

ten. Leider glauben viele Leute, es sei das Überleben des Fittesten, also des Stärksten, gemeint
und leben dies auch so. Für meinen Geschmack
eine sehr merkwürdige Interpretation. Deswegen
sind Ellenbogen immer wichtiger geworden und
dieses Problem zieht sich durch große Teile der
Gesellschaft. Man legt sinnbildlich die Arme an
und verteidigt seine Position mit den Ellenhaken.
An einem gemeinsamen Strang zu ziehen ist
hierbei nicht der Grundgedanke, sondern eher
der, wie sich am besten Mitmenschen zu den
eigenen Zwecken ausnutzen lassen. Dies geschieht schon auf der untersten Ebene und wird
durch Werbestrategien noch befeuert. Dabei
wird die fehlende Einsichtsfähigkeit vieler Leute,
die sich danach sehnen, auch ein Stückchen vom
Kuchen abzubekommen, schamlos ausgenutzt.
Es wird einem vorgegaukelt, jeder hätte aus dem
Stand und ohne viel Aufwand oder Kapital, die
Möglichkeit, dabei zu sein an den großen Fleischtöpfen.
Den Leuten werden entweder Konsumprodukte
gleichzeitig mit Krediten angeboten, damit sie
sich scheinbar jeder einfach leisten kann oder
man ködert Menschen mit Halbwahrheiten. Ein
Möbelhaus, das damit wirbt, dass man Glückshormone ausschüttet , wenn man Schnäppchen
kauft, unglaublich! Und nahezu jeder der die

Werbung hört, glaubt kritiklos daran. Klar stimmt es, dass wir uns über gut genutzte Gelegenheiten freuen, das ist sicherlich psychologisch nicht zu widerlegen, aber wie lange hält diese Freude danach an? Werden unsere letzten Gedanken sein: „Yippie, ich habe vor 30 Jahren eine Matratze unglaublich billig gekauft, ich habe mir praktisch nie ein Schnäppchen entgehen lassen"? Dies bleibt abzuwarten, aber meine mutige Prognose lautet: „Nein werden sie nicht." Ich denke das Bestreben, immer mehr zu besitzen, egal ob wir es wirklich brauchen, erscheint uns immer wichtiger und nach meiner Theorie liegt das auch daran, das wir so sein wollen, wie diejenigen, die an der Spitze der Gesellschaft stehen und wenn die Ähnlichkeit nur darin besteht, auch möglichst vieles im Überfluss zu besitzen, egal, ob man es braucht oder nicht. Besitz stellt für uns ein Statussymbol dar. Haben wir das wirklich nötig?

Die ARD streut seit einigen Jahren immer wieder sogenannte Themenwochen in ihre Programme, die parallel im Radio und Fernsehen ausgestrahlt werden. Eine dieser Themenwochen widmete sich dem Glück. In einem der Beiträge fragte Eckhard von Hirschhausen, wann Geld glücklich mache. Ich rechnete mit allen möglichen Antworten, nur nicht mit der richtigen. „Wenn man es verschenkt!" lautete sie. Nach einigem Nachdenken, leuchtete mir die Antwort ein. Wer kennt nicht das Gefühl der Vorfreude über die Freude über ein Geschenk, das man für jemanden gekauft hat. Wenn sich der Beschenkte freut, ist man selbst auch fröhlich und erinnert sich noch lange an den Moment. Oder das Gefühl, jemanden mit einem kleinen Betrag ausgeholfen zu haben, zum Beispiel einem Kind oder einer alten Frau an der Kasse vor einem, denen nur ein paar Cent gefehlt haben ? Eigentlich uneigennützig, jedoch in Wirklichkeit hat man sich selbst auch einen schönen Moment beschert. Vermutlich hätte man das Geld auch sonst nicht sinnvoller ausgegeben, man weiß es nicht.

Diese These hält auch wissenschaftlichen Untersuchungen stand, auch wenn sie sicher nicht für alle Menschen gilt, für die große Masse sollte sie richtig sein, nur weiß sie nichts davon und das ist schade.

Wer träumt nicht von einem Lottogewinn, der einen in die Lage versetzt, sich Dinge leisten zu können, von denen man bisher nur träumen konnte. Wie diese Träume aussehen, kann sehr unterschiedlich sein. Für den Einen ist es ein Fortbewegungsmittel der gehobenen Art, für den Anderen ein Haus, für den Nächsten einfach die Freiheit, in seiner Zeit tun oder lassen zu können, was Ihm oder Ihr gefällt. Was wir alle nicht wissen, die wir kein Vermögen besitzen, wie sich Reichtum in Realität anfühlt. Logisch, wir hatten ihn ja nie. Wie schnell tritt eine Gewöhnung ein? Wie lange freut man sich über erworbene Güter? Macht der zweite Sportwagen noch genau so viel Spaß, wie der erste? In diesem Sinne sei eingeschoben, wie viele Menschen einem ersten, längst im Autohimmel entschwundenen Gefährt nachtrauern, obwohl dieses bereits mehrfach durch scheinbar hochwertigere ersetzt wurde! Wir möchten es einfach ausprobieren, aber der großen Masse von uns wird es nie vergönnt sein. Was wir jedoch wissen ist, wie sehr wir uns über Kleinigkeiten freuen können. Entweder die regelmäßige Gewohnheit, als Beispiel soll das in Ruhe genossene Feierabendgetränk nach getaner Arbeit dienen, oder der seltene kleine Luxus, wie die Hand voll Pralinen für sechs Euro oder der schöne Blumenstrauß, welche wir uns nur selten gönnen und dann um so mehr freuen. Oder freie Zeit, die wir immer wieder, jedoch nicht ständig haben, ist Anlass zur Freude. Leider merken wir dies viel zu selten. Ich habe mich einmal selbst dabei beobachtet, als ich daran dachte, wie schön es wäre, in einem Café zu sitzen, die Umgebung zu genießen und einen Cappuccino zu trinken. Was ich allerdings anfänglich

vollkommen übersehen habe war, dass ich gerade mit meiner innig geliebten Golden Retrieverin Zoe an einem schönen Tag einen Spaziergang unternahm, was mir wirklich Freude bereitete.
Also was wollte ich mehr?

Wir neigen also dazu, häufig das tun oder haben zu wollen, was gerade nicht zur Verfügung steht. Natürlich ist dies eine Binsenweisheit und ich erzähle Ihnen nichts Neues, aber es schadet sicher nichts, gelegentlich daran erinnert zu werden und dies idealerweise von jemanden, über den man schmunzeln muss, weil ihm der gleiche Fehler unterlaufen ist, in diesem Falle mir.

Zurück zum Traum des Reichtums: Geht es Ihnen, wenn sie vom Lottoglück träumen nicht auch so, dass Sie, wenn sie eine Weile über die Annehmlichkeiten geträumt haben, darüber nachdenken, wie Sie dafür sorgen könnten, das gewonnene Vermögen nicht wieder zu verlieren? Da haben wir schon einmal die erste neu hinzu gekommene Sorge, die Sie bis jetzt nicht plagt. Viele reiche Menschen werde geradezu von dem Gedanken verfolgt, sie könnten verlieren, was sie besitzen und versuchen es mit Händen und Füßen festzuhalten. Sie nicht. Ein Punkt für Sie auf Ihrer Habenseite. Dies nutzt natürlich demjenigen nichts, der sich täglich um sein weiteres Auskommen sogen muss, dem die Bank auf den Füßen steht, der nicht weiß, ob beim nächsten Einkauf die EC-Karte eingezogen wird, weil sie nicht mehr gedeckt ist, das ist mir auch klar. Kenne ich. Im Kein-Geld-Haben bin ich Fachmann. Sich immerzu in einem winzigen Spielraum bewegen zu müssen ist natürlich bedrückend und kann uns krank machen und es ist psychologisch nachgewiesen, dass der Schritt, den man tut, wenn man die Schwelle von der Armut zu einem geringen Wohlstand überschreitet einer der wichtigsten ist, was Glück bezüglich Geld betrifft. Alle anderen Schritte sind nur Zugabe und nur noch von kleinerer Bedeutung und ab einem bestimmten Wohlstand an, den man auch in Zahlen ausdrücken kann, bringen einen weitere Schritte seelisch nicht mehr weiter.

Aber von diesen Menschen, denen es allen Ecken und Enden mangelt, spreche ich in diesem Abschnitt gerade nicht, sondern von denen, die eigentlich genügend für ihre Bedürfnisse zur Verfügung haben. Diese Menschen jedoch könnten sich, wenn sie über den Sinn eines Einkaufs nachdenken, viel häufiger einen kleinen Luxus leisten, weil sie das dafür nötige Geld bei anderen Gelegenheiten eingespart haben, in dem sie sich bei der Entscheidung nur die Frage gestellt haben: „Habe ich das wirklich nötig?"

Über die Ersparnis hinaus haben Sie sich gleichzeitig selbst geschmeichelt. Warum? Ganz einfach, weil sie sich damit bewiesen haben, das Sie selbst entscheiden können, was sie brauchen, weil Sie unabhängig von äußeren Einflüssen sind. Netter Gedanke, finden Sie nicht, da Sie für sich wieder etwas wichtiger geworden sind. Achten Sie in Zukunft einmal darauf, mit welchen Mitteln man versucht, Sie dazu zu bringen, zu konsumieren. Sie werden plötzlich merken, dass man Sie permanent für dumm verkauft.

Ich glaube, den meisten Menschen bedeutet Selbstbestimmung sehr viel. Und leider sind sie ständig in Situationen der Fremdbestimmung. Es beginnt in der Kindheit. Elternhaus, Kindergarten, Schule. Im Rahmen der Pubertät nimmt man sich fest vor, eines Tages selbst zu bestimmen, was man tut und was gut für einen ist. Überraschenderweise stellt man sehr bald fest, dass es auch als Erwachsener mit der Freiheit nicht so weit her ist. Bis vor einiger Zeit stand, zumindest für den männlichen Teil der Bevölkerung, nach der Schule Wehr – oder Zivildienst an und wenn ich mich richtig erinnere, wurde man dort anfänglich sogar von der Wohnunterkunft zum Speisesaal geführt. Dies habe ich persönlich, gerade noch geblendet vom bestandenen Abitur und in der festen Überzeugung nun ja praktisch alles zu können oder zumindest innerhalb kürzester Zeit erlernen zu können, als Beleidigung meines Intellekts empfunden. Anschließend Ausbildung oder Studium mit begleitendem Nebenjob, wo einem praktisch täglich klargemacht wird, dass Lehrjahre keine Herrenjahre sind. Anschließend das wirkliche Berufsleben, in dem ununterbrochen von einem verlangt wird, Aufträge auszuführen. Inzwischen ist es sogar so, dass man häufig immer den gleichen Arbeitsschritt tun muss ohne das Endprodukt zu sehen, was im Klartext bedeutet, dass man gar nicht eindeutig sieht, welchem Zweck die eigene Aufgabe dient. Ohne jede Chance, irgendeine individuelle Note in seinen Job einfließen zu lassen, vollkommen fremdbestimmt. Wir fühlen uns eingezwängt in einem System, aus dem es kein Entrinnen zu geben scheint. Jahrzehntelanges Warten auf die Rente. Wie furchtbar! Zumal das Leben nicht planbar ist und einem das Schicksal, wenn wir Pech haben, wenn das Ziel Rentenalter endlich erreicht ist, ein Schnippchen schlägt. Krankheit, Demenz, Erkrankung oder Tod des Partners, Armut oder irgendeine andere Katastrophe machen all unsere Pläne zunichte. Bekomme ich praktisch wöchentlich von meinen Patienten zu hören. Was bedeutet das? Ganz einfach, wir sollten, in dem wir versuchen, uns zumindest in unserem Privatleben die größtmögliche Menge an Selbstbestimmung zu bewahren, das Beste aus jedem Tag machen. Wir sollten uns jedes Mal, wenn wir glauben, in unserem Privatleben unsere eigene Entscheidung getroffen zu haben, freuen. Wir sollten den Augenblick genießen, wenn es uns gelungen ist, zu durchschauen, dass uns jemand manipulieren wollte und wir dieser Manipulation widerstanden haben und das Gegenteil getan haben. Natürlich spreche ich nicht davon, wenn Entscheidungen mit unserem Partner abgestimmt werden und wir deshalb Kompromisse eingehen. Ansonsten „Bäng, gut gemacht!" Oder: Durchschauer-Flosse drauf, wie der wunderbar philosophische Todd aus der Serie „Scrubs –Die Anfänger" sagen würde.

Ich glaube, wir müssen das Gefühl haben, dass uns noch ein gewisse Freiheit geblieben ist. Das ist, so meine ich, auch einer der Gründe für die seit einiger Zeit aufkeimende Retro-Welle, mit Produkten, die an vergangene Zeiten erinnern. Damals, so denken wir war der Spielraum, den jeder Einzelne noch hatte, größer als heute. Deshalb lieben wir die Produkte von damals, die jetzt ein Revival erleben, wie zum Beispiel die Fahrräder im Stil der Mitte des letzten Jahrhunderts oder die neu aufgelegten Sportschuhe der Achtziger Jahre des Zwanzigsten Jahrhunderts. Hier muss ich allerdings haarspalterisch anmerken, dass sich die Firma mit den drei Streifen nicht an die Originalnamen gehalten hat, denn zum Beispiel hießen die weißen „Samba" Schuhe mit schwarzen Streifen damals „Universal", aber diese kleine Rechthaberei nur nebenbei, weitere Beispiele überlasse ich Ihnen zu suchen, falls Sie Lust dazu haben, wenn nicht, nutzen Sie Ihre Zeit sinnvoll.

Wenn ich an meine Zeit als Jugendlicher zurückdenke, fallen mir oft unsere Familienausflüge an Sonntagnachmittagen mit dem Auto durch den Schwarzwald ein, wo ich groß geworden bin. Anfänglich habe ich sie uneingeschränkt genossen, je tiefer ich jedoch in die Pubertät eintauchte, desto mehr Vorbehalte tauchten dagegen auf. Ich fühlte mich von meiner gewohnten Außenwelt abgeschnitten und fragte mich, was meine Kumpels wohl gerade taten. In Erfahrung bringen konnte ich es mangels Existenz mobiler Kommunikationsmöglichkeiten- das Handy hatte in unser Leben noch keinen Einzug gehalten- nicht. Welche Angst, etwas zu verpassen, konnte mich überkommen! Möglicherweise waren meine Freunde ausgerechnet an diesen besagten Tagen auf die Horde Mädchen gestoßen, die bisher in unserem Leben durch Abwesenheit geglänzt hatte. Und ich wäre nicht dabei gewesen! Um es kurz zu fassen, es ist nie passiert, darum geht es jetzt jedoch nicht und ich kann das Gefühl heute immer noch reproduzieren, das mich damals quälte.

Heutzutage ist dies nicht mehr denkbar. Mobilfunknetzfreie Gegenden dürfte es, zumindest in Deutschland, nicht mehr geben und somit ist ein kontinuierlicher Daten- und Informationsfluss jederzeit problemlos möglich. Allerdings scheint diese ständige Kommunikationsbereitschaft für eine nicht unerhebliche Zahl von Menschen zur Pflicht geworden zu sein und hier ist der Haken dieses technischen Fortschritts. Die Menschen fühlen sich verpflichtet, erreichbar oder online zu sein, die Jugendlichen aus einem Gruppenzwang heraus, die Berufstätigen, weil die Kollegen oder Arbeitgeber es zunehmend erwarten. Und wieder finden wir eine Einschränkung unserer geschätzten Selbstbestimmung. Was ich mir damals als utopische Erfindung gewünscht hätte, hat uns inzwischen eingeholt, teilweise überholt und manch einer wünscht sich einen Rückwärtsgang, nur diesen gibt es nicht und wir sollten uns eine Anpassungsstrategie überlegen.

Vielleicht sollten wir uns zunächst einmal überlegen, ob wir nicht doch noch mehr Autonomie über unsere Freizeit haben. Ich sehe in meiner

Sprechstunde praktisch jeden Tag Menschen, die nervlich in die Knie gegangen sind, da deren Druck, den scheinbar die Außenwelt auf sie ausübt, Überhand genommen hat. Gott sei Dank finde ich dann immer wieder mal die Zeit, mit diesen Menschen gemeinsam über Strategien nachzudenken, die Situation wieder lebenswerter zu machen. Manchmal ist es nur die Anregung, darüber nachzudenken, dass eigentlich noch eine Menge an Entscheidungsfreiheit geblieben ist und derjenige sie nur nicht mehr sieht. Gelegentlich ist es nur die klar formulierte Frage nach den Konsequenzen, wenn mein Gegenüber die Spielregeln zu seinen Gunsten ändert. Ich wiederhole die Frage oft so lange, bis ich eine Antwort bekomme und dann ist es oft eine diffuse Angst vor Folgen, die bei genauerer Betrachtung und Überlegung sowieso wahrscheinlich nicht eintreten werden und falls doch, dann können sie vielleicht sogar das Türchen zur positiven Veränderung sein. Das soll heißen, dass viele Menschen in Jobs arbeiten, die ihrer Gesundheit schaden und deren Verlust gar nicht tragisch wäre, zumal es Arbeitsplätze dieser Art zuhauf gibt und vielleicht ein neuer Besserung verspricht. Es gibt inzwischen etliche Arbeitgeber, die wissen, dass die Arbeitsplatzzufriedenheit zur Effizienzsteigerung dient, diese wollen nur gefunden werden. Oft hilft es bereits, zu wissen, was man wirklich möchte und seine eigenen Wünsche für sich selbst klar benennt, erst dann kann man sich auf die Suche nach deren Erfüllung machen.

Ich möchte mit dem was ich sage und schreibe, niemandem die Zuverlässigkeit abgewöhnen, sondern glaube nur , dass man nicht jeder Erwartungshaltung, vor allem nicht jeder überfordernden, die Andere an einen hegen, nachgeben muss. Auf einer Geburtstagsfeier vor ungefähr zwei Jahren unterhielt ich mich nach langer Zeit wieder einmal mit einem guten Bekannten. Dieser ist Bauingenieur, ein zuverlässiger Mensch, jemand, auf den ich mich verlassen würde. Er erzählte mir, er hätte sich einen Coach genommen, welcher ihn gefragt habe, ob verlässlich zu Verabredungen kommen würde. Dies konnte er mit Inbrunst bejahen. Die zweite Frage lautete, ob er immer all die Sachen tun würde, die er sich für sich vorgenommen habe, zum Beispiel Sport zu treiben, ins Kino zu gehen, sich für ein Hobby Zeit zu nehmen und so weiter. Dies konnte er nicht bejahen und bekam die dritte Frage, warum er Verabredungen mit sich selbst nicht so wichtig nehme, wie die mit anderen Menschen. Ein Gedanke, den ich ausgesprochen interessant finde.

Die Zeit hat ohnehin schon ein rasantes Tempo. Der Einzug der Computer in unser Privat – und Arbeitsleben gibt mittlerweile eine unglaubliche Taktung vor. Die Rechner haben uns gezeigt, wie schnell Jegliches gehen kann und nun muss es dies auch! Wartezeiten sind nicht mehr hinnehmbar, nie und nirgendwo. Man hat ja immer gleich wieder etwas zu erledigen.

Auffallen tut dies immer wieder im Lebensmitteldiscounter. Die Kassierer arbeiten dort teilweise mit solch atemberaubendem Tempo, dass es mir oft kaum möglich ist, meine erstandenen Waren so schnell – im korrekt platzierten Einkaufswagen- zu verstauen und ich bin erst 48 Jahre alt, wie mag es da betagteren Mitmenschen ergehen? Trotzdem geht es manchen Wartenden immer noch nicht schnell genug und es wird nach Öffnung einer weiteren Kasse verlangt. Glauben diese Leute eigentlich, sie könnten ihren letzten Atemzug in einer Kassenschlange tun, wenn die Wartezeit zu lange ist? Früher, als die Registrierkassen noch manuell funktionierten, dauerte es doch viel länger, denn wann steht man heute schon wirklich einmal länger als fünf Minuten, aber selbst das ist einigen Zeitgenossen noch zu viel verlorene Zeit. Die arme Kassiererin fühlt sich unter Druck gesetzt und fremdbestimmt. Blöd für sie oder ihren männlichen Kollegen, zumal sie sich auch etwas Schöneres vorstellen kann, als stundenlang Waren über einen Scanner zu ziehen.

Und obwohl im Vergleich zu früheren Zeiten unglaublich luxuriöse Öffnungszeiten vorgehalten werden, sind wir unzufrieden. Das heißt, irgendwie spielen wir, die wir vor der Kasse nörgeln, auch mit in diesem großen Spiel der Hast und Hetze.

Wann habe Sie zum letzten Mal den eben erwähnten Kassierer gelobt, weil er Sie an Ihren Pfandbon erinnert oder die Eier im Karton auf Unversehrtheit überprüft hat? Als ich es einmal an einem Samstag Nachmittag dafür getan habe, weil er es mir durch seine Anwesenheit ermöglicht, noch Grillfleisch für den Abend zu kaufen, glaubte er, mich nicht richtig verstanden zu haben und ich musste mich wiederholen. Der positive Nebeneffekt war, dass die anderen Wartenden in meinen Tenor einfielen und der verdutzte Mann mit Lob überhäuft wurde, ich hoffe es tat ihm gut und ließ ihn an jenem Tag eine Weile lächeln.

Das System wurde kurz durchbrochen und etliche Leute hatten erkennbar gute Laune. Vielleicht war es eine gute Anpassung an die Situation, wir erinnern uns an die Kapitelüberschrift mit dem „Fittest"?

Unter Umständen ist das permanente Durchsetzen von Eigeninteressen gar keine so gescheite Strategie der Anpassung, wo wir doch eigentlich Gemeinschaftswesen sind und den Schutz der Herde brauchen. Vielleicht macht uns das Erreichen von Vorteilen gar nicht zufriedener, wenn auf dem Weg dort hin andere Leute Nachteile hinnehmen müssen. Vorankommen ist bestimmt erstrebenswert und beruflicher und sozialer Aufstieg aufgrund guter Leistungen ist wichtig, da Anerkennung gut tut und wir eine Motivation brauchen, weiter zu machen, gar keine Frage , aber Rücksicht auf unsere Mitmenschen ist ja auch nicht gleichbedeutend mit Leistungsverweigerung.

Gesundheit

Im vorangegangenen Kapitel wollte ich einen
Aspekt aufzeigen, welcher uns in unserem Wohlbefinden einschränkt, nämlich das Gefühl in gewisser Weise gefesselt zu sein. Dies tut unserer
seelischen Gesundheit nicht gut. Natürlich hat
nicht jeder Mensch den gleichen Freiheitsdrang
und viele von uns sind froh, wenn ihnen einer die
Richtung vorgibt, wir erinnern uns, das Zusammenleben bedarf einer gewissen Koordination,
aber dennoch ist es wohltuend, ab und zu einfach man selbst zu sein, ohne äußere Vorgaben.
Es gibt mit Sicherheit viele Definitionen von
Stress, welche mir besonders gefällt ist folgende:
Stress bedeutet zu viele Aufgaben oder Tätigkeiten in einem zu kurz bemessenen Zeitraum erledigen zu wollen oder zu müssen. Hier hängt die
individuelle Belastbarkeit sicherlich vom Einzelnen ab, einerseits von dessen Tempo und andererseits von seiner Ausdauer und Koordination.
Ich glaube auch nicht, dass jeder der sich gestresst fühlt, wirklich gestresst ist oder dass die
Außenwelt Schuld immer an seinem Befinden
ist. Die Menschen kommen in die Sprechstunde
und beklagen sich und bei genauerem Hinterfragen findet sich, dass oft noch viel mehr dahintersteckt und unter Umständen das Bearbeiten ei-

gener Defizite auch ganz hilfreich sein könnte, anstatt die Schuld immer bei Anderen zu suchen, wozu wir gerne einmal neigen. Allerdings sind etliche von den Geschichten, die ich zu hören bekomme, wirklich haarsträubend, vorausgesetzt sie entsprechen den Tatsachen und lösen in mir ein großes Mitgefühl und den Wunsch zu helfen aus. Diese Hilfe kann ein Gespräch sein oder auch ganz pragmatisch eine Auszeit zum Durchschnaufen, allerdings mit der Vorgabe, sich Gedanken zu machen, wie es konkret weitergehen soll. Ich fordere die Leute oft explizit zum Träumen auf, damit sie sich darüber klar werden, was sie sich wirklich noch von ihrem Leben wünschen, denn solange sie es nicht wissen, können sie es auch nicht erreichen und wenn sie sich darüber im Klaren sind, besteht wenigsten eine Chance, dass sie sich auf den Weg machen können.

Oft ist auch von Mobbing die Rede. Nun stehe ich, das liegt in der Natur der Sache, zunächst einmal auf der Seite meines Gegenübers, denn erstens lerne ich nur seine Sicht der Dinge kennen und lasse mich emotional von ihm einfangen und zweitens bin ich sein Hausarzt und empfinde es als meinen Job, auf seiner Seite zu stehen. Und trotz dieser beiden Punkte kommt es vor, dass ich mich oft genug dabei ertappe, wenn ich mich frage, ob wir es wirklich mit einem Fall von Mobbing zu tun haben oder ob der Klagende nicht etwa nur „Opfer" berechtigter Kritik geworden ist. Denn wer kennt nicht diejenigen, denen man beim Laufen die Schuhe besohlen kann und wenn man sie zu etwas erhöhtem Tempo auffordert, fühlen sie sich zu Unrecht kritisiert. Schwierig, schwierig.

Auch sehr beliebt ist das Thema Burnout. Auf einer vor Kurzem von mir besuchten Fortbildung mit psychiatrischem Hintergrund sagte Professor Helge Frieling, Oberarzt an der Medizinischen Hochschule in Hannover, dass Burnout gar keine Diagnose, sondern eher eine Zustandsbeschreibung sei. Allerdings können sich aus einer zunehmenden Erschöpfung Krankheiten entwickeln und dies gilt es, aufmerksam im Auge zu behalten, um gegebenenfalls rechtzeitig entgegenzusteuern zu können. Ich denke dies ist, schon allein wegen der in den letzten Absätzen geschilderten Gedanken, kein ganz so einfaches Unterfangen. Wie schützt man die wirklich Gefährdeten und unterscheidet sie vom Rest? Oft bekomme ich nach der Bitte um eine Auszeit mittels „gelbem Schein" noch im Nachsatz den Verweis auf bisher nur sehr wenig angefallene Fehltage durch Krankheit im laufenden Jahr zu hören. Na und? Mein Schwiegervater hat in fast fünfzig

Berufsjahren wahrscheinlich keine zehn Fehltage gehabt und mein letzter liegt auch schon anderthalb Jahrzehnte zurück. Ganz klar, für mich ein Argument mit wenig Schlagkraft, was jedoch viel über eine bestimmte Einstellung meines Gesprächspartners aussagt und mich dann häufig zum Grübeln bringt, wie ich richtig handele. Schreibe ich krank? Wie lange? Welche Konsequenzen erwachsen den Kollegen daraus? Welche erhöhte Arbeitsbelastung erwächst für diese durch das von mir ausgestellte Arbeitsunfähigkeitszeugnis? Gut, eigentlich darf mich dieser Gedanke nicht in meiner Entscheidung beeinflussen, da ich als Arzt in erster Linie für das Wohl meines Patienten verantwortlich bin, aber wer kann sich schon gänzlich von zum eigentlichen Thema irrelevanten Gedanken freimachen? Außerdem bin ich ja auch an das Sozialrecht gebunden, welches mir zwar Entscheidungsfreiheit und Ermessensspielraum gibt, jedoch auch klare Definitionen vorgibt, wann ich Bescheinigungen ausstellen darf und wann nicht. Ich denke, das ist vielen Leuten gar nicht so klar.

Jetzt einmal wieder weg von meiner Exkursion in meine Gedankenwelt und zurück zu praktischen Ideen.

Als erstes möchte ich ein paar Kleinigkeiten zu unserem vegetativen Nervensystem loswerden, denn dieses ist ein wichtiges Steuerungssystem unseres Körpers. In erster Linie besteht es aus seinen beiden Hauptnerven, dem Sympatikus, unserem Stressnerven und dem Parasympathikus, auch Vagus genannt, seinem Gegenspieler. Diese sind kein erfundenes Konstrukt, nein es gibt sie wirklich, sie sind mehrere Millimeter dick, gut mit dem menschlichen Auge zu erkennen und beide sollten möglichst von ihrer Aktivität her im Gleichgewicht stehen. Der Sympathikus hält uns unter Strom. Er half uns in Urzeiten beim Jagen und Flüchten, lässt uns heute funktionieren und unsere Aufgaben erfüllen. Der Parasympathikus macht das Gegenteil, er beruhigt uns, lässt uns herunterkommen und unsere Akkus wieder aufladen. Dies tun die Beiden in dem sie mit einem unglaublichen Geflecht von Nerven an all unsere Organe herantreten und diese in ihrem Sinne steuern. Am einfachsten ist dies am Beispiel des Herzens zu erklären. Während der Sympathikus das Herz beschleunigt, der Puls geht hoch, bremst der Vagus es herunter. Hormonbildende Organe, wie Nebenniere, Schilddrüse, Hirnanhangdrüse und so weiter werden stimuliert oder eben in ihrer Hormonproduktion gemäßigt. Die Auswirkungen dieser beiden Nerven auf unser Befinden kann sich wahrscheinlich jeder ausmalen.

Den Einfluss auf das Herz macht man sich bereits seit einigen Jahrzehnten zunutze, um die Aktivität zu bestimmen. Das Prinzip ist ganz einfach: Erschrickt man sich plötzlich weil zum Beispiel ein Löwe vor einem steht, zugegeben, dies kommt in unseren Breiten weniger häufig vor, es soll nur der Veranschaulichung dienen, schlägt das Herz schneller, sitzt man in einer maximal entspannten Situation bei seinem Lieblingsgetränk auf dem Sofa, schlägt es langsamer, so weit, so gut. Nun kann man dem zu untersuchenden Menschen einen Brustgurt umlegen, wie ihn viele von Ihnen vom Jogging her kennen und dieser übermittelt dem Computer, auf dem sich ein Analyseprogramm befindet, über etwas mehr als 500 Herzschläge den Puls. Nun wird die Zeit berechnet, die von Herzschlag zu Herzschlag vergeht, da diese Zeit viel exakter ist, als die Herzfrequenz, da in 0,05 Sekundenschritten gemessen wird und nicht in Schlägen pro Minute. Ein bestimmter Algorithmus ermöglicht es dem Programm, die Variabilität der Herzfrequenz - auch in der langweiligen Messsituation eines Untersuchungsraums - zu bestimmen und auszuwerten, denn auch in einer solchen Situation unterliegt der Untersuchte noch Einflüssen wie Geräuschen, Gedanken, optischen Eindrücken und der Atmung, welche die Frequenz stimulieren. Eine hohe Variabilität spricht für eine gute Regulationsfähigkeit des Vegetativums, eine niedrige bedeutet das Gegenteil und ist schlecht. Schlecht deshalb, weil Vegetativum, innere Organe und Psyche sich wechselseitig inspirieren. Was bringt so eine Messung nun? Ganz einfach, bei denjenigen, deren Variabilität hoch ist, können die Untersucher ein hohes Maß an Gesundheit annehmen, bei denjenigen, bei denen dies nicht der Fall ist, können Gegenmaßnahme eingeleitet werden und darauf gehe ich im nächsten Abschnitt ein.

In den meisten Fällen einer vegetativen Dysregulation überwiegt die sympathische Aktivität, dies klingt zwar freundlich, kann jedoch im Extremfall genau die gegenteilige Bedeutung haben. Die Ausgeglichenheit der Systeme sollte angestrebt werden.
Eine Möglichkeit den Parasympathikus zu stimulieren ist moderater Ausdauersport. Hierbei ist es jedoch wichtig, sich nicht auszupowern, auch wenn einem gelegentlich als Ausgleich zum Ärger des Tages der Sinn danach steht, denn dies stimuliert den Sympathikus zusätzlich. Nein ganz gemächliches Laufen, Radfahren , Schwimmen und so weiter mit einer Herzfrequenz je nach Lebensalter zwischen 100 und 140 Schlägen pro

Minute funktionieren dauerhaft viel besser, da der Körper zwar lernt, dass er sich anstrengen muss, jedoch nicht überfordert wird und dies wirkt langfristig vagoton.

Für diejenigen, die es mit dem Sport nicht so haben, was aus den verschiedensten Gründen schade ist, stehen die bekannten Entspannungstechniken wie autogenes Training, progressive Muskelrelaxation nach Jacobsen, Yoga und so weiter zur Verfügung. Freunde der Alternativmedizin finden noch zusätzliche Unterstützung in bewährten pflanzlichen Präparaten oder Homöopathika.

Nun folgt jedoch mein Favorit, eine ganz simple Atemübung, deren Erklärung schon etliche meiner Patienten über sich ergehen lassen mussten. Im Prinzip ist sie ganz simpel und das ist das Gute daran. Man atmet für 4 Sekunden durch die Nase ein und 6 Sekunden durch den Mund bei etwas geschürzten Lippen, die den Luftauswärtsstrom etwas bremsen sollen, wieder aus, fertig. Eine halbe Stunde am Tag wirkt unglaubliche Wunder und das Schöne daran ist, dass man es simultan zu Tätigkeiten machen kann, die nicht der vollen Konzentration bedürfen, sobald man den Atemrhythmus verinnerlicht hat, zum Beispiel beim Spülen, Bügeln oder Fernsehen. Günstiger ist es allerdings parallel zu einer leichten körperlichen Aktivität, wie zum Beispiel Spazierengehen.

Vor einigen Jahren hatte ich die Vermutung, dass am Abend nach einer anstrengenden Sprechstunde mein Blutdruck erhöhte sein könnte. Also maß ich den Druck heimlich und im Verborgenen vor den wachsamen Augen meiner Helferinnen, diese sollten sich ja keine Sorgen machen und siehe da, der systolische Druck fand sich jeden Abend höher als 160 mm Hg. Das war nicht gut und was tut man dann zunächst als guter Arzt? Genau, man hört einfach auf zu messen, zumal mich seit Jahren ein exorbitant erhöhter Blutfettspiegel plagte, dem durch kein Mittel beizukommen war und den ich mir vermutlich durch irgend ein blödes Gen bereits vor meiner Geburt eingefangen hatte. Zwei Risikofaktoren für ein vorzeitiges Ableben auf einmal, da durfte ich gar nicht drüber nachdenken.

Nun dies war auch keine echte Lösung und da ich mich seit einiger Zeit mit dem vegetativen System und dessen Bedeutung und den Möglichkeiten der Beeinflussung beschäftigt habe, dachte ich mir, diese Atemtechnik einmal auszuprobieren. Jeden Tag auf meinem Hundespaziergang, da Retrieverin Zoe ja ohnehin selten mit mir sprach, begann ich, immer durch eine Garage, an der ich vorbeikam daran erinnert, vier Sekunden

ein- und sechs Sekunden auszuatmen. Zuerst zählte ich mit. 1-2-3-4 und 1-2-3-4-5-6, doch bald konnte ich mir dies sparen, da ich die Atmung verinnerlicht hatte. Meist hörte ich gar nicht nach einer halben Stunde auf, da ich vollkommen vergessen hatte, dass ich nicht normal atmete und einfach meinen Gedanken nachhing.
Nach vier Wochen kontrollierte ich meinen Blutdruck wieder und er hatte sich komplett normalisiert, selten finden sich seither noch Werte über 120 mm Hg, ganz egal in welcher Situation die Messung vorgenommen wird und das, obwohl ich die Atemübungen nach anderthalb Jahren eingestellt habe und dies inzwischen fast fünf Jahre her ist. Heute benutze ich die Übung bedarfsweise, da mein Körper ja „gelernt" hat, was ich von ihm will, wenn ich in dieser Taktung für 30 Minuten atme. Nebenbei hatte sich auch mein Triglycerid- und Cholesterinspiegel komplett normalisiert, zum ersten Mal nach 10 Jahren, als die Erhöhung aufgefallen war. Ich war baff und konnte mir dieses Phänomen anfänglich nicht erklären. Mittlerweile bin ich zu der Überzeugung gekommen, dass ich die Synthese dieser Stoffe in der Leber durch Aktivierung meines Parasympathikus ausgebremst haben muss. Übrigens das Zählen, sprich die Taktvorgabe für die Atmung kann man, wenn man keine Lust

immerzu zu zählen hat, oder schlicht und ergreifend nicht bis 6 zählen kann, einer App namens Vagusfit Home© überlassen.

Etliche Patienten, die die Übung übernommen haben, bestätigten mir inzwischen zumindest den beruhigenden, blutdrucksenkenden Effekt. Und wenigstens bei einer jungen Frau gelang auch eine massive Cholesterinsenkung von 290 mg/dl auf 190 mg/dl innerhalb weniger Wochen, was diese zu Tränen rührte, sie konnte es kaum fassen, ich übrigens auch nicht.

Zugegeben 2 Fälle sind nur Kasuistiken und haben keinen wissenschaftlichen Wert, aber freuen werde ich mich ja wohl dürfen.

Nun, gesundheitliche Beeinträchtigungen kommen nicht immer schicksalhaft und von alleine, sondern oft genug tun wir Menschen auch alles uns Erdenkliche, um nicht gesund zu bleiben. Wir bewegen uns zu wenig, essen ungesund und zu viel, trinken zu viel Alkohol und rauchen. Dies liegt wohl in unserer Natur, da einige ganz zu Anfang der menschlichen Entwicklung angelegte Gehirnareale permanent nach irgendwelchen Belohnungen verlangen und jeder Mensch hat eine andere Art entdeckt, diese zu bekommen. Am blödesten finde ich das Rauchen. Professor Hans-Rudolf Raab, zu Zeiten meines Studiums chirurgischer Oberarzt an der Medizinischen Hochschule Hannover, sagte einmal, dass er nicht verstehen könne, dass es nur ein aktives Wort für Rauchen, für das Nichtrauchen jedoch nur eine Verneinung des Rauches gäbe, obwohl doch das Rauchen und nicht das Nichtrauchen die Unart sei. Den Gedanken fand ich gut, da die Sprache oft am Anfang unseres Bewusstseins steht. Mittlerweile ist es inzwischen -Gott sei Dank- durch Verbote und Imagekampagnen nicht mehr cool zu rauchen, dennoch tun es leider immer noch viel zu viele Leute

Ich habe selbst insgesamt 16 Jahre lang Zigaretten geraucht, allerdings mit einer zwischenzeitlichen Unterbrechung von zwei Jahren und heute nach mehr als sechzehn Jahren Nikotinabstinenz macht mich der Anblick junger Raucher traurig, da rauchen keine Vorteile mit sich bringt, krank macht , die Leistungsfähigkeit mindert und teuer ist. Auch wenn die gute Absicht dahinterstecken sollte, mit den Tabaksteuern den Staat unterstützen zu wollen, es bringt nichts, da das Tabaksteueraufkommen nur einen Bruchteil der Folgekosten des Rauchens in unserem Land aufwiegt, also auch diese Motivation sollte nicht in Erwägung gezogen werden.

Um meine kommenden Gedanken etwas zu erhellen, möchte ich einige kurze Erklärungen vorwegschicken. Damit in unserem Körper bestimm-te Reaktionen ausgelöst werden können, bedarf es vieler Botenstoffe, die sich an den Oberflä-chen der geeigneten Körperzellen einen soge-nannten Rezeptor suchen und an diesen ando-cken. Nach dem Andockmanöver, man spricht auch vom Schlüssel-Schloss-Prinzip, werden in der Zelle bestimmte Reaktionen ausgelöst, die im Körper etwas bewirken. Zum Beispiel sorgen be-stimmte Botenstoffe dafür, dass, wenn sie an Schlagadern andocken, sich diese zusammenzie-hen und der Blutdruck steigt. Dies ist nur ein Bei-spiel von Tausenden für dieses System. Unter anderem haben wir auch eine geringe Anzahl von Nikotinrezeptoren, als Nichtraucher jedoch nur so wenige, das das Andocken von Nikotin keine nennenswerte, positive Reaktion auslöst. Viel-leicht wird einem wegen der fehlenden Gewöh-nung übel oder schwindelig, viel mehr passiert jedoch nicht. Der Raucher hingegen bildet immer mehr von diesen Rezeptoren an den Zelloberflä-chen aus und irgendwann verlangen die Zellen nach deren Stimulation und machen den Körper unruhig, wenn der Nikotinnachschub ausbleibt. Hier liegt also die scheinbar beruhigende Wir-kung des Rauchens, der Nachschub muss gesi-chert werden. Beim Nichtraucher hingegen ist dies nicht nötig und somit wird dieser durch das

Rauchen einer Zigarette nicht ruhiger. Also lieber gleich lassen.

Wenn man nun allerdings schon einmal damit begonnen und den festen Plan gefasst hat, wieder damit aufzuhören, gibt es nach meinem Dafürhalten gute Chancen, dies auch schaffen zu können.

Wieder möchte ich auf meine eigenen Erfahrungen zurückgreifen. Aus irgendeinem Grund, beschloss ich nach Beendigung meines Wehrdienstes wieder einmal, das Rauchen aufzugeben. Etliche vorangegangene Versuche waren bereits nach frühestens zwei Stunden und spätestens sechs Wochen gescheitert. Dieses Mal war es anders. Ganz leicht. Trotz rauchender Freunde hatte ich kaum das Bedürfnis wieder anzufangen, auch nicht in den typischen Situationen, zu denen bisher eine Zigarette gehörte. Ich hielt zwei Jahre durch und fing dummerweise am Tag meiner mündlichen Physikumsprüfung wieder an, da ich Gefahr lief, vor lauter Nervosität in meinen Velourfußboden einen Trampelpfad zu laufen und mir mein nichtrauchender Mitbewohner zur Zigarette riet, da ich ihm vermutlich unsäglich auf die Nerven ging. Das war das Ende meiner ersten Exraucherzeit.

Neun Jahre später, nach erneut etlichen Anläufen gelang es erneut spielend leicht am 19.Juni

2001 und hält bis heute an. Die einzige Situation, in der ich mir noch einmal eine Zigarette wünschte, war, als ich mit meinem vollgepackten, altersschwachen VW Santana auf der Autobahn liegenblieb. Doch dort gab es keinen Automaten und der Gedanke, dass eine Zigarette die Karre auch nicht zum Laufen bringen würde, erheiterte mich so sehr, dass ich mit dem Thema endgültig durch war.

Was will ich damit sagen? Ich glaube, dass wir so etwas wie einen Biorhythmus haben, den ich mir Sinuskurvenartig vorstelle. Es geht mal auf- und mal abwärts. Manchmal gehen uns die Sachen nur so von der Hand und manchmal bekommen wir keinen Fuß vor den anderen, ohne zu stolpern. Und solche Vorhaben, wie das Aufgeben eines Lasters, werden vermutlich am ehesten glücken, wenn wir auf dem aufsteigenden Ast und nicht wenn wir in der Talsohle sind. Wann wir uns gerade wo befinden, wissen wir natürlich nicht, jedoch ist immer ein weiterer Versuch gerechtfertigt, da der Zeitpunkt dann besser sein könnte. Aufgeben ist die schlechteste Idee, irgendwann klappt es. Begleitend kann man die oben erwähnte Atemübung zu Hilfe nehmen und immer, wenn man rauchen möchte, genau so lange die Taktatmung durchführen, wie das Rauchen einer Zigarette in Anspruch nehmen würde.

Besonders gut funktioniert dies im Winter, da die kalte in den Rachen und die Bronchien strömende Luft ein ähnliches Gefühl wie das einströmenden Tabakrauches erzeugt und schwindelig wird einem, wenn man Glück hat, auch. Rauchersatzstoffe, einschließlich Nikotinpflaster und Kaugummis halte ich für totalen Quatsch. Die Pflaster gibt es, soviel ich weiß, in verschiedenen Dosierungen mit einer Nikotinbeladung von einer bis zu drei Schachteln Zigaretten pro Tag. Aber was tut man bei deren Anwendung? Man befüllt wieder seine kleinen Rezeptoren, um auf anderem Weg seinen Japp zu befriedigen und dann nicht rauchen muss. Aber was passiert, wenn man die Pflaster wieder weglässt? Der Griff zur Zigarette ist vorprogrammiert.

Die auf dem Markt befindlichen Medikamente zur Rauchentwöhnung haben ein erschreckendes Nebenwirkungsprofil von Herz-, Nieren, Gehirn über Leberstörungen bis hin zur Suizidneigung und das um die Einjahreserfolgsrate einer Abstinenz von 10% ohne Hilfsmittel auf 20% mit Medikament zu erhöhen, da sage ich doch :"Na super!"

Einige Leute scheinen ihre Rauchaktivität mit dem Dampfen von Elektrozigaretten deutlich reduzieren zu können, aber Vorsicht ist geboten, denn vor allem bei billigen Importen scheint die

Deklaration des Nikotingehalts zu niedrig angegeben worden zu sein. Außerdem ist noch nicht
klar, wie die enthaltenen Aromastoffe zu beurteilen sind und darüber hinaus verführt eine Zigarette, die nicht abbrennt, zum längeren Inhalie-
ren. Aber mittlerweile hat sich Prof. Mayer,
Pharmakologe und Toxikologe der Universität
Graz zum Thema Dampfen geäußert und als
harmlos eingestuft, naja. Darüber hinaus finden
sich in den Elektrozigaretten zwei der fünf in Zigaretten enthaltenen, Blasenkrebs erregenden
Bestandteile, muss also jeder selbst entscheiden,
ob er sie braucht oder nicht.
Kleine Hilfsmittel, wie Hypnose oder Homöopa-
thie (Tabacum C30) find ich okay.
Und zu diesem Thema noch eine letzte Anmerkung, eine mit der Nikotinentwöhnung einherge-
hende Gewichtszunahme geht auch mit der Zeit
wieder weg, wenn man sich bewegt und vernünftig ernährt.

Das nächste Thema, zu dem ich einige Tipps hätte, beschäftigt sich mit den Infektionskrankhei-
ten, die uns im Alltagsleben zu schaffen machen
und was jeder von uns dagegen tun kann.
Zunächst einmal die lästigen grippalen Infekte,
Influenza und Co. Man erkrankt daran nicht, weil
man sich nasse Füße geholt oder sich anderwei-

tig unterkühlt hat. Dies kann höchstens dazu führen, dass unser Immunsystem etwas negativ beeinflusst wird und wir uns schneller mit den Krankheitsauslösern, meist Viren, anstecken, weil unsere Abwehr nicht so gut funktioniert. Man sollte sich erst einmal ein paar Gedanken über die Übertragungswege der Krankheitskeime machen. Ihr Ziel ist es irgendwie zu Ihren Schleimhäuten zu gelangen und diese finden sich in Nase, Mund und Auge. Wenn sie dort erst einmal angekommen sind, ist es für die kleinen Unheilstifter ein Leichtes, in Ihren Organismus vorzudringen und die Krankheitssymptome auszulösen und dies gilt es zu verhindern. Schlaue Leute habe im Rahmen von Beobachtungsstudien herausgefunden, dass wir uns im Schnitt circa 200 Mal am Tag ins Gesicht fassen und wenn ich mich beobachte, kann ich dies nur bestätigen. Wir stützen das Kinn auf die Hand , reiben Nase und Augen, überlegen mit an die Nase angelegtem Zeigefinger oder kratzen uns unwillkürlich.

Sind wir nun erkältet und die Nase läuft, verlieren wir eine nicht ganz unerhebliche Menge an Schleim aus der Nase, mit dem unsere Hände entweder direkt oder mittels Taschentuch in Berührung kommen und dieser Schleim sitzt voll mit Viren. Nun verteilen wir diese in unglaublichem Maße überall, wo wir anfassen. Eine Folge der Sendung „Mythbusters" beschäftigte sich mit diesem Thema und machte dies auf eindrucksvolle Weise sichtbar, ist mit Sicherheit bei Youtube oder auf einschlägigen Mediatheken noch einmal anzuschauen, es lohnt sich. Was heißt das nun? Erstens sollten wir, wenn wir bereits erkrankt sind, möglichst wenig anfassen, mit dem andere Menschen in Berührung kommen, uns regelmäßig gründlich die Hände mit Seife waschen, das bringt enorm viel, man glaubt es kaum, und uns zweitens als Gesunder zu Zeiten von Infektionswellen genau so verhalten, um uns selbst die Quälgeister vom Hals zu halten. Außerdem einfach einmal darauf achten, wie oft Sie sich ins Gesicht fassen, Sie werden sich wundern.

Wenn es dann bereits passiert ist und man das Gefühl hat, krank zu werden noch ein kleiner Tipp. Ich schwöre auf die „Graubehaarte Zistrose", erhältlich unter dem Handelsnamen Cystus 052 Biohalspastillen. Bereits wenn ich abends den Geschmack sich androhender Halsschmerzen im Mund habe, fange ich an, diese zu lutschen. Sie schmecken nicht wirklich gut, sorgen aber quasi immer dafür, dass ich nicht krank werde. Oft funktionieren sie sogar noch, wenn man schon krank ist, die Nase läuft und man sich unleidlich fühlt. 5 Stück pro Tag ungefähr sind meine Empfehlung. Es gibt den Wirkstoff auch als losen Tee, dieser schmeckt wie Instantkräutertee, durch den ein Fisch geschwommen ist und als Gurgellösung, deren Geschmack an kalten Schwarztee erinnert, in dem Zigaretten ausgedrückt wurden. Der Mechanismus dieser Pastillen funktioniert einerseits über eine Engstellung der Poren unserer Mund-und Halsschleimhäute und andererseits über die antivirale Wirkung der darin enthaltenen Kräuter. Falls sie also nicht funktionieren, habe Sie wahrscheinlich die falschen Viren.

Gehört man zu der Spezies von Leuten, die Hunde mögen, wie ich, hat es etliche Vorzüge, sich einen solchen zuzulegen. Natürlich erst nach reiflicher Überlegung, ob man dem Tier gerecht werden und es sich leisten kann, welches die richtige Rasse ist, ob Welpe oder ausgewachsen und so weiter. Sind diese Fragen geklärt und der Hund ist da, hat man plötzlich einen unglaublich treuen Freund, Seelentröster und Kontaktvermittler. Man kommt auf den Spaziergängen mit unglaublich vielen Leuten ins Gespräch. Vielleicht sollten sich schüchterne Menschen einen auf viele Zeitgenossen niedlich wirkenden Hund zulegen, sie würden sich wundern, wie einfach man mit Fremden ins Plaudern gerät.

Eines dieser Gespräche führte ich mit Herrn Leibold, emeritierter Professor für Veterinärmedizin, zusammen, der sich viel mit dem Thema Immunologie auseinandergesetzt hat und der öfter mit mir die Hundewege teilt. Er erklärte mir, dass im Rahmen von Fieberschüben sogenannte Zytokine, das sind kleine Eiweiße, die als Botenstoffe dienen, in großen Mengen ausgeschüttet werden. Es gibt einige Unterarten von Zytokinen. Einige derer Namen sind dem einen oder anderen vielleicht schon einmal beim Arztbesuch begegnet, da sie synthetisch hergestellt und als Medikament zum Beispiel gegen Rheuma und andere Autoimmunerkrankungen, bei denen der Körper sich selbst angreift , oder Multipler Sklerose verwendet werden. Beispiele sind Interferone, Interleukine oder Tumornekrosefaktoren. Schüttet man also im Rahmen von Fieberschüben diese Zytokine aus, sorgt der Körper gleich mit dafür, dass andere unwillkommene Zellen aus unserem Körper eliminiert werden, wie zum Beispiel entartete Zellen, aus denen später einmal eine Krebserkrankung entstehen kann. Gut nicht wahr? Zum Trost für all diejenigen, die nie Fieber entwickeln, laut Herrn Leibold bewirkt auch Blutspenden eine bemerkenswerte Freisetzung dieser kleinen, hilfreichen Peptide.

In einer ARD Reportage hat man untersucht, wo überall Darmkeime nachweisbar sind, welche sogenannte Magen-Darm-Grippen auslösen können. Man nahm Abklatschproben mit Nährböden und wartete ab, wie die Keime in welchem Maße wuchsen. Unglaublich. Überall, wo Menschen anfassen, Handläufe, Türklinken, Geld, Tastaturen fanden sich große Mengen dieser Bakterien. Wäscht sich denn keiner mehr die Hände? Die meisten fanden sich übrigens nicht auf öffentlichen Toiletten, wo man es eigentlich erwartet hätte, sondern an Geldautomaten. Nach einiger Zeit des Nachdenkens fiel mir Folgendes auf: Die nachgewiesenen Bakterien waren die gleichen, die sich in den von mir so häufig untersuchten Urinproben von Patienten finden, die unter einer Blasenentzündung leiden. Nun war mir ein weiterer Übertragungsweg klargeworden, denn gerade Frauen, die nur eine kurze, gerade Harnröhre besitzen, müssen sich nach dem Wasserlassen abputzen und was befindet sich da an ihren Händen? Natürlich die infektionsauslösenden Fäkalbakterien und E.coli Keime. Das heißt, es war wahrscheinlich gar nicht zwingend der Besuch auf einer öffentlichen Toilette auf der man sich angesteckt hat, sondern man hat schlicht und ergreifend eine kontaminierte Türklinke angefasst. Also mein Rat an alle, besonders Frauen: Vor dem Toilettengang die Hände waschen und für die Fälle, in denen das nicht geht, ein kleines Fläschchen desinfizierendes Handgel in die Handtasche stecken. Dieses zieht ganz schnell ein, riecht gar nicht so schlecht und macht die meisten Keime in 30 Sekunden platt.

Was macht uns sonst noch so im Alltag gesundheitlich zu schaffen? Schauen wir uns die Statistiken der Krankenkassen bezüglich krankheitsbedingter Fehltage oder einfach nur mein Wartezimmer an, stoßen wir schnell auf das Problem Rückenschmerzen. Die Ursachen, da ist man sich einig, sind multifaktoriell. Die Psyche scheint eine große Rolle zu spielen, aber die würde ich gern zunächst außen vorlassen und mich auf die eher fassbaren Ursachen konzentrieren.
Wenn man vor einigen Jahrzehnten die Praxen meiner Vorgängerkollegen betreten hat, fand man unter den Patienten noch viele Menschen, die hart körperlich in der Produktion arbeiteten. Eine große Anzahl dieser Arbeitsplätze existiert heute aufgrund von Automatisierung, Digitalisierung und Globalisierung in Deutschland nicht

mehr. Dennoch sind mindestens noch ebenso viele Menschen berufstätig, nur die Arbeitsplätze haben sich verändert. In erster Linie gibt es wohl sitzende Tätigkeiten am Bildschirm und hier liegt eines der Probleme. Langes Sitzen lässt unsere Rückenmuskulatur verkümmern, die vertikal oder bodenwärts ziehenden Kräfte werden nicht mehr muskulär ausgeglichen und wir bekommen Schmerzen. Bestimmte Muskelgruppen verkürzen sich und verstärken das Problem. Außerdem steigt das Durchschnittsgewicht des freien Bürgers, da die Bewegung fehlt. Das viele Sitzen scheint

ausgesprochen unphysiologisch zu sein. Richtet man den Blick ein paar Jahre zurück in die Steinzeit, sieht man unsere Vorfahren, wie sie sich den ganzen Tag bewegten, auf der Suche nach Nahrung oder Partnern oder sonst etwas. Die vorhandenen Sitzgelegenheiten waren Baumstämme, Steine und der Boden. Keine Rückenlehne und auf Dauer hart. Gute Gründe das Sitzen auf ein Minimum zu reduzieren.

Nun ist die Zeit schneller vorangeschritten, als die Evolution und unsere Körper haben sich der technischen Entwicklung nicht angepasst und wir benutzen unsere bequemen Sitzmöbel mehr als wir vertragen. Meine Tochter konfrontierte mich neulich mit einer Erkenntnis, die sie aus einer

Veröffentlichung hatte, dass wir durch intensives Sporttreiben drei Stunden Sitzen am Tag kompensieren können. Oha! Wer sitzt bitteschön nur drei Stunden am Tag und vor Allem wer trainiert täglich intensiv?

Einige asiatische Völker scheinen uns hier Einiges voraus zu haben. Durch ihre traditionelle, kniende Haltung verkürzen sich deren Muskeln im Laufe des Lebens nicht so maßgeblich und durch die erzwungene gerade Haltung kennen sie das Thema Rückenschmerzen im zunehmenden Alter kaum. Hinzu kommt unser Schuhwerk, welches ein physiologisches Abrollen unglaublich erschwert. Dies soll nun alles nicht dazu führen, zu verzweifeln, denn es gibt durchaus Wege dem Problem zu begegnen. An erster Stelle steht natürlich die Bewegung und es soll auch erst mal egal sein, wie diese geartet ist, Hauptsache Bewegung. Als ich es im vergangenen Jahr tatsächlich geschafft habe, mehrmals pro Woche meinen im Verhältnis zur Körpergröße zu schweren Körper zum Joggen zu animieren, ließen die Schmerzen nach und nach nach (die Anzahl der „nachs" müsste stimmen). Dies stimmt mit den Berichten meiner Patienten überein, die unter Vernachlässigung von Bewegung eine Schmerzintensivierung erfuhren. Es finden sich etliche meiner Gesprächspartner, die auch noch jenseits des fünfzigsten Lebensjahres noch erfolgreich mit dem Sport begonnen haben und die Schmerzen loswurden.

Welcher Sport ist richtig? Natürlich wären Sportarten, die die Muskulatur im Gebiet des Schmerzes aufbauen ideal, allerdings darf man, um eine Einseitigkeit zu vermeiden, nie deren Gegenspieler vergessen zu trainieren. Jeder Beugemuskel hat auch einen ihm entgegenwirkenden Streckmuskel, es gibt Rücken und Bauchmuskulatur und so weiter. Außerdem ist es auch nie ratsam, einen schmerzhaft übertonisierten Muskel zu trainieren, da die Beschwerden dann zunehmen, lieber erst mit dessen Gegenspieler beginnen, doch dies ist natürlich Theorie. In erster Linie sollte die Bewegung Spaß machen und nicht nur als bloße Pflicht betrachtet werden. Es ist viel leichter, nach einem harten Arbeitstag für jemanden der Bälle liebt, noch zum Fußball oder für einen Tanzliebhaber zur Jazzgymnastik zu gehen. Man kann sich sogar darauf freuen, wenn man sich den ganzen Tag genervt fühlt.

Natürlich ist mir auch klar, dass nicht jeder für sportliche Aktivitäten geeignet oder der Körper mancher Menschen schon so zerschunden ist, dass er auf körperliche Aktivität vorbereitet werden muss oder sie schlimmstenfalls gar nicht mehr ausführen kann. Hier kann Krankengymnastik hilfreich sein, das Problem ist nur, dass ihr Arzt diesbezüglich Mangelverwaltung betreiben muss und sein Budget es nicht zulässt, dass er es Ihnen dauerhaft verschreibt. Hier wird er leider seitens der Kostenträger massiv unter Druck gesetzt. Allen voran schreitet die Gesundheitskasse, in dem er regelmäßig von ihr angeschrieben wird, mit der Aufforderung, sich in seinem Verordnungsverhalten für Physiotherapie zu mäßigen und nur das Nötigste zu verschreiben. Meines Erachtens eine Milchmädchenrechnung, da vermutlich die Kosten für Physiotherapie nie die Dimension der Kosten für die Behandlung mit Medikamenten und deren Nebenwirkungen oder gar Operationen erreichen würden, ganz egal wie frei wir verordneten, Wellnessbehandlungen jetzt mal außen vor gelassen. Aber das ist ein anderes Thema, mit dem sich schlauere Leute als ich befassen müssen.

Eine weitere elegante Lösung ist TENS, die transkutane, elektrische Nervenstimulation. Es handelt sich hierbei ein Therapieverfahren, das aus der Rehabilitationsmedizin stammt. Das Prinzip ist so einfach wie genial. Bei Verletzten oder Erkrankten, deren Verbindung zwischen Muskeln und deren sie stimulierenden Nerven gestört war, gibt man mit Hilfe von Klebeelektroden elektrische Impulse durch die Haut auf den betroffenen, nicht innervierten Muskel, der dadurch zur Kontraktion angeregt wird. Über einen längeren Zeitraum angewendet, entsteht ein Trainingseffekt und der Muskel verkümmert nicht und kann nach Genesung von der gesundheitliche Störung wieder verwendet werden. Im Rahmen der therapeutischen Anwendung zeigte sich, dass diese Behandlung auch schmerzlindernd war und sie findet in der Schmerztherapie regelmäßige Anwendung. Mittlerweile sind kleinere Geräte bereits im Discounter erhältlich, der eine oder andere von Ihnen hat bestimmt schon eins gesehen. In der Regel besitzen die Geräte vier Elektroden und sind für den kleinflächigen Einsatz geeignet.

Größere Geräte mit deutlich mehr Elektroden, eingearbeitet in einer Matte, werden inzwischen von Fitnessstudios, Physiotherapie- und Arztpraxen unter dem Namen Stimawell© vorgehalten. Diese verfügen unter anderem über einen Muskelaufbaumodus und arbeiten in einem mittelfrequenten Bereich. Zur Therapie legt sich der Schmerzgeplagte auf die Matte, diese wird für ihn individuell bezüglich Stromstärke für jeden einzelnen Bereich des Rückens eingestellt und dann wird die Behandlung so lange regelmäßig wiederholt, bis die Muskulatur ausreichend aufgebaut ist, dass aktives Training sinnvoll möglich ist. Gleichzeitig wirkt sie enorm schmerzlindernd, so dass nach und nach die Schmerzmedikation reduziert werden kann.

Ich persönlich verfüge über zwei Bandscheibenvorfälle in der Lendenwirbelsäule, welche mich seit über zwanzig Jahren darüber informieren, dass ich noch am Leben bin, indem sie mir regelmäßig Schmerzen zufügen. Die eben erwähnte TENS Therapie auf der Matte hat das Schmerzniveau innerhalb von zehn Behandlungen beträchtlich reduziert. Finde ich gut.

Im Folgenden gebe ich Ihnen eine kleine Anleitung zur akuten Schmerzbekämpfung an die Hand. Diese kleinen Übungen nehmen höchsten drei Minuten in Anspruch und bedürfen keiner Hilfsmittel. Alle Patienten, die ich chirotherapeutisch wegen hexenschußartiger Beschwerden im Lendenwirbelsäulenbereich behandele, müssen zunächst diese Muskeldehnungen vornehmen, da sie einerseits zur Schmerzbekämpfung und andererseits zur leichteren Behandelbarkeit dienen. Die Patienten liegen auf dem Rücken und müssen beide Knie anziehen und mit beiden, günstigenfalls gefalteten Händen umfassen, um mehr Kraft zu haben. Dann wird der zu Behandelnde aufgefordert, sein Gesäß deckenwärts zu drücken und mit den Händen gegenzuspannen.

Je nachdem wo der Schmerz lokalisiert ist, müssen die Knie unterschiedlich weit angezogen werden. Bei weit oben in der Brustwirbelsäule befindlichem Schmerz sollen die Beine stark zur Brust gezogen werden, ist er tiefer, müssen sie weiter von sich weggedrückt werden. Am besten zielt man in die Richtung, die als am unangenehmsten empfunden wird, da genau diese Muskulatur aufgedehnt werden soll. Bei jedem Mal Drücken wird bis sieben gezählt, mit insgesamt sieben Wiederholungen. Sitzt der Schmerz im sehr tief unten gelegenen Abschnitt der Lendenwirbelsäule, werden im Anschluss daran die Knie gegen die Kraft der immer noch geschlossenen Hände für 15 Sekunden nach außen gedrückt, danach die aneinander gelegten Fäuste als Abstandhalter zwischen die Knie gelegt und mit den Knien zusammengedrückt, ebenfalls für 15 Sekunden. Diese beiden Übungen dienen der hinteren und vorderen Beckendehnung. Abschließend können die beiden nach wie vor angewinkelten Beine abgestellt und parallel bis zum Erreichen der Schmerzgrenze zehnmal zu beiden Seiten geschwungen werden. Führt man diese Übungen etwa 4-5 mal täglich, begleitet von einer schmerzlindernden Medikamentösen Therapie, durch, bekommt man die akute Situation meist innerhalb weniger Tage ganz gut in den Griff.

Im akuten Schmerzstadium sind meines Erachtens Schmerzmittel unerlässlich, um Schonhaltungen zu vermeiden und die Bewegungsfähigkeit, die für eine Gesundung wichtig ist, zu erhalten. Hier liegt immer wieder der Schlüssel, auch wenn dies eine unbequeme Wahrheit ist. Man kann sich natürlich auf die Weisheit, dass Zeit alle Wunden heilt, warten, allerdings ist bei dieser Methode deutlich mehr Geduld notwendig und sie ist unzuverlässig. Die schmerzauslöschende Zauberspritze, die jedem hilft, gibt es übrigens nicht. Hier existiert eine unglaubliche Erwartungshaltung, die meine Zunft einfach nicht erfüllen kann.

An die Theorie, dass „Zug" verantwortlich für Rückenschmerzen sei kann, glaube ich persönlich nicht. Ich meine dies nicht im klassisch homöopathischen Sinne, in dem die Suche nach Modalitäten eine zentrale Rolle spielt. Nein, ich meine damit, dass durch einmaligen Windzug verursachte Schmerzen eher anerzogen sind. Wer schon als Kind immer wieder zu hören bekommt „nimm Dich in Acht vor Zug, sonst bekommst du Schmerzen", wird sich bei jedem verspürten Luftzug verkrampfen und auf diesem Wege die Schmerzen in Gang setzen. Ein klassischer Fall von Konditionierung, worauf ich jedoch später eingehen möchte.

Unabdingbar für eine intakte Gesundheit ist unser regelmäßiger Schlaf. Er dient der Regeneration des Gesunden und fördert die Genesung des Kranken. Wir träumen regelmäßig und verarbeiten dabei vermutlich Bewusstes und Unbewusstes, so richtig klar ist dies noch nicht. Wenn der Schlaf allerdings ausbleibt, so stellt dies schnell ein Problem dar. Ist die Schlaflosigkeit kurz und selbstlimitierend, ist sie nicht schlimm, hält sie jedoch länger an, wird sie zu einem echten Problem. In diesem Falle wäre es gut, die Ursache dafür zu kennen. Oft sind es die Probleme des Alltags, die einen nicht einschlafen lassen, weil man sich grübelnd von einer Seite auf die andere dreht. Findet sich für diese Probleme eine Lösung, so wird sich der Schlaf wieder einstellen. Es können auch körperliche Erkrankungen dahinterstecken, Schmerzen zum Beispiel, welche gelindert werden können oder eine Schilddrüsenüberfunktion, die sich ebenfalls behandeln lässt. In etlichen Fällen ist die Lebensweise die Ursache. Menschen brauchen einen festen Rhythmus und wenn der nicht vorhanden ist, drohen Probleme. Typisches Beispiel sind Schichtarbeiter, die mal früh, mal spät und mal nachts arbeiten müssen, sie haben nie eine

Chance auf Regelmäßigkeit und viele von ihnen leiden unter Schlafstörungen. Doch diese Unregelmäßigkeit kann natürlich auch hausgemacht sein, Menschen, die ihren Rhythmus einfach nicht finden, die die Wochenenden nutzen, um die Nacht zum Tag zu machen und den Tag verschlafen, werden in der Arbeitswoche irgendwann auch ihre Probleme bekommen. Abgesehen davon fand man heraus, dass ein Großteil der Menschen nachts am kreativsten oder produktivsten ist. Ihnen widerstrebt der von unserer Gesellschaft vorgegebene Takt. Sie kommen nachts nicht zur Ruhe, weil sie dann eigentlich am meisten leisten könnten und sind tagsüber müde. Die nachtaktiven Menschen nennt man auch die „Eulen" im Gegensatz zu den Lerchen, welche eher Frühaufsteher sind, um den Tag zu nutzen. Es wäre einmal interessant, solche „Eulen" einmal nach Australien oder Neuseeland zu schicken, wo die Zeit 12 Stunden zu unserer verdreht ist, ob es ihnen dort besser geht.

Falls Sie unter Schlafstörungen leiden und Alles, was Sie probiert haben, nicht funktioniert, probieren Sie für einen gewissen Zeitraum die im Kapitel beschriebene Atemübung aus, eine halbe Stunde am Tag 4 Sekunden ein- und 6 Sekunden ausatmen.

Für Schlafmittel kann ich mich nicht begeistern, da sie ganz schnell abhängig machen und ohnehin den gesunden Schlaf nicht fördern, die REM Phasen unterdrücken. Sie liegen nach deren Einnahme zwar nicht wach, sind am nächsten Tag aber dennoch unausgeschlafen. Eventuell wäre dann eher, wenn nichts Anderes funktioniert, ein Versuch mit einem sehr niedrig dosierten Antidepressivum, zum Beispiel 10mg Amitryptilin zur Nacht, für einige Zeit sinnvoll, sprechen Sie Ihren Hausarzt an.

Das waren ein paar typische Beispiele, wie banale gesundheitliche Beeinträchtigungen unserer Zufriedenheit massiv im Wege stehen können und dass es Wege gibt, ihnen zu begegnen. Es sind keine Zaubermittel, jedoch funktionieren sie erstaunlich oft mit großem Erfolg.

Glauben

Vorweg, ich bekenne mich zu meinem Glauben an Gott im christlichen Sinne. Dies bringt mir immer wieder die Kritik meiner Kinder, insbesondere meiner Tochter Tamika, ein, da diese der Überzeugung sind, dass Gottesglaube ein Relikt aus der Urzeit des Menschen sei, in der man sich unerfindliche Phänomene mangels anderer Erklärungen mit Gottes Wirken begründete. In der Zwischenzeit habe jedoch die Wissenschaft so große Fortschritte gemacht, dass die meisten Rätsel gelöst seien und somit Gott als Grund für irgendetwas ausgedient habe. Somit seien berechtigte Zweifel an meiner Intelligenz angebracht, wenn ich an meinem Glauben festzuhalten gedenke.

Der Weg zur Arbeit führt mich morgens an einer Kirche vorbei, die an einer Ampelkreuzung liegt. Und jeden morgen, wenn ich dort ankomme und oft auch halten muss, richte ich ein paar Worte an Gott, oft nur ein „ich wünsche Dir einen schönen Tag" und manchmal ein „Dankeschön" oder die Bitte, meinen Kindern einen guten Tag zu bescheren. Das tut mir einfach gut und der Tag kann beginnen.

Nun denn, wie der Begriff schon sagt, ist Glaube der Glauben an Etwas, was unbewiesen ist, für dessen Nichtexistenz jedoch auch der Beweis aussteht. In der Mathematik nennt sich so etwas Axiom, wenn mich nicht alles täuscht (Hans Joachim Dreher, mein Mathematiklehrer der Klassenstufen Quarta bis Oberertia am Gymnasium Hausach (oder war es sein Nachfolger ab Untersekunda, Herr Möhrle?)wäre stolz, wenn er wüsste, wieviel selbst bei mir aus seinem Unterricht hängengeblieben ist).

Bisher konnte mir noch keiner glaubhaft vermitteln, wie irgendwann einmal das Leben entstanden ist. Eine riesige Ex- oder Implosion namens Urknall soll Leben geschaffen haben?

Mein Ziel ist es allerdings nicht, Menschen von ihrer atheistischen Lebensanschauung abzubringen, auch meine Tochter nicht. Ich bitte sie nur regelmäßig, auch mir meinen Standpunkt zu lassen, auch wenn sie viel intelligenter ist als ich und mir immer wieder als unglaubliche Inspiration dient.

Der Stand der jeweiligen Wissenschaften muss nach meinem Dafürhalten insofern immer mit einer gewissen Vorsicht betrachtet werden, da diese immer im Fluss ist. Was heute als „State of the Art" noch richtig zu sein scheint, kann morgen durch neue Erkenntnisse schon überholt sein.

Als Hausarzt mache ich regelmäßig Hausbesuche und diese führen mich gelegentlich zu einer im Ruhestand befindlichen Diakonisse, die im Feierabendhaus eines diakonischen Krankenhauses lebt, welches seine Ursprünge im Jahr 1859 hat. Um zu ihr zu gelangen, muss ich den Hof der Klinik überqueren und dabei lasse ich immer wieder fasziniert meinen Blick über das altehrwürdige Gebäude streifen und meine Gedanken wandern zurück in die Zeit vor vielleicht einhundert Jahren. Ärzte in ihren langen Kitteln mit akademischen Bärten behandelten leidgeprüfte Patienten, die obrigkeitshörig in die Weisheit der Doktoren vertrauten und in deren teilweise sehr schmerzhaften Methoden. Oft blieben damals die kurativen Versuche, trotz aller verursachten Qualen, erfolglos und wir schütteln heute darüber die Köpfe. Aus damaliger Sicht war das Handeln meiner Vorgänger vermutlich richtig, genauso, wie wir unser heutiges Handeln als richtig betrachten und in weiteren 100 Jahren unsere Nachfolger über die heutige medizinische Vorgehensweise den Kopf schütteln werden. Wir haben in der heutigen Zeit den Anspruch, sogenannte evidence based medicine zu praktizieren. Das heißt für möglichst alle Behandlungen gibt es studiengestützte Leitlinien, an die wir uns, so gut es geht, halten. Aber vielleicht ist die

Methodik unserer heutigen Studien irgendwann komplett überholt und die heute verwendete Statistik wird belächelt. Immerhin ist uns bewusst, dass keine auch noch so gute Behandlung bei jedem Patienten greift und dass wir bei den meisten eingesetzten Medikamenten mehrere von der Erkrankung betroffene Menschen behandeln müssen, damit einer von ihnen davon profitiert. Dieses Phänomen wird mit der „Number needed to treat" beschrieben, die gerne mal den Wert 50 erreicht, auf deutsch gesagt, es müssen 50 Menschen behandelt werden, damit einer etwas davon hat, die anderen 49 profitieren nicht. Trotzdem ist dies wissenschaftlich korrekt, da sich in den vorangegangenen Studien ein signifikanter Effekt für diese Behandlung herauskristallisiert hat und der Nutzen demnach die Nachteile überwiegt.

Allerdings beruhen nicht alle Leitlinien auf wissenschaftlichen Belegen, sondern häufig nur auf Expertenmeinungen, auf die man sich im weitgehenden Konsens geeinigt hat, ohne das eindeutige Beweise für den Nutzen vorliegen. Und diese Herangehensweise gibt es ja nicht nur in Medizin, sondern auch in allen anderen Wissenschaften, die mit Annahmen arbeiten müssen, also eigentlich allen. Im Mittelalter beruhten übrigens auch Hexenverbrennungen auf Expertenmeinung.

Betrachtet man Wissenschaft mit diesem Wissen, finde ich den Glauben an Gott ganz und gar nicht mehr albern.

Seien wir außerdem einmal ehrlich, was ist denn daran schlimm, dass Menschen aus etwas, an das sie glauben, Kraft und Hoffnung schöpfen? Ich spreche nie von Extremismus im Glauben und auch nicht davon, dass wissentlich Menschen mit geringer Bildung, die nicht in der Lage sind, zu lesen und sich somit kein eigenes Bild von der jeweiligen Heiligen Schrift, egal ob sie Bibel, Koran, Talmud oder sonst wie heißt, machen können, mit Propaganda von Eiferern in die Irre geführt werden, die den Glauben für ihre eigenen Machtansprüche ausnutzen wollen. Diesbezüglich haben sich alle Weltreligionen nicht mit Ruhm bekleckert.

Aber hier geht es ja um Zufriedenheit und meine Überzeugung ist, dass man dafür Frieden benötigt und zwar inneren und äußeren und dabei kann Glaube eine große Stütze sein. Vermutlich haben die meisten gläubigen Menschen sich ihre eigene Religion um das Grundgerüst dessen aufgebaut, was man Ihnen einmal beigebracht hat. Damit will ich sagen, dass Christen die Lehren

Jesu und die 10 Gebote als zentralen Inhalt ihres Glaubens sehen, aber den Rest ihres Lebens nach eigenem Dafürhalten gestalten und ihnen das, was die Institution Kirche vorgibt, vielleicht ganz interessant erscheint, sie es aber nicht als Gesetz sehen, sie erlauben sich einen Interpretationsspielraum. Für viele andere Religionen gilt dies bestimmt auch, nur damit kenne ich mich nicht gut genug aus.

Dennoch kommt meines Erachtens der Kirche eine wichtige Bedeutung zu. Ich bin zwar kein Katholik, kann aber dennoch dieser größten Konfession eine Menge abgewinnen. Sie ist in der Lage, Menschen in ihrer tägliche Hast etwas einzubremsen. Sie kann den Menschen ins Gedächtnis rufen, dass es auch andere Werte gibt, als die, die uns von den Medien vorgegeben werden. Und auch der Institution Papst stehe ich ausgesprochen positiv gegenüber und das nicht erst seit Franziskus das Amt übernommen hat und in meinen Augen brillant ausübt. Wenn man den Papst in seinem Selbstverständnis als Nachfolger Christi betrachtet, bleibt ihm doch gar nichts anderes übrig, als dessen Werk fortzusetzen, indem er Finger in Wunden legt und so gut es ihm möglich ist, Worte zu finden, die Jesus, wäre er heute anwesend auch finden würde. Dass er und vor allem einige seiner Vorgänger in den letzten Jahren mit dem Gesagten etwas über das Ziel hinausgeschossen sind, ist insofern unvermeidlich, als dass er, wenn er sich immer nur still und unauffällig äußerte, gar kein Gehör finden würde. Ich denke, die Übertreibung ist bewusst als Stilmittel gewählt, um wahrgenommen zu werden.

Die Kirche als Machtapparat und als Selbstzweck sind sicher nicht das, was Jesus sich gewünscht hätte, aber sie wird nun einmal von Menschen ausgefüllt und getragen und diese streben danach , die eigene Eitelkeit zu hofieren, gewonnenen Einfluss zu verteidigen und dessen Annehmlichkeiten zu behalten, das wird sich leider nie vermeiden lassen. Gut ist es trotzdem nicht.

Ich bin wieder abgeschweift. Der Glaube hat im Laufe der Jahrhunderte immer wieder Menschen hervorgebracht, die ihre Aufgabe darin sahen, für Andere da zu sein. Hilfsbereitschaft und Verzicht sind und waren für sie Normalität und eine andere Lebensweise nicht denkbar. Abends in den Spiegel zu schauen und sich zu sagen: „Ich habe für Mitmenschen etwas erreicht", bedeutet für sie Zufriedenheit. Und diejenigen, denen diese Hilfe zuteil wurde, waren ebenfalls zufrieden, weil sie ohne Hilfe nicht zurechtgekommen wären, zwei Fliegen mit einer Klappe geschlagen.

Aus dieser Einstellung sind Institutionen entstanden, die aus unserem Land nicht mehr wegzudenken sind und ohne die große Teile unseres sozialen Systems einfach wegbrechen würden, man denke nur an die christlichen Krankenhäuser, Kindergärten, Behinderteneinrichtungen und so weiter und so fort. Leider beobachtet man immer mehr eine individuelle Abschottung. Jeder ist sich selbst der Nächste. Leute, wie die eben beschriebenen, werden belächelt und bleiben oft unverstanden in einer Welt, die von Zahlen bestimmt ist. Günstigerweise von Zahlen, hinter denen ein Währungszeichen steht, damit könne die Meisten etwas anfangen.

Ich habe vor ungefähr 30 Jahren in einer Tageszeitung von einem deutschen Ingenieur gelesen, der nach dem Zweiten Weltkrieg recht sparsam gelebt und dadurch viel Geld auf die Seite gebracht hat. Als seine Ersparnisse die Summe von einer Million Mark erreicht hatten, reiste er nach Israel und verschenkte das Geld einer dort ansässigen Institution. Er begründete dies damit, dass er, obwohl er sich selbst nichts Erwähnenswertes zu Schulde kommen lassen habe, immer ein schlechtes Gewissen gegenüber den Juden gehabt habe und mit seiner Gabe ein wenig von der deutschen Schuld abtragen wollte. Man mag über ein solches Verhalten den Kopf schütteln, aber vermutlich hat es diesen Mann Zufriedenheit gegeben und die Geldübergabe war für ihn vielleicht sogar ein Moment des Glückes. Diesen hätte er in dieser Intensität durch Kaufen von Konsumgütern vermutlich nicht verspürt und darum hat er in meinen Augen für sich alles richtig gemacht. Und eventuell war es auch sein Glaube, der ihn zu diesem Handeln bewegt hat, wer weiß?

Die meisten Staaten habe ihre Verfassung auf den Geboten ihres vorherrschenden Glaubens aufgebaut und selbst viele Atheisten stellen deren Wert vermutlich nicht in Zweifel, da durch sie ein friedliches und geregeltes Nebeneinander gewährleistet wird. Es ist egal, ob es unsere 10 Gebote oder die Säulen des Islam sind, das Entscheidende ist doch der gute Gedanke der dahintersteckt und was im täglichen Leben herauskommt und das scheint mir in vielen Ländern doch recht gut zu funktionieren, solange es nicht von Einzelnen missbraucht wird.

Die religiösen Auswüchse und Fanatismus haben mit Glauben in meinen Augen nichts zu tun. Und wir sollten vorsichtig sein mit der Verurteilung Anderer. Wir dürfen dabei nicht vergessen, dass auch im Namen des Christentums Menschen viel Leid angetan wurde. Natürlich sind scheinbar religiös motivierte Missetaten Anderer nie durch die eigenen zu rechtfertigen, aber sie können dadurch zumindest ein wenig verständlicher werden. Islamistische Extremisten werden ihre Taten als Vergeltung für durch Amerikaner oder Europäer verursachtes Leid an ihren Leuten erklären. Ich frage mich oft, trotz Tränen in den Augen, wenn ich so furchtbare Bilder im Fernsehen sehe, wie in jener Nacht nach den Anschlägen von Paris, welche Wut die Attentäter oder deren Auftraggeber über die Bomben im Bauch hatten, die aus westlichen Flugzeugen über dem Nahen und Mittleren Osten abgeworfen wurden und dort großes Leid angerichtet haben. Wie viele Unschuldige sind dort getötet oder verletzt worden? Waren es vielleicht sogar mehr, als die Zahl der Menschen, die islamistischen Attentätern zum Opfer fielen? Damit will ich nichts beschönigen, Unrecht bleibt Unrecht, und leiden tun in den meisten Fällen Unbeteiligte und meine Gedanken nutzen denjenigen, die ihre Liebsten verloren haben, gar nichts. Und dass sich den Leidenden die Frage nach Gott stellt, und wo er war, als es passierte, kann ich gut verstehen. Aber bemerkenswerter Weise entsteht auch gerade in solchen Extremsituationen neuer Glaube, neue Hoffnung und ich lasse mir, auch wenn momentan weltpolitisch einiges dagegen spricht, meinen Optimismus nicht nehmen, dass, wenn wir Menschen irgendwann einmal damit beginnen, an einem Strang zu ziehen und auch die Schwächsten mit ins Boot nehmen, eine friedliche Welt schaffen können. Und damit Zufriedenheit.

Neulich kursierte im Internet ein Foto, welches eine junge Frau in den USA aufgenommen hatte, um ihrem Chef einen Stau als Ursache für ihr Zuspätkommen zu dokumentieren. Auf diesem Bild sah man einen Lichtstrahl mit merkwürdigen, kugelförmigen Gebilden, der sich schräg vom Boden in Richtung Himmel erhob. Was die Fotografin nicht wusste war, dass sich am Ursprung dieses Strahls ein tödlicher Verkehrsunfall ereignet hatte, bei dem zwei junge Frauen und das Kind der einen Frau ihr Leben verloren haben.
Die trauernde Mutter und Großmutter der Opfer deutete jedoch dieses Bild als eine Treppe gen Himmel für ihre verstorbenen Angehörigen und wusste für sich, dass es Ihnen gut geht und zog daraus ihre Hoffnung. Ohne Glaube an Gott gäbe es für diese Frau keine Hoffnung.

Für viele Menschen ist der Glaube im religiösen Sinne ein echter Halt. Das Gebet stellt ein intimes Zwiegespräch dar, in dem Hoffnungen,

Wünsche und Ängste formuliert werden können, auch wenn es keine direkten Antworten gibt. Tief in uns drin ist sicher noch sehr viel Archaisches versteckt, Urängste, Urvertrauen und in Extremsituationen wenden wir unser Flehen auch an Jemanden, den wir gar nicht sehen können.

Da aber auch ich diese Unsichtbarkeit und Nichtfassbarkeit nicht leugnen kann, habe ich natürlich vollstes Verständnis für Atheisten und würde niemals auf die Idee kommen, diese Menschen bekehren zu wollen, denn Überredung hat noch Niemanden überzeugt, entweder man glaubt oder man tut es nicht. Mit Argumenten wird sich vermutlich keiner aus seiner Ecke locken lassen. Dennoch kann ich es nicht lassen, zu behaupten, dass Jeder an irgendetwas glaubt. Denn im Glauben steckt Hoffnung auf Etwas, das kommen wird und dass nach unserem jetzigen Leben noch nicht Schluss ist. Wäre ja auch deprimierend, wenn danach einfach das Licht ausgeknipst würde.

Dies stellt für mich einen gutes Argument gegen die Todesstrafe dar. Es geht doch danach sowieso weiter und verkürzt nur die Strafzeit. Es wird lediglich mit der Angst der Delinquenten gespielt und das ist etwas, das sich in Zeiten wie heute nicht mehr gehört. Das Argument, dass der Verurteilte auch keine Rücksicht genommen habe, zählt in sofern nicht , dass wir uns dann mit ihm auf seine Stufe stellen.

Ich verstehe zwar das Prinzip der Vergeltung und gebe denjenigen Recht, die der Meinung sind, dass Resozialisierung bei manchen Menschen nicht mehr funktioniert, dass ein Rückfall in alte Verhaltensmuster, nicht zuletzt wegen fehlender Perspektiven, abzusehen ist, teile jedoch nicht die Wertschätzung dafür. Wir haben einfach nicht das Recht, einem anderen Menschen das Leben zu nehmen, egal, was er getan hat, jedenfalls nicht geplant.

Affekt ist, finde ich, etwas anders zu beurteilen. Wer kann sich schon davon freimachen, wenn er nicht Herr seiner Gefühle ist, etwas vermutlich Unüberlegtes zu tun? Aber geplant? Niemals! In meinem Glauben stellt der Tod auch nur für die Hinterbliebenen etwas Schlimmes dar, weil auf einmal jemand in deren Leben fehlt. Weil man immer noch die verlorene Person durch die Tür kommen sieht, sie immer noch bei gewohnten Tätigkeiten beobachtet, sie erwartet, obwohl sie nicht mehr da ist. Weil auf einmal eine nicht zu ertragende leere Stelle entstanden ist. Ist ein Angehöriger nach langer Krankheit oder schwerem Leiden verstorben, so ertragen wir den Tod leichter. Wir trösten uns mit der Gewissheit, es sei besser für denjenigen. Ist hingegen der Tod überraschend eingetreten, durch einen Unglücksfall oder unter anderweitig tragischen Umständen, können wir nicht so gut damit umgehen. Einer der Gründe dafür sind vermutlich die gemeinsamen Pläne, die nun unausgeführt bleiben. Ein anderer könnte der Bruch einer unausgesprochenen Verabredung sein, dass zum Beispiel bei einem alten Ehepaar eigentlich immer klar war, wer als erstes geht und plötzlich meint es das Schicksal anders. Ich habe schon erlebt, dass solche Konstellationen den Hinterbliebenen richtiggehend empört hat.

Nochmal zurück auf den Punkt des als zu früh empfundenen Todeszeitpunktes. Fragt man Menschen, wie sie sich ihren Tod wünschen, vorausgesetzt, sie sind überhaupt bereit darüber zu sprechen, bekommt man sehr stereotype Antworten. Ein langes Leiden solle vermieden werden, es soll schnell gehen, möglichst im Schlaf, alt gesund werden und plötzlich umfallen wird man als Antwort bekommen.

Schaut man nun genauer hin, stellt man fest, dass bei den unerwarteten Todesfällen die ersten beiden Punkte meist erfüllt werden. Trotzdem kommen wir in solche Situationen nicht damit zurecht, hadern oft ein ganzes Leben damit.

Der Tod ist ohnehin ein Thema, mit dem sich Niemand gerne beschäftigt, obwohl es jeden betrifft. Merkwürdig, es hat wohl mit unseren Urängsten zu tun. Zum jetzigen Zeitpunkt ist mir noch kein Fall des ewigen, irdischen Lebens bekannt. Einige Bäume werden ziemlich alt und irgendeine Quallenart ist in der Lage, ihre Zellen immer wieder zu erneuern, irgendwann ist trotzdem Schluss und daran wird sich aller Voraussicht nach auch in nächster Zeit nicht viel ändern. Für Gläubige geht es danach trotzdem irgendwie weiter, sie wissen zwar nicht wie, aber es geht weiter, das nennt sich Hoffnung und kann Zufriedenheit stabilisieren. Insofern bedauere ich die Leute, denen diese Hoffnung fehlt.

Der verpasste Augenblich oder ist Glück fassbar?

Wie ich schon das eine oder andere Mal erwähnt habe, wünsche ich mir Zufriedenheit für alle Menschen.
Warum nicht Glück?
Lassen Sie mich Ihnen meine Theorie erklären: Glück ist für mich auf einen kurzen Moment begrenzt und stellt ein Gefühl dar. Oft merkt man sogar erst im Nachhinein, dass man kurz zuvor oder am Vortag glücklich war, zum Beispiel durch eine Stimmung wie Ausgelassenheit, in der man die Welt um sich herum vergessen hatte oder weil man einige Stunden mit Menschen verbracht, die eine unglaublich wohltuende Stimmung verbreitet haben , als Gruppe oder zu zweit, man war ein Teil davon und kann rückblickend ein zweites Mal davon profitieren. Besonders schön ist es, wenn alle Beteiligten so empfinden.
Die zweite Version des Glückes ist der ganz kurze Moment, in dem etwas passiert oder einem etwas gelingt. Jeder Sportler kennt den Moment des ganz großen Glückes. In meinem Lieblingssport ist es das Traumtor, die sensationelle Torwartparade oder die rettende, spektakuläre Grätsche des Verteidigers, na Sportart erkannt? Genau so empfinden vermutlich Radsportler, die

den steilen Gipfel erstmals ohne Pause bezwungen haben, die Turner, denen eine Übung fehlerfrei geglückt ist und so weiter. In diesen Momenten spürt man nicht einmal Schmerzen, dafür sorgt der Überschuss an Adrenalin im Körper. Vermutlich fällt jedem von Ihnen ein Beispiel dieser sportlichen Art ein.

Es kann auch das Erreichen eines lang angestrebten Ziels sein, die Fertigstellung von irgendetwas lange Erarbeiteten, ein wissenschaftlicher Durchbruch, ein selbst gefertigtes Kunstwerk, das Glückshormone fließen lässt. Oder der besondere Augenblick, in dem man ein unerwartetes Geschenk bekommt, ein Lob, irgendetwas, womit andere Menschen einen im positiven Sinne überraschen. Vielleicht auch umgekehrt das Erleben großer Freude über eine von Ihnen erdachte Überraschung, die Ihr Gegenüber für einen Augenblick fassungslos macht. In solchen Augenblicken ist man vermutlich oft zu überwältigt, um das Glück in der Situation des Geschehens bewusst wahrzunehmen. Aus diesem Grund versuchen sich die Menschen auch immer wieder auf solche Momente vorzubereiten und entsprechend hoch ist ihre Erwartungshaltung. Und leider genauso groß ist oft die Enttäuschung, wenn es nicht so gelaufen ist, wie geplant. Menschen verbringen Monate damit, eine Hochzeit bis ins kleinste Detail zu planen, damit es der schönste Tag im Leben der Brautleute wird. Ganz ehrlich? Das kann doch gar nicht klappen, das ist in erster Linie für die Gäste, das Brautpaar ist doch den ganzen Tag im Stress. Ich glaube, dass die wenigsten Leute am Tag ihrer Vermählung ebenso tiefe und glückliche Gefühle empfinden, wie beim ersten Rendezvous, als sie zutiefst verliebt waren. Sicher betrachten viele ihre Hochzeit im Nachhinein als glücklichen Tag, wenn alles gut hingehauen hat, doch der Tag an sich war allenfalls aufregend.

Zweites Problem bei dem Versuch glücklich zu sein: Ich kann Ihnen doch nicht ernsthaft empfehlen, schießen Sie, wenn Sie glücklich sein wollen, doch einfach das entscheidende Tor zur Meisterschaft und Zack, hier ist der Glücksmoment. Jeder wird mir Recht geben, dass sich diese Situationen nicht erzwingen lassen.

Diesen Umstand wollen viele Menschen nicht einfach so hinnehmen und streben nach immer mehr tief empfundenen Gefühlsschüben, die wenige Sekunden anhalten, sogenannte Adrenalinjunkies. Sie unternehmen lebensgefährliche Dinge, in denen der Körper massiv Adrenalin ausschüttet und wenn sie überlebt haben, werden sie von Glücksgefühlen überschüttet. Klappt doch! Naja, das Problem ist nur, dass diese Leute

irgendwann ihr Leben nach diesen Katecholaminstößen ausrichten und darauf fixiert sind, eine Form von Sucht. Dies ist der Übergang zum nächsten Punkt: Süchte. Jeder, der einmal zu tief ins Glas geschaut hat, weiß, dass Alkohol bis zu einem bestimmten Maß genossen, erheiternd, stimmungsauflockernd und entspannend wirken kann. Leider geht es vielen Menschen dann jedoch so, dass sie von der kühnen These ausgehen, dass Viel viel hilft, doch das ist ein Irrtum, denn irgendwann kippt die Stimmung und der Katzenjammer lässt nicht lange auf sich warten. Bedauerlicherweise werden manche Leute aus solchen Erfahrungen nicht klug und probieren es immer wieder, bis es ohne Alkohol nicht mehr geht. Noch schneller geht es mit anderen das Bewusstsein verändernden Substanzen, abhängig zu werden und der Weg hinaus aus dem Dilemma gelingt leider nur wenigen. Ich kenne da leider einige Kandidaten, die aus diesem Grunde immer wieder zu mir kommen. Und von noch mehr Leuten weiß ich es wahrscheinlich nicht, ist ja auch kein Thema, über das man gerne spricht. Also klare Feststellung: Kein guter Weg .
Einzige Ausnahme stellt also das Erfreuen Anderer dar und sich einfach mitzufreuen, wenn es klappt. Dies birgt leider die Gefahr der Enttäuschung, aber das Risiko ist, finde ich, tragbar.

Meine Tochter hat als kleines Kind, als sie so im Kindergartenalter war, etwas getan, was ich unglaublich gut fand: Ganz unverhofft, vollkommen ehrlich und ohne Hintergedanken hat sie einigen, bis dato unbekannten Kassiererinnen mitgeteilt, dass sie schön seien. Die lächelnden, überraschten Gesichter vergesse ich nie und jetzt behaupte einer, den Frauen wurde nicht der Tag etwas schöner gemacht.

Kindliche Unbekümmertheit eben, aber warum fällt es uns Erwachsenen so unglaublich schwer, Anderen etwas Nettes zu sagen? Tut doch nicht weh. Ich vermute, wir haben Angst, man unterstellt uns in diesen Momenten unlautere Absichten, einen Hintergedanken, den wir eigentlich gar nicht hegen. Eventuell sollte man einmal eine Kampagne starten, die jeden auffordert, immer, wenn er etwas Gutes bei einem Anderen entdeckt, diesen dafür zu loben... Besser nicht, es würde wohl zu schnell zu einer Lobinflation kommen, aber Spaß beiseite, ab und zu sollten wir uns ruhig mal trauen, zu loben.

Verlassen wir jetzt wieder die Momentaufnahmen und versuchen es etwas langfristiger mit der Zufriedenheit. Diese kann, denke ich, durchaus erreicht werden. Dafür sollte man sich nur, jeder für sich, darüber klar werden, was einen zufrieden macht. Und ich glaube, je mehr Menschen in der Umgebung zufrieden sind, desto einfacher kann es werden. Allerdings sollte man nicht in die Falle tappen, Mitmenschen kopieren zu wollen, deren Bedürfnisse sich von den eigenen unterscheiden. Und man sollte versuchen, dem kleinen Monster namens Missgunst keine Chance zu geben.

Ich träume, seit ich ein kleiner Junge war, von schicken Autos. Nein, Sportwagen haben es mir nie angetan, eher die eleganten Autos, mit denen man eher in Wohnzimmeratmosphäre schwebt, Holzapplikationen und Ledersitze und so weiter. In Deutschland, nein sagen wir Europa, werden seit Menschengedenken ziemlich gute Exemplare davon gebaut und zu jeder Zeit hatte ich so meinen Favoriten, dem allerdings einige Mitbewerber durchaus das Wasser reichen konnten und mich auch erfreut hätten. Ich bin immer noch unendlich weit davon entfernt, mir ein solches Schmuckstück leisten zu können und trotzdem freue ich mich für meinen Nachbarn, wenn ich ein neues Modell vor seiner Garage entdecke. Ich möchte seines gar nicht haben, denn es ist ja seines und ich will nicht an seiner Statt im Besitz des Autos sein. Wenn es noch ein weiteres für mich gäbe, wäre das okay, wenn nicht, kann ich mich weiter am Anblick seines Wagens erfreuen. Ich hoffe Sie verstehen, was ich meine: Es nutzt mir nichts, wenn auch er nicht besitzen würde, was ich gern hätte, gar nichts, also freue ich mich lieber mit.

Allerdings sitzt die Missgunst zu unserem eigenen Nachteil tief in uns drin. In einer psychologischen Studie wurde geprüft, wie Menschen mit bestimmten Situationen umgehen und förderte einige Überraschungen zum Vorschein.
In einem Versuch bot man Angestellten eine Verdoppelung des Gehalts an, allerdings sollte der Kollege das Dreifache bekommen. Da war es den Meisten lieber, die alte Lösung mit den alten Gehältern beizubehalten. Man führe sich das einmal vor Augen, da verzichten die Leute allen Ernstes auf einen riesigen Gehaltszuwachs, nur damit der Kollege nicht noch mehr bekommt!
Was ist denn das für eine Logik? Wer hat etwas davon? Ist es die Angst abgehängt zu werden? Oder gönnt man es dem Anderen einfach nicht? Über so etwas komme ich einfach nicht hinweg. Natürlich ist Geld nicht Alles, aber die Gründe, die die Probanden zu ihrer Entscheidung geführt haben, liegen für mich im Verborgenen. Und wir reden nicht von einem Getesteten, sondern einer ganzem Testreihe.
Andererseits mache ich vielleicht auch einen dicken, westeuropäischen Denkfehler und es hat

einfach etwas mit dem Gerechtigkeitsempfinden der Leute zu tun, welches höher bewertet wird, als materielle Vorteile.

Dies deckt sich mit einer Untersuchung, in der weltweit Kinder bezüglich ihres Glücksfaktors untersucht wurden. Es wurde ein Inventar erarbeitet, welcher die Kinder vergleichbar bezüglich ihres Glücksempfinden macht, ganz egal, wo sie auf der Welt leben und das Ergebnis war erstaunlich: Kinder in Regionen, die viel ärmer sind als Deutschland, wiesen einen deutlich höheren Glücksfaktor auf, als die Kinder hier, trotz Armut und Hunger. Das heißt, es müssen andere Faktoren eine größere Rolle spielen, als finanzielle und hier ist eventuell ein Ansatz, um Möglichkeiten zu finden, die auch unsere Zufriedenheit steigern können.

Zunächst einmal zurück zu den Kindern in der Dritten Welt. Was unterscheidet ihr Leben von dem unserer Kinder in Deutschland? Sie leben in der Regel in anderen Konstellationen als wir, das heißt in größeren Familien, eingebettet in Dorfgemeinschaften. Hier kann man einen starken Zusammenhalt zwischen den Menschen untereinander vermuten. Wir erinnern uns zurück an den Anfang des Buches, dass man bereits in den Anfangszeiten der Menschheit das Zusammenleben in Gruppen als Vorteil erkannt hat. Um genau zu sein bedurfte es vermutlich keines Erkennens, sondern ein Instinkt in unserem Gehirn gab es einfach vor und die Menschen folgten diesem. Die Gemeinschaft vermittelt ein Gefühl der Sicherheit, was unseren inneren, tief verwurzelten Bedürfnissen entgegenkommt. Wie ist es bei uns? Wir sind vermutlich stärker urbanisiert, was fast zwangsläufig mit einer gewissen Anonymität einhergeht. Wir sehen die Vorteile, die uns die Stadt bietet mit ihrem kulturellen, sportlichen und der Bildung dienenden Angeboten, den Arbeitsplätzen und ihrer Vielfalt. Nun müssen wir allerdings ehrlich sein, oft sind wir bereits zufrieden mit dem vorhandenen Angebot, es wirklich zu nutzen steht auf einem ganz anderen Blatt. Dennoch betrachten Stadtmenschen das Leben auf einem Dorf mit Argwohn. Fragt man allerdings Menschen vom Lande, so wollen diese ihre dörfliche Idylle nicht missen und nennen als zentralen Punkt ihrer Lebensqualität den Gemeinschaftssinn der Dorfgemeinschaft. Hatten wir das nicht schon einmal irgendwo? Also vermutlich kann man aus Gemeinleben Zufriedenheit ziehen.

Der nächste Unterschied zu Afrika dürften die Unterschiedlichen Wertesysteme sein, die sich hinter den unterschiedlichen Weltanschauungen verbergen. Bei uns werden langfristige Lebenspläne aufgestellt, Ziele definiert, die erreicht werden müssen und bereits die Kinder in diese Planungen mit einbezogen. Wenn man es genau nimmt, beginnt man schon vor der Geburt der Kinder, sie mit einzubeziehen, in dem man den günstigsten Zeitpunkt ihres Eintritts ins Erdenleben zu ergründen versucht. Wann passen sie am besten in unser Leben, in welcher Lebensphase stören sie am wenigsten? Und wenn sie dann da sind, bekommen sie den vermeintlichen Stress der Eltern sehr schnell mit. Einerseits die Sorgen von Mama und Papa bezüglich des augenblicklichen (Nicht-)Funktionieren ihres Lebensplans und andererseits ganz praktisch in der täglichen Hektik des Familienlebens. Man denke nur an den typischen frühen Morgen einer Durchschnittsfamilie mit zwei Kindern. In Burkina Faso sind solche morgendlichen Abläufe vermutlich eher untypisch und die Familie macht sich allenfalls Gedanken über einen ganz kurzen Zeitraum, das heißt einige Sorgen gibt es dort schlicht und ergreifend nicht.

Frühkindliche Karriereplanungen spielen dort eher eine untergeordnete Rolle, kaum ein Kind lernt dort schon im Kindergartenalter chinesisch oder spanisch, um für seine kommenden Aufgabe in einer globalisierten Welt gerüstet zu sein.

Außerdem dürfte das soziale Gefälle innerhalb der Gemeinschaften in diesen Ländern ein ganz anderes sein, als bei uns. Hier treffen Kinder des gut verdienenden Arztehepaars auf die der alleinerziehenden Mutter. Statussymbole, die man mit Geld bezahlen kann, machen angeblich einen Teil der Persönlichkeit aus, nur einige können sich diese einfach nicht leisten. Dadurch entsteht Stress bei den Kindern untereinander und der Zufriedenheitspegel sinkt.

Dafür können die Kinder bei uns überhaupt nichts, sondern wir Erwachsenen leben unseren Kindern doch unsere Werte vor und diese versuchen sie zu kopieren. Es liegt also an uns, geschickt dafür zu sorgen, dass unsere Kinder ein zufriedenes Leben führen und hier ist jeder für sich gefragt. Die Erfahrung aus meiner eigenen Familie zeigen jedoch, dass Lippenbekenntnisse hierbei nicht zum Erfolg führen. Wir können die Gesellschaft nur schwer verändern und wenn wir unseren Zöglingen erklären, dass Markenprodukte doch gar nicht so wichtig seien, wenn man nur über das notwendige Selbstbewusstsein verfüge, so ist dies ja schön und gut, doch die Realität in der Schule spricht leider eine andere Sprache. Hier ist schon einmal ein gescheiter Mittelweg gefragt. Man kann es natürlich mit einer Absprache der Eltern untereinander versuchen, diesem

Versuch räume ich jedoch nur wenig Chancen ein, da die Weltanschauungen doch sehr weit auseinander liegen. Man rufe sich nur einmal den ganz normalen Elternabend vor Augen. Oh mein Gott, wie wenig zielführend werden dort üblicherweise Diskussionen geführt, mit dem Ergebnis, dass man sich grüppchenweise gegenseitig für Idioten hält, mit der einen Mutter als Ausnahme, die aufgrund ihres extrovertierten Auftretens und vehementen Vertreten ihrer allgemein unverstandenen Standpunkte von **allen** Anderen doof gefunden wird. Also vergessen wir die Konsensfindung in diesem Rahmen lieber wieder.

Apropos Rahmen, wählt man diesen etwas kleiner, also unter Gleichgesinnten, könnten die Erfolgsaussichten schon wieder um Einiges gestiegen sein. Was wollte ich Ihnen mit meinen Ausschweifungen sagen? Wie schon erwähnt, liegt Vieles von der Zufriedenheit unserer Kinder in unserer Verantwortung und dafür müssen wir einen geeigneten Weg finden. Wenn man sich vorher Gedanken darüber macht, was man eigentlich genau bewirken will und sich durch unsinniges Handeln nicht selbst im Weg steht, bestehen für intelligente Leute, und das sind Sie ja schließlich, durchaus Chancen, zum Ziel zu kommen . Vielleicht kann uns unsere Fantasie über die Dorfgemeinschaft in Mali, Bolivien, Myanmar bei unseren Gedanken sogar manchmal weiterhelfen.

Wie ich im Vorfeld schon erwähnte, halte ich Zufriedenheit für einen eher länger anhaltenden Zustand. Wie kann man ihn erreichen? Natürlich habe ich keine Patentlösung, jedoch einige Ideen hätte ich schon zu bieten.

Erstens Engagement. Ich muss zugeben, dass ich als Schüler nicht alle Fächer gleich gern mochte. Einige interessierten mich nicht, zu anderen fand ich keinen echten Zugang, weil sie meinen Horizont überschritten und ich den Stoff einfach nicht verstand. Diese Umstände versuchte ich durch eigene Aktivitäten, die nicht von außen vorgegeben wurden, zu kompensieren. Allerdings stellten das Anmalen und Beschriften von Etuis, aus-dem-Fenster-gucken oder Tagträumen auch keine Alternativen dar, welche die Zeit schneller vorübergehen ließen. Dies veranlasste mich zu einem Experiment mit für mich erstaunlichem Ausgang: Ich nahm mir für Unterrichtsstunden, die ich im Allgemeinen als grottenlangweilig empfand vor, fleißig mitzuarbeiten und zog es durch. Bemerkenswerterweise schienen diese Stunden schneller umzugehen und vom Stoff blieb auch mehr hängen. Eigentlich ein positives Resultat, wäre es mir nicht auf Dauer zu anstrengend gewesen und wäre ich nicht in alte Verhaltensmuster zurückgefallen. Dies darf natürlich nicht passieren, dem müssen wir entgegenwirken. Als Erwachsene sollte in uns inzwischen auch etwas mehr Ausdauer innewohnen, auch wenn vermutlich in jedem von uns ein natürlicher Rest von Faulheit übrig ist.

Wem von Ihnen ist folgendes Phänomen schon einmal aufgefallen, was zwischen mir und meinen Kindern mittlerweile zum Running Gag geworden ist: Auf jeder Baustelle gibt es einen Arbeiter, der sich auf eine Schaufel stützt. Beobachtet man diese Baustelle öfter, stellt man fest, dass es sich dabei immer um den selben Arbeiter handelt, der Mann mit der Schaufel eben. Vermutlich hat er sich im Laufe seines Berufslebens das Recht dazu erarbeitet, denn es ist nie der jüngste Kollege. Mir stellt sich dann nur immer wieder die Frage nach der Langweiligkeit dieses Verhaltens, ohne etwas zu tun geht doch die Zeit einfach nicht um!

Kritik an anderen Menschen ist immer einfach, das Gleiche gilt natürlich auch für mich. Ich bemühe mich zwar täglich, meine Arbeit richtig gut zu machen, ordentlich und mit der notwendigen Hingabe und Zuneigung meinen Patienten gegenüber. An diesen normalen Tagen vergeht die Zeit wie im Fluge. Doch auch ich stehe manchmal mit dem falschen Fuß auf und meine Laune hält sich in mäßigen Grenzen, bei mir daran erkennbar, dass ich mundfaul bin. Das sind die Tage, die sich Ziehen wie Kaugummi.

Dies sollte nur zum Verständnis dienen, nun zurück zum Engagement. Man denke als Beispiel an eine Elterninitiative, die einen neuen Spielplatz baut, Mitglieder eines Sportvereins, die eine Halle oder ein Vereinsheim in Eigenarbeit errichten oder eine Theatergruppe, die in ihrer Freizeit ein Stück auf die Beine stellt. Wenn sich die richtige Gruppe findet und alle an einem Strang ziehen, macht es richtig Spaß. Sicher nicht jeder Augenblick, wenn einem vom Schaufeln Arme und Rücken schmerzen, wenn die zehnte Wiederholung einer Szene immer noch nicht zum Erfolg führt, aber immer wieder, wenn kleine Zwischenziele erreicht wurden und erst recht, wenn das Gesamtergebnis sichtbar ist. Das Betrachten eines selbstvollbrachten Werkes, der Applaus, das Gefühl gemeinsam etwas geschafft zu haben, ist doch großartig. Ist man dann nach einem längeren Zeitraum fertig, fehlt so Manchem das Projekt richtiggehend und hier stellt sich die Frage, warum man nicht einfach in alter Besetzung, gegebenenfalls unterstützt von weiteren Interessierten weitermacht oder ein neues Projekt startet, da offensichtlich, zumindest teilweise, der Weg das Ziel war.

Das klappt natürlich auch bei Individualisten, die es nicht so mit der Gemeinsamkeit haben. Wie ein Projekt aussieht, ist, glaube ich, völlig egal, denn auch Surfer oder Klavierspieler werden ihre Zufriedenheit finden. Toll ist es nur, wenn sich ein Mensch findet, der den Anstoß gibt und die Menschen bereit sind sich mitreißen zu lassen, natürlich immer im Rahmen ihrer Möglichkeiten. Es sollte jedem Einzelnen zugestanden werden, dass er auch noch andere Aufgaben hat und jeder Einzelne, der merkt, dass seine ständige Abwesenheit das Projekt gefährdet, sollte sich innerhalb des Projektes umorientieren nach einer Rolle, bei der das Fehlen die Anderen nicht so sehr schmerzt. Wichtig ist nur, dass nicht gegen Einzelne Druck aufgebaut wird, denn davon gibt es im Alltag schon genug.

Zufriedenheit hat auch etwas mit innerer Einstellung zu tun. Viele Leute in meiner Sprechstunde heben hervor, was für positive Menschen sie selbst doch seien und dass sie die Mühsale ihres Lebens mit einer anderen Einstellung gar nicht meistern könnten. Und dann fangen sie an zu jammern und ich höre zu, weil ich empathisch

veranlagt bin und mir deshalb diesen Beruf aus-
gesucht habe.

Schon mal nicht schlecht, dass zumindest die
Erkenntnis da ist, dass eine positive Einstellung
hilft, obwohl es, diese Vermutung sei mir gestat-
tet, noch ein wenig an der Umsetzung hapert.
Allerdings haben wir doch in den letzten Jahren
gelernt, dass das Besprechen von Problemen
hilft, dass man nicht immer alles in sich hinein-
fressen soll und nichts Anderes tun die Klagen-
den. Eine Frau klagte in meiner Sprechstunde so
lautstark, dass es ein im Nachbarzimmer zufällig
sitzender Psychologe, trotz Schall isolierender
Tür, mitbekam und mir später mitleidig Tipps
gab, wie auch ich mich vor solchen Hilfsbedürftigen abgrenzen müsse, um mich selbst zu schützen.

Bemerkenswert sind eher Diejenigen, von denen
andere eine positive Einstellung nachsagen. An
dieser Einstellung kann man arbeiten, auch
wenn wir alle unterschiedliche Typen sind und es
nicht jedem gleich leicht fällt.

Zunächst wäre eine Akzeptanz, dass das Leben
einfach ungerecht sein kann und ist, eine hilfrei-
che Grundeinstellung. Lässt sich einfach nicht
ändern. (Laut meiner Tochter gibt es kein Glück
oder Pech, sondern es stecken andere Mecha-
nismen hinter Allem, doch dazu wird sie sich,

wenn ihr die Zeit reif dafür erscheint, selbst äußern.)

Außerdem sind nicht alle anderen Menschen schlecht und jedem sollte das Recht zugestanden werden, Fehler zu machen. Sind Sie zum Beispiel schon einmal auf die Idee gekommen, dass Derjenige, der Ihr zügiges Vorankommen mit dem Auto durch seine tranige Art der Fortbewegung behindert, eventuell gar kein Vollidiot ist, sondern seine Begabungen ganz woanders liegen? Ich persönlich ärgere mich sogar über mich selbst, wenn ich merke, durch einen Fehler andere behindert zu haben , vielleicht macht es der Andere ja auch! Kann es sein, dass die Frau an der Kühltruhe, die mit ihrem diagonal neben sich stehendem Einkaufswagen den kompletten Gang versperrt, eine herzensgute Person sein kann, die mit ihren Gedanken einfach woanders ist? Das bin ich auch oft genug. Und mein eigener Sohn verteilt auch nicht seine Essensreste weiträumig um seinen Teller, weil er mich   ärgern will! Auch meine Patienten suchen mich nicht auf, um mir den Rest zu geben, wenn ich einen schlechten Tag habe, sondern weil sie meine Hilfe brauchen! Verdammt, verdammt, verdammt, auch ich habe es noch nicht verinnerlicht, doch ich arbeite daran.

Wenn wir noch einen Schritt weitergehen, gehen wir aktiv freundlich mit unserer Umwelt um. Lächeln wir einfach einmal demjenigen zu, der uns durch ein Missgeschick kurz behindert hat, ziehen beide Schultern nach oben und zeigen ihm unsere Handflächen, um zu signalisieren „Was soll's, kann Jedem mal passieren." Vermutlich wird ihr Gegenüber auch lächeln und Sie haben sich Ihnen beiden ein paar Minuten eines zufriedenen Gefühls geschenkt und eventuell erfreut es sogar noch retrospektiv, da einem solche Situationen in Erinnerung bleiben.

Schön wäre es auch, wenn wir es uns versuchen zu verkneifen, andere Erwachsene Menschen zu erziehen. Ihre Prägezeit ist meistens vorbei und wir ärgern sie nur noch. Als ich meine allgemeinmedizinische Weiterbildungszeit in einer großen Landarztpraxis absolvierte, hatte ich schon sieben Jahre Erfahrung im Krankenhaus gesammelt, schon vieles gesehen und Situationen durchgestanden, die nicht immer schön waren. Mit 36 Jahren konnte ich, so denke ich, von mir behaupten, erwachsen zu sein. Da ich dazu neige, so gut ich kann, zügig zu arbeiten, habe ich bisweilen einen etwas schnelleren Schritt drauf. In Kombination mit meinem nicht idealen Körpergewicht kann man mein Gehen akustisch, abhängig vom Bodenbelag wahrnehmen. Und

darum forderte mich mein damaliger Chef auf, doch bitte nicht so die Treppen hinauf zu trampeln, was mich persönlich kränkte, denn ich war der Annahme, aus dem Alter heraus zu sein, in dem man sich so etwas noch sagen lassen muss. Wir wohnen in einer Siedlung mit sogenannten Stadthäusern, die alle im gleichen Stil von einem Bauträger vor einiger Zeit errichtet worden sind. Die meisten Bewohner sind Bewohner der ersten Stunde und kennen sich untereinander. Morgens ist die Gegend, da die meisten Nachbarn Doppelverdiener sind, bezüglich der Zahl der Anwesenden überschaubar. Aus diesem Grund mögen die Paketboten meine Frau, da sie ihnen zuverlässig die Sendungen abnimmt und abends den rechtmäßigen Empfängern aushändigt. Man kennt sich ja schließlich. In der Vorweihnachtszeit stand der DHL Lieferwagen mit offener Hintertür und noch erkennbar voll bepackt in der Nähe meines Zuhauses. Ich teilte dem Fahrer mit, dass sein LKW mich an meinen Flur erinnere und er grinste wissend.
Das ist für mich eine Bedeutung des Wortes „Nachbarschaft" und umso erstaunter musste ich mir von einem anderen Bewohner der Gegend erklären lassen, dass er und seine Frau davon Abstand nähmen, für alle in der Nähe wohnenden Leute Pakete entgegenzunehmen, diese

wüssten doch selbst, dass sie nicht zuhause sei-
en, wenn die Lieferung eintrifft. Hä ? Was soll
das denn? Was bleibt den Leuten denn übrig?
Wer kennt nicht den Verdruss über den im Briefkasten befindlichen Abholschein, der einen auffordert innerhalb einer Woche zu den Filialöff-
nungszeiten sein Paket abzuholen. Das muss
doch nicht sein. Zumal ihm die Vorzüge, einen
Hausarzt in der Nachbarschaft zu haben und diesen durch die heruntergekurbelte Scheibe um
ein Rezept bitten zu können, nicht entgangen
ist. Und dieser bringt Selbiges auch noch nach
Hause! Ist schon erstaunlich, wie oft mit zweier-
lei Maß gemessen wird. Immer wie es gerade
passt. Und hier finden wir wieder ein bekanntes
Muster, mit der richtigen Einstellung macht
Freundlichkeit zwei Leuten Spaß und fördert die
Zufriedenheit beider, eine Einstellung die man
sich erarbeiten kann. Zugegeben, der oben erwähnte Hausarzt fühlt sich manchmal ausgenutzt
und in diesen Momenten, schafft er es auch
nicht immer, seine positive Grundeinstellung
aufrecht zu erhalten.
Fazit ist jedoch, dass Menschen, integriert in eine
Gemeinschaft, leichter Zufriedenheit finden, dass
es gut tut, die Belastungsfähigkeit anderer richtig
einzuschätzen und diese nicht zu überfordern
und das beginnt schon bei den eigenen Kindern.

Glück lässt sich für mein Dafürhalten nicht festhalten, doch man sollte die glücklichen Augenblicke nicht übersehen und Zufriedenheit kann man sich stückweise erarbeiten und zu einem wiederkehrenden Zustand machen. Dafür ist es notwendig zu erkennen, was einem persönlich wirklich wichtig ist. Ich will ja gar nicht ausschließen, dass manche Menschen aus materiellen Dingen und Äußerlichkeiten Zufriedenheit erlangen, oft ist es jedoch auch nur Eitelkeit, man kann den Mitmenschen zeigen, wozu man es gebracht hat. Missgunst hat noch keinen weitergebracht. Neid auch nicht, die Auswirkungen sind grundsätzlich, mindestens für einen Beteiligten negativ. Entweder für den Neider oder für den Besitzenden, dem sein Besitz madig gemacht wird.

Hierzu fallen mir noch zwei Beispiele aus der öffentlichen Diskussion der letzten Jahre ein, zu denen ich gerne noch meine Meinung abgeben würde.

Punkt 1 sind für mich die Jagd nach Plagiaten in Dissertationen prominenter Persönlichkeiten. Herr zu Guttenberg, damaliger Bundesminister der Verteidigung und schillernde Person des öffentlichen Lebens, ist der Erste, der mir in den Sinn kommt. Seine Doktorarbeit war, so viel ich weiß mit „Summa cum laude" bewertet worden. Das ist die Bestnote. Warum ist es bei der Korrektur Niemandem aufgefallen? Mein Doktorvater, Professor Tewes, damaliger Lehrstuhlinhaber für Medizinische Psychologie, hat mir eine halbe Seite gestrichen, die ich, als Zitat gekennzeichnet, eingefügt habe, mit der Begründung, in Arbeiten unter seiner Betreuung hätten solch lange Zitate nichts verloren. Hätte man beim Bundesminister genauer korrigiert, wäre der gar nicht in diese missliche Lage gekommen, doch die neidvoll auf ihn blickende Öffentlichkeit war zufrieden.

Gleiches gilt nach meiner Ansicht für den Fall Uli Hoeness. Als Menschen kennen wir ihn alle nicht, als Präsident des einflussreichsten Fußballvereins im deutschsprachigen Raum ist er den meisten Menschen ein Begriff. Ich bin alles andere, als ein bekennender Bayern München Fan und viele seiner im Laufe der Jahre getätigten Äußerungen erweckten auch bei mir den Anschein der Arroganz, aber das sind keine Gründe, diesen Menschen so lange, wie möglich in ein Gefängnis zu stecken, wie es einigen Zeitgenossen gefallen hätte. Es ging bei ihm um Steuerhinterziehung in einer beträchtlichen Größenordnung und da die Steuerverbindlichkeiten wohl teilweise auch durch Börsenspekulationen zustande gekommen sind, weiß doch keiner von uns, wie viel Geld Herr Hoeness wirklich besessen hat und wie viel davon nur virtuell, das heißt wie viel davon wie gewonnen so zerronnen, war. Dennoch war das öffentliche Geschrei groß und die Häme nach der Verurteilung noch größer. Während des Prozesses hörte man allenthalben, dass es üblicherweise immer nur die Kleinen erwische und die Großen ungeschoren davon kämen. Das sehe ich komplett anders. Fragen sie doch mal einen frustrierten Polizisten, wie oft ein mehrfach von ihm festgesetzter Gewalttäter wieder freigelassen werden musste. Einfach einen x-beliebigen Polizisten fragen. Diese gewaltbereiten Leute sind doch kleine Leute, oder? Und diese Leute habe in meinen Augen schlimmere Sachen gemacht, als ein Steuerhinterzieher, den viele Leute einfach nur nicht mögen, weil er erfolgreich und möglicherweise etwas arrogant ist und der in seinem Leben vermutlich mehr Steuern bezahlt hat, als manche Straßenzüge zusammen. Gewalttäter haben nämlich, im Gegensatz zu ihm, anderen Leuten Schmerzen bereitet und durch die Angst, die sie in ihre Opfer eingepflanzt haben, ein Leben zerstört. Fragen sie doch mal die Omi, die sich beim Handtaschenraub den Oberschenkelhals gebrochen hat, wen sie schlimmer findet. Und werden diese kleinen Leute immer geschoren?

Also mein Aufruf an Sie: Bitte vor der Verurteilung von Menschen erst einmal nachdenken und alle möglichen Aspekte berücksichtigen. Das macht alle zufriedener, denn es gibt uns langfristig ein besseres Gefühl.

Ich bin der festen Überzeugung, dass Sie etwas Besonderes sind, jeder Einzelne von Ihnen, aber nichts Besseres oder Schlechteres, als Ihr Gegenüber, ganz egal, wer Sie oder Ihr Gegenüber sind oder besitzt. Das ist ein verbrieftes Recht, genauso wie die Würde jedes Einzelnen, steht so im Grundgesetz, ganz vorne. Muss also unseren Gründervätern der Bundesrepublik auch wichtig gewesen sein.
Unterhalten Sie sich einmal mit Menschen, die beruflich anderen Menschen schutzlos ausgesetzt sind, zum Beispiel Kassiererinnen im Kaufhaus, Medizinische Fachangestellte, so heißen Arzthelferinnen heute, an der Anmeldung und so weiter. Jede von ihnen erzählt Ihnen wiederkehrende Beispiele von Leute, die nur das Geschäft, die Praxis oder was es sonst noch so gibt, betreten haben, um Streit mit den Angestellten zu suchen und ihren persönlichen Frust loszuwerden. Das ist erschreckend, aber leider gang und gäbe. Kleiner Tipp von mir, einem Menschen, dem Häme eigentlich unbekannt ist: Diese Leute

müssen unglaublich unzufrieden sein, um so einen Scheiß zu machen. Schauen Sie die Leute also mitleidig an und überlegen Sie sich, was für ein armes Würstchen vor Ihnen steht. Streiten bringt nichts, da ihr Filialleiter im Zweifelsfall nicht hinter Ihnen steht, denn der Kunde ist ja schließlich König, auch wenn dessen Königreich manchmal kaum zu erahnen ist und sein Verhalten wenig majestätisch erscheint. Ich persönlich bin nun in der glücklichen Lage, durch meinen Beruf einen gewissen Vorschussrespekt zu genießen und bin bisher verschont geblieben, von solchen verbalen Attacken auf meine Stimmung, doch trotzdem kann ich mich darüber empören. Da wird absichtlich die Würde von Mitmenschen mit Füßen getreten, indem sie beleidigt werden. Einen Privatpatienten habe ich vor Jahren auf Nimmerwiedersehen der Praxis verwiesen, weil er eine meiner Mitarbeiterinnen vor den Ohren der anderen Wartenden als dumm tituliert hat. Das ist für mich ein „No Go". Achten Sie bitte auch in diesem Sinne auf Ihre Umwelt, das macht sie lebenswerter.

Es gibt doch so viel Schönes zu sehen. Ich komme zum Beispiel gerade von einem Spaziergang mit Hündin Zoe zurück und wurde daran erinnert, wie schön unsere Eilenriede, Hannovers Stadtwald, an einem herrlichen Spätfrühlingsmorgen sein kann, wie das Licht durch die Äste fällt, eine Mischung aus Silhouetten, dem Grün des Laubs, dem Gold der Sonne und dem Blau des Himmels. Es löst in mir einfach eine gute Stimmung aus, ich muss sie nur zulassen. Vielleicht haben Sie es nicht so mit der Natur, wie wäre es dann mit dem Anblick eines für Sie schön aussehenden Menschen, eines niedlichen Tieres, eines Gemäldes , alten Hauses oder toll designten Autos, löst Nichts davon irgendetwas aus? Ein Lied, das keiner außer Ihnen mag, weil Sie etwas damit verbinden oder eine mitreißende Sinfonie? Versuchen Sie einmal, wenn die Laune nicht so stimmt, auf Alles zu achten, was Ihnen gefällt, zugegeben, an einem vermatschten Wintertag mit durchgefrorenen Füßen, müde von der Arbeit und die Aussicht, vor dem Kochen noch mit dem quängeligen Kind die liegengebliebenen Hausaufgaben machen zu müssen, fällt es etwas schwerer. Aber vielleicht hat es zur gleichen Zeit, irgendwo auf der Welt irgendein Mensch noch schwerer als Sie. Bestimmt ich, oder ein pakistanischer Junge, der schon seit zehn Stunden Lederfußbälle zusammennäht, doch auf den komme ich später zu sprechen.

Die Arbeit

Ich erinnere mich noch daran, dass, immer wenn in meiner Kindheit ein Gespräch beim Thema Arbeit landete, irgendjemand sagte, die Franzosen arbeiteten, um zu leben und die Deutschen lebten, um zu arbeiten. Ist das wirklich so? Mein Eindruck ist, dass sich, falls es jemals so gewesen ist, die Zeiten geändert haben müssen. Entweder liegt es an den Menschen oder an ihrer Arbeit oder an beidem ein bisschen.
Die Arbeitsplätze haben sich ganz klar verändert. Arbeiten in der Fertigung sind weniger geworden, Dienstleistungen und Büroarbeitsplätze mehr. Die Ansprüche sind gestiegen, die Löhne für viele Menschen nicht. Dennoch muss jeder damit Leben, dass ihm Tag für Tag vor Augen geführt wird, was man sich für Geld Alles kaufen kann, wenn man es nur hat. Und dabei reicht bei Vielen der Lohn nicht einmal aus, um die Lebenshaltungskosten für die Familie zu tragen. Das ist in einem so reichen Land, wie unserem ein echter Skandal. Menschen müssen mehreren Jobs nachgehen, um über die Runden zu kommen oder zusätzlich zum Lohn staatliche Unterstützung beantragen, wo soll da langfristig die Motivation herkommen, wenn man einfach auf keinen grünen Zweig kommt. Ich bekomme diese

Geschichten immer wieder zu hören, bin darüber fassungslos und frage mich: Was muss sich ändern?

Unsere Chefvolkswirte können Ihnen centgenau vorrechnen, wie viel Vermögen in Deutschland steckt. Es ist eine astronomische Summe, Geld ist also genug da. Es ist nur sehr ungleichmäßig verteilt. Schon Norbert Blüm, unser ehemaliger Arbeitsminister äußerte noch zu Amtszeiten, dass es ihm unverständlich sei, dass Geld mehr verdienen kann, als Arbeit. Was meinte er damit? Ganz einfach, derjenige, der weiß wie es geht, kauft lukrative Firmenanteile und verkauft sie zu einem günstigen Zeitpunkt wieder mit Gewinn. Noch Gewieftere wetten auf fallende oder steigende Kurse und wenn sie Recht haben, bringt es ein Vermögen ein. Und wem haben diese Leute damit gedient? Mir fällt keine Antwort auf diese Frage ein. Wem hat derjenige gedient, der Fenster putzt, Regale einräumt, Teile zusammenschraubt oder Reklamationen entgegennimmt? Uns Allen, und trotzdem reicht deren Geld kaum bis ans Monatsende. Sie könnten mich jetzt falsch verstehen und vermuten, ich hätte ein Problem mit Reichtum und großem Wohlstand. Weit gefehlt, denn wenn es diesen nicht gäbe, könnte keiner mehr träumen, das ginge schief. Meinetwegen können auch Sport-, Film- und

Musikstars aberwitzige Summen verdienen, denn diese tun zwei Dinge für ihr Geld. Erstens unterhalten sie uns und zweitens sind sie die heutigen Prinzen und Prinzessinnen, die von der großen Masse bewundert werden und mit denen so Viele tauschen möchten. Ohne sie gäbe es viele Träume weniger, die Welt wäre farbloser und somit sind sie in meinen Augen ihr Geld Wert. Außerdem ist Reichtum an sich nicht schlimm. Ich gönne jedem seine Häuser, Boote, Sammlungen, der sie sich ehrlich verdient hat. Was ich allerdings verabscheue ist Dekadenz. Warum müssen Leute, die nicht wissen wohin mit ihrem Geld, nach New York fliegen und dort Speiseeis bestreut mit Blattgold essen? So ein Verhalten empfinde ich als Ohrfeige für alle redlichen Leute, das ist aber nur meine ganz persönliche Meinung.

Allerdings ist auch hier Vorsicht geboten, denn wer im Glashaus sitzt, sollte bekanntlich nicht mit Steinen werfen. Ist es Ihnen schon einmal aufgefallen, dass bestimmte Produkte eigentlich nie wirklich teurer werden, auch wenn sie immer moderner werden? Sie können problemlos einen respektablen Fernseher für weniger als 300 Euro kaufen. Und warum geht das? Weil er von Menschen zusammengebaut wird, die nur ein paar Yüan, oder womit man in deren Land bezahlt, am

Tag bekommen. Die Arbeitsplätze aus der Produktion sind um des Profits Willen dorthin verlegt worden. Und selbst das Verschiffen über einige Tausend Seemeilen kostet anscheinend nicht genug, um diese Produkte teurer werden zu lassen.

Wussten Sie eigentlich, dass die Transportschiffe, jedes für sich, die aus Kostengründe fast alle mit Schweröl betrieben werden, mehr Abgase ausstoßen als mehrere Millionen Autos? Und davon sind aus besagtem Grunde 60000 Stück auf den Weltmeeren unterwegs. In Anbetracht solcher Fakten scheint es fast egal zu sein, ob man mit einem Kleinwagen oder einem SUV unterwegs ist, offensichtlich nur eine Frage des persönlichen Gewissens. Nebenbei müssen diese großen Schiffe bei Leerfahrten mit Wasser befüllt werden, in denen sich logischerweise auch Lebewesen befinden und die dann mitreisen müssen in den nächsten Hafen auf einem fremden Kontinent. Dort werden sie dann wieder mit dem Wasser frei gelassen, vermehren sich dort und verdrängen die ortsansässige Fauna und Flora. Auf dem Weg dorthin hat man noch einige Wale vom Weg abgebracht, da der Lärm, den die Schiffe verursachen, den Orientierungssinn dieser faszinierenden Meeressäuger komplett durcheinander gebracht haben.

Es scheint nicht anders zu funktionieren, es kann immer nur einer gewinnen, wenn ein anderer verliert. Allerdings kann ich mir nicht vorstellen, dass es unendlich so weiter geht. Unsere Ökonomen rechnen uns vor, dass ein stetiges Wirtschaftswachstum zum Erhalt unserer Wirtschaft notwendig ist. Scheint zunächst logisch, da ja auch die Kosten irgendwie steigen. Aber gibt es da nicht auch die Leute, die ständig Geld aus dem System herausziehen? Wenn diese Spekulanten, um nicht gleich zu gierig zu erscheinen, einfach mal die Finger von der Kohle ließen, sich etwas bescheidener gebaren würden, dann wäre Wachstum vielleicht gar nicht nötig und es wäre deutlich mehr Platz an den großen Fleischtöpfen für alle Menschen.

Man sieht es schon im Kleinen. Die Form einer Aktiengesellschaft war einmal eine prima Idee. Man lieh sich Geld für Firmenanteile, um dieses zum Wohl des Unternehmens zu reinvestieren. Der Wert der Aktien wuchs im Gleichschritt mit dem Unternehmen. Heute schauen die Firmenlenker mit Angst im Nacken der Jahreshauptversammlung entgegen, während der sie den Investoren nackte Zahlen präsentieren müssen. Wie diese Zahlen zustande gekommen sind, interessiert in diesen Kreisen keinen. Und dabei sind das doch nur so ein paar Männeken im Vergleich zu der großen Masse an Leuten, zu deren Lasten dies Alles ging. Ganz merkwürdig. Geld vermehren nur zum Selbstzweck und zur Machtdemonstration, weil man es eben kann, man braucht es zwar nicht dringend, aber je mehr man besitzt, desto höher steigt das Ansehen in bestimmten Schichten. Wenn es so läuft, glauben diese Herrschaften zufrieden zu sein. Daran hege ich allerdings meine Zweifel, denn die Zufriedenheit, die Sie kennen, wenn ihnen etwas gut gelungen ist oder Sie ein Problem endlich gelöst haben, was sie schon ewig beschäftigt hat, der Genuss eines wohlverdienten Feierabendgetränkes kennen solche Leute vermutlich nicht mehr. Vielmehr halte ich ihre Getriebenheit nach immer mehr für eine Form von Sucht.

Aber über diesen Exkurs wieder zurück zum Anfang des Kapitels. Die Arbeitsplätze wurden, sofern sie noch hierzulande angesiedelt sind, so optimiert worden, dass so effizient, wie möglich produziert werden kann. Der einzelne Arbeiter hat mit dem Endprodukt nur wenig zu tun, das heißt seine Identifikation mit dem, was er produziert lässt immer mehr nach. Die Generation meiner Großväter war, so sagten sie zumindest, stolz auf „ihre" Firma, in der sie arbeiteten. Meines Wissens haben einige große Hersteller erkannt, das diese Identifikation und Zufriedenheit lukrativ ist und sind das Wagnis eingegangen, die Arbeitsplätze umzugestalten. Mir ist die damals noch schwedische Autofabrik Volvo in Erinnerung geblieben, die Produktionsstraßen umgewandelt haben in „Workingpoints", an denen Teams mehrere Arbeitsschritte verrichteten und das Fahrzeug nach Vollendung ihrer Aufgaben an den nächsten Punkt weiterschickten bis das Gefährt fertig war. Ab und zu tauschten die Arbeiter ihre Arbeitsplätze und waren im Endeffekt gefühlt an der gesamten Fertigstellung beteiligt und zufrieden. Grandiose Idee. Asiatische Konzerne lassen ihre Mitarbeiter regelmäßig während der Arbeit Sport treiben, andere lassen mehr Ruhezeiten zu und die im Silicon Valley angesiedelten Riesen der IT Branche haben lange erkannt, dass entspannte und zufriedene Mitarbeiter konstruktiver , kreativer und leistungsfähiger sind. Denen reicht wahrscheinlich schon allein das Wissen, welche Annehmlichkeiten ihr Arbeitgeber für sie bereit hält, um besser zu sen. Kommen wir mal wieder zurück ins normale Leben unseres Alltags. Liebe Chefs, falls einer von Ihnen dieses Buch hier liest, bitte achten Sie auf einen Umstand, der mir immer wieder von meinen Patienten beklagt wird: Sorgen Sie dafür das gute Leute nicht handlungsunfähig sind. Häufig sind es komplizierte Strukturen oder Hierarchien, die motivierte Leute immer wieder ausbremsen. In ihnen schlummern so viele gute Ideen und sie können sie nicht umsetzen, weil man sie nicht lässt oder ihnen einfach nicht zuhört. Viele gute Ideen versanden im mittleren Hierarchiebereich, weil man dort Veränderungen fürchtet.

Haben Sie bitte ein Auge auf Bremsklötze in ihrem Betrieb. Immer wieder höre ich, wie zermürbend es sei, sich gefesselt zu fühlen. Die Betriebe verfügen über die Infrastruktur zu mehr Effizienz und irgendwer oder irgendetwas steht dem sinnvollen Fortschritt im Weg. Vielleicht ließe sich so etwas durch eine Art regelmäßige Sprechstunde seitens der Geschäftsleitung, die allen Angestellten zur Verfügung steht, verbessern, man kann dem ganzen einen schönen englischen Namen geben und schon klingt es modern, wie wäre es mit „Improvement meeting"? Ist die Arbeit richtig verteilt, tut jeder das, was er am besten kann? Ist jemand überfordert oder braucht Hilfe? Wir können doch nicht unsere Augen verschließen vor den jährlich wachsenden Arbeitsunfähigkeitszeiten, hervorgerufen durch seelische Beschwerden, also auf geht´s, es gibt Einiges zu tun, doch es kann sich lohnen.

Das erste Problem, das sich im Berufsleben stellt, findet sich schon, bevor man sich für ein Arbeitsfeld entschieden hat, in dem man seine Brötchen für mehrere Jahrzehnte verdienen will. Man hat einfach keine Ahnung davon, was sich hinter den einzelnen Berufsbildern versteckt, sondern nur eine Fantasie. Was macht zum Beispiel ein Tischler? Ganz einfach er fertigt Möbel aus Holz, ganz kreativ in einer kleinen Werkstatt, richtig? Nicht ganz, denn man lernt zwar Möbel zu bauen und jeder fertigt irgendwann sein Gesellenstück, meist ein echtes Juwel, um später jahrelang tagein tagaus Fenster einzubauen. Noch komplizierter verhält es sich mit akademischen Berufen, hinter deren Fassaden meist noch kein Schulabgänger geblickt hat. Da gibt es einerseits den Traumberuf, den man vielleicht von Berichten her kennt und die Wirklichkeit, die einen später erwartet. Praktika können da zwar hilfreich sein, aber während dieser Zeit, sieht man leider nichts von der Wirklichkeit des Berufes. Das liegt zum großen Teil daran, dass eben jene Praktika ganz woanders abgeleistet werden, denn welcher Schüler operiert denn wirklich mit, nachdem er mit dem Assistenzarzt die Stationsarbeit erledigt hat? Gar keiner und in anderen Berufen findet sich das gleiche Malheur. Also gut informieren und Augen auf bei der Berufswahl, man muss diese Entscheidung lange tragen.

Beneidenswert ist die kleine Gruppe von Leuten, die ihr Hobby zum Beruf gemacht haben und, was noch entscheidender ist, davon auch noch leben können. Meist handelt es sich um Künstler in irgendeiner Form und im weitesten Sinne. Maler, Schriftsteller, Bildhauer, Schauspieler, Architekten, die wirklich etwas entwerfen dürfen, die die große Möglichkeit haben, ein Stadtbild zu prägen. Diese Leute kennen keinen Feierabend und keinen Ruhestand, weil ihr Leben zu viel verlieren würde, hörten sie auf. Außerdem macht es ja auch keinen echten Sinn, ohne Not ein Hobby aufzugeben, welches kein Geld verschlingt, worüber das Wort Hobby eigentlich definiert ist, sondern einbringt. Wie viele Schauspieler mussten praktisch von der Bühne getragen werden. Oft sind es auch soziale Berufe, deren Ende nicht mit den Wünschen des Ausführenden im Einklang stehen. Es gab Zeiten, da mussten Ärzte in Deutschland mit 68 Jahren ihre Kassenzulassung abgeben, da man sie für zu alt hielt. Einige davon waren aber noch topfit und kreuzunglücklich, da sie ihre Arbeit als Berufung empfanden und plötzlich nichts mehr zu tun hatten. Inzwischen hat der Ärztemangel in einigen Regionen dazu geführt, dass die Altersgrenze in Einzelfällen aufgehoben wurde und im Rahmen des Gleichbehandlungsprinzips dann gänzlich abgeschafft wurde. Rückwirkend ging allerdings nichts mehr, verloren war verloren. Ich gehe davon auf dass ich im Rahmen der demographischen Entwicklung erst meinen vollen Rentenanspruch mit 70 oder 71 Jahren erreicht haben werde. Prospektiv ein noch ganz schön langer Zeitraum, schaut man aber 20 Jahre zurück, so landet man im Jahr 1997, was mir noch gar nicht so lange her erscheint. Und Vielleicht habe ich ja Ende 2039 auch noch richtig Lust, weiter zu arbeiten. Allerdings lassen mich einige Knüppel, die uns immer wieder zwischen die Beine geschmissen werden, ein wenig daran zweifeln. Aber vielleicht kommt ja doch noch der versprochene Bürokratieabbau und der Wegfall der Arznei- und Hilfsmittelbudgets, die unser persönliches Vermögen bedrohen. Wahrscheinlich wussten Sie schon, dass ihr Arzt gegen das ihm auferlegte Wirtschaftlichkeitsgebot verstößt, wenn er das ihm zustehende Budget überschreitet. Das heißt er bekommt pro behandelten Patient einen bestimmten Etat, den er für Medikamente oder aus einem anderen Topf für Physiotherapie (Krankengymnastik, Sprachtherapie, Massagen, Ergotherapie, Lymphdrainage und so weiter) verwenden kann. Braucht ein Patient nichts, hat er für die anderen mehr übrig, braucht einer viel, muss er es bei anderen wieder einsparen. Insofern können Sie ihr Argument, Sie hätten Ihre Krankenkasse doch noch nie oder nur so wenig beansprucht, bei ihrem Wunsch nach Massagen stecken lassen, hier gilt das Solidarprinzip. Für uns ist es oft deprimierend, Patienten eine durchaus sinnvolle Therapie abschlagen zu müssen, da es das Budget nicht mehr zulässt. Und dass wir für etwas in Regress genommen werden können, was wir nicht uns, sondern Patienten zu deren Genesung verschrieben haben, ist vielen von uns nur schwer nachvollziehbar und lässt den einen oder anderen Kollegen resignieren.

Günstigsten Falls bereitet die tägliche Arbeit Freude, da man einen großen Teil seiner Lebenszeit am Arbeitsplatz verbringt. Ob diese Freude nun wirklich aufkommt, hängt für mein Dafürhalten von mehreren Kriterien ab.

Dar wichtigste zuerst: Die Arbeit sollte in den Augen des Ausübenden einen Sinn haben. Dieser Sinn liegt immer im Auge des Betrachters. Für manche Menschen ist es eines de obersten Ziele, den Planeten auf dem wir leben, so zu erhalten, wie er ist. Andere halten es für wenig sinnvoll, jede noch so kleine Tierart vom Aussterben zu bewahren, was juckt den schon irgend eine Fliegen- oder Krötenart und somit wäre es schön wenn jeder für sich definiert, was er gut findet und was nicht. Das könnte die erste Frage sein, die sich einerseits ein junger Mensch vor der

Berufswahl, als auch derjenige, der vor einem Wendepunkt in seinem Leben steht, stellt.

Die meisten Menschen landen im Endeffekt mehr oder weniger zufällig auf einer Arbeitsstelle und nicht in ihrem Traumjob. Hier wäre es toll, wenn es Vorgesetzte mit Motivationsvermögen gäbe, die den Beschäftigten immer wieder den Sinn der Tätigkeit vor Augen führen und durch Lob positiv anspornen.

Ich vermute, die wenigsten Kinder würden, fragte man sie nach dem Wunschberuf, antworten, dass sie etwas Sicheres suchten, mit einer guten Bezahlung, ein Arbeitsplatz in der Automobilproduktion schwebe ihnen so vor. Nein, sie werden vermutlich eher etwas in ihren Augen Aufregendes, etwas Abwechslungsreiches benennen. Vielleicht Feuerwehrmann, Polizist, Ärztin, Profisportler oder Pilot. Im Laufe des Lebens ändert sich dann zwar die Sicht der Dinge und die wenigsten landen dann wirklich dort. Was bleibt dem Erwachsenen wichtig? Er möchte zumindest zum Teil autonom in seinem Tun sein, nicht unter permanenter Aufsicht stehen, denn das bedeutet Stress und Kontrollverlust. Zusätzlich wäre etwas Abwechslung gut und man möchte weder unter- noch überfordert sein. Es gibt sowohl ein Burnout Syndrom unter dem Überforderte als auch ein sogenanntes Boreout Syndrom, unter dem gelangweilte und unterforderte Menschen leiden, beides ist nicht schön.

Ich gehöre nun vermutlich zu denjenigen, die einen Beruf ausüben, den viele gerne auch machen würden und möchte sie ein wenig an meiner Gefühls- und Gedankenwelt des Arztberufes teilhaben lassen.

Ich genieße unglaublich den Kontakt zu den vielen Menschen. Meine Arbeit bringt es mit sich, ein permanentes, oft positives Feedback zu bekommen. Wenn eine Therapie gut funktioniert hat, wenn ein Gespräch Erleichterung gebracht hat oder wenn ich durch einen Anruf oder ein schriftliches Attest Hindernisse aus dem Weg räumen konnte, fühlt es sich gut an. Der Nachteil liegt in der großen Erwartungshaltung, die die Leute in mich hegen. Bin ich dieser wirklich von Tag zu tag gewachsen? Selbst nach 20 Jahren habe ich noch jeden Montag ein nervöses Kribbeln im Bauch auf dem Weg zu meiner Praxis und in der letzten Urlaubsnacht schlafe ich traditionell schlecht und wache ständig auf. Hätten Sie das gedacht? Auch wenn bisher eigentlich immer Alles gut geklappt hat, mache ich morgen vielleicht einen dicken Fehler? Solche Gedanken muss man aushalten können. Über ein Lob über das Erkennen einer nicht ganz offensichtlichen Störung hält sich meine Freude meist nur kurz, bis mich die Sorge ereilt, beim nächsten Mal nicht aufmerksam genug zu sein und ein dickes Problem zu übersehen.

Sehe ich morgens bei meiner Ankunft bereits ein volles Treppenhaus gefüllt mit wartenden Menschen, die voller Hoffnung die Öffnung der Praxis erwarten, frage ich mich oft, ob ich dem Ansturm erneut gewachsen bin. Ist es abends dann 20.00 Uhr geworden, wenn der letzte Patient verarztet, der letzte Anruf getätigt, das letzte Formular ausgefüllt und die Tagesliste im Computer kontrolliert ist, habe ich oft gar nicht bemerkt, wie die Zeit verronnen ist. Es war doch zu bewältigen. Es folgt immer noch ein kleiner Plausch mit der diensthabenden Mitarbeiterin und am nächsten Tag geht es weiter. Nie Routine. Gelegentlich sind für einige Wochen Studenten in meiner Praxis, um ihre Praktika, sogenannte Famulaturen, abzuleisten. Meist drei oder vier Wochen. Jedes Mal frage ich mich im Vorfeld, ob die Zeit nicht eine Doppelbelastung darstellt, Patienten behandeln und gleichzeitig dem lernwilligen Studiosus etwas beizubringen, ohne dass die Behandelten sich dadurch gestört fühlen. Und am Tag des Abschieds vermisse ich die jungen Leute meist schon, mit ihren Ideen, Fragen, Neugier und meiner Pflicht, da ich meine Tätigkeit ja erklären muss, noch mehr über alles, was ich tue, nachzudenken.

Schriftliche Anfragen und Formulare von Kostenträgern verweilen nie lange auf einem Papierstapel, sondern werden immer am Tag des Eintreffens von mir beantwortet und das hat einen einfachen Grund: Ich hasse sie und jeder Tag an dem ich sie unausgefüllt sehen müsste, wäre ein verdorbener.

In jedem Krankenhaus kursieren Geschichten von mittlerweile ausgeschiedenen Kollegen, die irgendwann dem Papierkram nicht mehr gewachsen waren. Sie haben das Verfassen von Entlassungsbriefen eingestellt und die Akten einfach in irgendeinem Schrank eingeschlossen und aus ihren Gedanken verdrängt. Diese Stapel fanden sich dann meistens nach deren Verabschiedung. Oft werden diese Briefe von den jungen Kollegen in abendlichen Überstunden verfasst, häufig in Vertretung und übermüdet vom vorangegangenen Dienst. Dies ist der meiner Ansicht nach wichtigste Grund für die darin enthaltenen Fehler. Ist doch normal und ich würde nie auf die Idee kommen, mich im entlassenden Klinikum darüber zu beschweren, ich war doch selbst einmal Verfasser dieser Werke.

Die Bereitschaftsdienste stellten eine besondere Herausforderung an meinen Geist und meinen

Körper dar. Zu meinen Anfangszeiten gab es noch keinen Zeitausgleich nach Nachtdiensten, das heißt, man arbeitete einfach am nächsten Tag weiter, als sei nichts gewesen. Im Klartext begann man in der Chirurgie morgens um 7.00 Uhr, verrichtete den Tagdienst übernahm abends um fünf Uhr den Nachtdienst und am Folgetag wieder den Tagdienst bis am Ende 34 Stunden um waren. Zu Urlaubszeiten konnten sich schlimmstenfalls in neun Tagen 5 Dienste anhäufen, das heißt man hatte in der ganzen Zeit insgesamt nur vier Nächte frei, die restliche Zeit war man am Arbeitsplatz. Auf dem Heimweg nach dem letzten Dienst liefen mir vor Erschöpfung oft einfach nur die Tränen und ich bin mir sicher, dass ich nicht der Einzige war, dem es so ging. Später kam dann eine Zeit, in der man nach 24 Stunden, naja eigentlich erst nach Visite und Verfassen der Entlassungsbriefe nach 27 Stunden gehen konnte, was immerhin eine Entlastung war, denn der Tag war frei. Doch innerhalb des Dienstes stand man ununterbrochen unter Strom, da den Leuten ihre Unglücksfälle und Erkrankungen rund um die Uhr widerfuhren. Oder es fiel ihnen halt nachts ein, dass sie bereits seit Wochen unter Schulterschmerzen litten, im Krankenhaus ist ja schließlich jemand, der sich, ganz egal, wie spät es ist, darum kümmert. Oft ist es dann schwer, seine Empathie aufrecht zu erhalten und nicht ungerecht gegenüber Hilfsbedürftigen zu werden. Besonders ärgerlich empfand ich hausgemachte Probleme. Warum müssen sich Leute gegenseitig, oft unter dem Einfluss von Alkohol, was die Behandlung wegen des Ausatemgeruches noch unangenehmer macht, verletzen? Und ich sollte das Problem dann mitten in Nacht wieder reparieren, möglichst pronto und im Gesicht bitteschön eine hübsche Naht, da selbiges die Visitenkarte sei. Hätte man sich ja auch schon mal vor der Schlägerei überlegen können!

Ich empfand die langen Stunden oft deshalb als so belastend, da man logischerweise das Krankenhaus nicht verlassen durfte und jederzeit mittels Pieper von Jedem, der die Nummer kannte, also praktisch allen, erreicht werden konnte und fühlte mich eingesperrt, meiner Freiheit beraubt.

Inzwischen geht man wohl in vielen Häusern einem einigermaßen geregelten Schichtdienst nach, sofern es der Stellenplan zulässt und nicht gerade einige Mitarbeiter krank oder im Urlaub sind.

Jetzt bin ich in meiner eigenen kleinen Praxis und habe deutlichen Einfluss auf das Betriebsklima, was mir unglaublich wichtig ist und fühle mich trotz aller Ärgernisse wohl, weil das Positive bei Weitem überwiegt und Ärger einfach zum Leben dazu gehört.

Die Praxis ist, das haben mir meine Helferinnen vor einiger Zeit erzählt, fest in das soziale Netz vieler Patienten bei uns im Viertel eingebaut. Was ich nicht wusste ist, dass etliche Leute auf dem Nachhauseweg vom einkaufen kurz reinschneien, um kurz zu klönen. Die wollen gar nicht zu mir! Finde ich toll, genau wie die Urlaubskarten, die wir bekommen und die Weihnachtspräsente, die uns jedes Jahr aufs Neue erreichen. So etwas berührt mich ehrlich und wird es auch immer tun.

Sie merken, mir ist durchaus bewusst, wie privilegiert ich bin und für dieses Bewusstsein bin ich dankbar.

Dennoch wünsche ich mir nicht, dass eines meiner Kinder mir in meiner Berufswahl folgt, weil der Weg bis zu Zufriedenheit durch die Tretmühle der Weiterbildung zu lang ist und ich ihnen diesen nicht wünsche.

Für mich ist nicht entscheidend bei der Beurteilung eines Menschen, was er tut und welchen sozialen Rang er bekleidet und insofern sollte dies auch kein Kriterium für die Berufswahl sein. Jeder ist gleich wichtig, da alle Aufgaben erledigt werden müssen. Dies wird uns oft erst bewusst, wenn einmal keiner da ist, der sie macht.

Vielen meiner Patienten habe ich auch schon gut zugeredet, dass ein schlechtes Zeugnis nicht zwingend eine Sackgasse ist, wenn man nur bereit ist, es durch Einsatz und Willen zu kompensieren. Ich schätze, für viele würden sich so Chancen ergeben, die auf den ersten Blick nicht offensichtlich sind. Vielleicht merkt ja irgendein Chef, der im gleichen Sportverein oder der gleichen Kirchengemeinde ist, wie viel ehrenamtliche Engagement von Leuten kommt, die in der Schule nicht so gut waren.

Schwierig empfinde ich nur diejenigen Gesprächspartner, die alle Schuld immer nur bei Anderen suchen, bei denen gehen mir dann auch schon einmal die Argumente aus.

Zusammengefasst sollte ein Arbeitsplatz in den Augen des Arbeitnehmers sinnvoll sein, der Arbeitende sich als Teil eines Teams sehen, in dem jeder wichtig für die Fertigstellung ist, eine gewisse Selbstbestimmung sollte nicht verloren gehen, die Arbeit sollte den Neigungen des Beschäftigten entsprechen und weder unter- noch überfordern. Ganz schön schwierig und alle Punkte werden wohl in den seltensten Fällen zutreffen, aber viele Tätigkeiten sind ja nicht für die Ewigkeit und mancher Arbeitsplatz lässt ja auch gestalterischen Spielraum offen. Oft hat da auch schon ein Gespräch unter Kollegen oder mit dem Vorgesetzten geholfen. Er ist ein Mensch, das versichere ich Ihnen, auch wenn Ihnen daran schon manchmal Zweifel gekommen sind. Mir wird dieser Umstand immer bewusst, wenn Leute, die im Leben sonst scheinbar über den Anderen stehen, krank werden, dann zeigt sich, dass wir im Endeffekt doch alle ähnlich sind und keiner vor Überraschungen gefeit ist.

Wenn dann einmal ein Tag ganz und gar nicht läuft, man mit dem falschen Fuß aufgestanden ist, alle anderen gemein sind und sonst auch Alles doof ist, planen Sie für den Feierabend etwas, bei dem Sie sich richtig wohl fühlen. Das muss es geben und wenn nicht, mache Sie sich schleunigst Gedanken darüber. Auch hier ist mir klar, dass das nicht funktioniert, wenn ein krankes Kind zuhause ist oder man schon lange versprochen hat, etwas zu erledigen, aber das wird ja wohl nicht an jedem schlechten Tag vorkommen. Ist Ihnen schon einmal aufgefallen, wie viel Spaß es machen kann versierten Fachleuten bei der Arbeit zuzuschauen. Dabei spielt es eigentlich keine Rolle, ob er Koch Handwerker, Sportler, Künstler oder Chirurg ist. Ganze Fernsehsendungen beschäftigen sich damit. Denken Sie an Kochshows, Shows, in denen geschickten Mechanikern beim Restaurieren von Autos zugeguckt, die Arbeit von Streifenpolizisten ins Wohnzimmer gebracht oder Hochseefischern in ihrem Kampf mit der rauen See beigewohnt werden kann. Sie sind doch auch super in ihrem Job, stellen Sie sich einfach einmal vor, sie stünden im Mittelpunkt, weil Sie ein echter Experte sind, für das, was Sie täglich verrichten. Ein Gedanke, der sicher nicht dauerhaft aufrecht erhalten werden kann, außerdem will man ja auch nicht immerzu Zuschauer dabei haben, aber der Sie hoffentlich manchmal etwas erheitert. Sie, der Star einer Dokumentation über ihren Beruf, cool, auch wenn es nur in ihrer Fantasie passiert. Und kommt dann doch eines Tages der Augenblick, in dem Sie das Gefühl haben, mit Ihrer Kraft am Ende zu sein, nachdem Sie Ihre Vorgesetzten schon wiederholt darauf hingewiesen haben, dass Sie es auf Dauer einfach nicht schaffen, die Arbeit allein zu bewältigen, die bisher zwei Leute und eine Halbtagskraft gemacht haben, wenden Sie sich an Ihren Hausarzt, der hat bestimmt ein Ohr für Sie. Der hört Ihnen zu, hat vielleicht Anregungen für Sie und wenn er Sie Gefahr laufen sieht, unter der Belastung krank zu werden, holt er sie dort heraus. Er oder sie machen ihre Arbeit, weil es ihnen immer ein Anliegen war, zu helfen. Hausarzt wird man nicht, um reich zu werden. Erstens weil es andere Wege gibt und zweitens weil es nicht funktioniert, und das wissen wir schon im Vorfeld, bevor wir mit unserem Job anfangen.

Unzufriedenheit als Prinzip

Niemand soll glauben, ich sei von Natur aus ein ausgeglichener Mensch. Nein, weit gefehlt. Ich habe es mir zwar zum Prinzip gemacht, meine Laune nicht an anderen Menschen auszulassen, ich schreie Niemanden an, es sei denn, ich bin total verzweifelt innerhalb einer sich im Kreise drehenden Diskussion mit meinen Kindern. Und auch da ist es nicht okay, sondern Ausdruck meiner eigenen Unfähigkeit, die Situation geschickter zu lösen. Denn es hat sich immer gezeigt, dass es viel besser funktioniert, meinen Sohn, wenn es nicht weitergeht, das Gespräch sich festgefahren hat und er immer unglücklicher darüber wird, in den Arm zu nehmen und zu sagen: „Komm mein Großer, erklär mal, was Du wirklich meinst, wir fangen noch einmal von vorne an." Leider fehlt mir die Souveränität dazu viel zu oft. Ansonsten bin ich an Tagen der Unausgeglichenheit mundfaul.

Bestimmte Themen sind für mich jedoch ein echtes rotes Tuch und lösen in mir den Wunsch aus, mein Gegenüber platt zu argumentieren, beziehungsweise wünsche den nicht Anwesenden, der das entsprechende Gespräch, den Post oder was es sonst noch so gibt, in meiner Abwesenheit losgetreten hat, die Konsequenzen seiner

Dummheit an den Hals und zwar wutschnau-
bend.

Erstes Beispiel ist die Floskel „typisch deutsch,
das ist doch Scheiße."

Was soll denn dieser Quatsch? Deutschland ist
überhaupt nicht „Scheiße", sondern super. Gehen wir einmal davon aus, das Schicksal hat vor
Ihrer Geburt geplant, dass Sie als Mensch geboren werden, so steht Ihre Chance, in Deutschland
auf die Welt zu kommen, bei zirka 1:90, geht
man von der heutigen Weltbevölkerung und
stagnierenden oder gar abnehmenden Gebur-
tenzahlen hierzulande aus, ist sie sogar noch geringer. Hier haben Sie schon einmal Glück gehabt, allein geographisch gesehen. Es gibt hier
keine bedrohlichen Vulkane, Wirbelstürme, tek-
tonische Verschiebungen mit grauenhaften Erdbeben oder Tsunamis. Und wenn denn einmal
doch eine solche Katastrophe eintritt, verfügen
wir über widerstandsfähige Gebäude und in der
Regel halten sich die Opferzahlen in überschaubaren Grenzen. Für die einzelnen Betroffenen ist
es natürlich trotzdem furchtbar, aber es sind nie
so viele Opfer, wie in der Zweiten oder Dritten
Welt oder in Ländern, in denen das Glück in den
Händen der Betroffenen liegt, in denen man sich
zwar den großen, nationalen Traum erfüllen
kann, wenn man auf der Sonnenseite des Lebens

steht, jedoch als armer Mensch ganz schön ge-
beutelt werden kann. Ein Land, das mit großen
Lippenbekenntnissen schnell dabei ist, dann aber
seine eigenen, gescheiterten Helden, ihre Vete-
ranen und 9/11 Feuerwehrleute mit ihren post-
traumatischen Belastungsstörungen ganz allein
ihrem Schicksal überlässt. Bei uns geht man sorg-
samer mit den Menschen um. Wirklich fallenge-
lassen wird hier keiner, der erst einmal ein Auf-
enthaltsrecht erlangt hat und das ist gut so. Und
für diese Position streite ich auch.
ch bin still und heimlich auf die politische Seite
gewechselt. Es wird geschimpft über Bürokratie
und Reglementierungswut ohne sich jemals ein
Bild davon gemacht zu haben, ob es nicht woanders noch viel schlimmer ist und ob nicht viele
dieser Regeln durchaus einen Sinn haben. Sie
können ja einmal versuchen, einen Bauantrag in
Ägypten zu stellen oder eine Genehmigung auf
Sizilien zu bekommen. In Deutschland finden Sie
die zuständige Behörde, die Ihnen in aller Regel
sagt, was Sie dafür brauchen und wenn Sie Alles
eingereicht haben, klappt es meistens, wenn
nicht irgendeine Verordnung einfach dagegen-
spricht, welche für den Betroffenen zwar meistens nicht einzusehen ist, aber zumindest irgendwo schriftlich fixiert steht. So viel Willkür,

wie allgemein angenommen, gibt es doch gar nicht, bauscht man die Einzelfälle nicht auf. Zeigen Sie mir das Land, in dem eine ähnliche Ausgewogenheit zwischen staatlicher Fürsorge und gleichzeitig individueller Freiheit praktiziert wird. Viele fallen mir da nicht ein.

Selbstverständlich gibt es politische Entscheidungen, die schwer nachvollziehbar sind, aber oft entsprechen sie über lange Zeit ausgehandelten Kompromissen zwischen den politischen Akteuren. Es gibt hier wenigstens eine politische Kultur. Der demokratische Gedanke steckt in unserem Land ganz tief drin. Jeder Mensch kann sich bereits in seiner Jugend einer Organisation anschließen, die seiner Überzeugung am nächsten kommt. Dabei unterscheiden diese Organisationen sich in ihrer Grundorientierung nicht wesentlich außer dem traditionellen Kern, auf deren Ursprung sich die Parteien berufen: Konservative Werte, soziale Gerechtigkeit, Umwelt, Liberalismus. Nicht in diesem Atemzug nennen möchte ich den rechten und linken Rand des Spektrums, die immer noch nicht begriffen haben, dass sie einmal die Chance hatten und gescheitert sind mit ihren Methoden. Die brauche ich nicht.

Das Dumme ist nur, dass der engagierte Jugendliche sich irgendwann einmal mit seinen Ideen zur Weltverbesserung entscheidet, politisch in einer Partei aktiv zu werden und dann nach und nach merkt, wie viele seiner Ideale er im Laufe der Zeit über Bord werfen muss, um wenigstens einen Teil seiner Interessen im Rahmen von Kompromissen durchsetzen zu können. Das Tröstliche ist, dass es den Anderen genau so geht und das Endergebnis immer noch respektabel ist. Ärgerlich sind die quer einsteigenden Lobbyisten, die nur ein sehr kleines Klientel überproportional erfolgreich vertreten. Damit deren Einfluss nicht so stark bemerkt wird, werden Ablenkungsmanöver gestartet und sie geraten schnell in Vergessenheit.

Ein Beispiel dafür ist das Antikorruptionsgesetz, das für uns Mediziner vor einiger Zeit scharf geschaltet wurde.

Zunächst eine kleine Spitzfindigkeit: Korruption gibt es nur im Amt. Wir praktizierenden Ärzte bekleiden jedoch gar kein Amt, wie sollen wir da korrupt sein? Höchstens bestechlich, das geht. Aber es ist den Pharmafirmen nicht mehr erlaubt, an uns Kugelschreiber aus Plastik zu verteilen. Als wenn diese unsere Entscheidung für oder gegen ein Medikament beeinflussen würden! Vor Allem, wenn wir Kulis mit verschiedenen Aufschriften besitzen. Den Leuten versuchte man einzureden, ihr Arzt könnte bestechlich sein, um damit Argwohn zu streuen und gleichzeitig gehen Vertreter der Tabak-, Pharma-, Automobilindustrie und so weiter im Bundestag ein und aus und besitzen unter dessen Dach sogar eigene Büros. Ansonsten hält sich meine politische Unzufriedenheit in Grenzen.

Gut find ich auch, dass bei uns keine Einzelperson mit unglaublicher Machtfülle ausgestattet ist, wie in Ländern, in denen die Bevölkerung das Staatsoberhaupt direkt wählt und im Falle einer Fehlentscheidung jahrelang unter seiner Wahl leiden muss.

Immer wieder kommen Menschen mit einem Behandlungswunsch zu mir, der nicht vollständig über die gesetzliche Krankenversicherung abgedeckt ist. Da muss man für Hustensaft mal selbst in die Tasche greifen oder auch für die Bestimmung gewünschter Laborwerte, deren Höhe für Gesunde irrelevant sind und deren Kenntnis eher der Befriedigung des persönlichen Interesses dient. Ist doch nicht so schlimm, dafür kommt das System für Alles auf, was wirklich bedrohlich ist und Krankheitswert hat. Liegt man nach einem schweren Verkehrsunfall oder einem Herzinfarkt nach umfangreichen Interventionen auf der Intensivstation zuckt keine Krankenkasse mit den Wimpern und übernimmt die Kosten. Auch eine Lohnfortzahlung im Krankheitsfall ist bei uns genau so eine Selbstverständlichkeit, wie die

lebenslange Übernahme von Medikamentenkos-
ten abzüglich des Eigenanteils, welcher für Be-
dürftige entfällt.

Aber gerade Diejenigen, die am besten wissen,
welche Hebel sie in Bewegung setzen müssen,
um in den vollen Genuss der staatlichen Fürsorge
zu kommen, wettern am meisten, so lautet meine provokante These. Ein Beispiel dafür ist eine
Familie, bestehend aus fünf Personen. Beide Eltern erwerbsunfähig berentet, bei ihr nachvollziehbar aufgrund einer erblichen Erkrankung, bei
ihm verstehe ich die Hintergründe dafür nicht, da
er immer wieder Jobs, die mit dem Grund seiner
Berentung eigentlich nicht in Einklang zu bringen
sind, annimmt, diese dann in der Regel jedoch
nicht länger als ein paar Tage durchhält, weil ihm
irgendetwas nicht passt. Das heißt, die meiste
Zeit zahlt das Amt und zwar gar nicht so schlecht.
Für ein gemietetes Häuschen und ab und zu ein
kleines Auto reicht es, Urlaub wird durch Kur
ersetzt, die jedoch im Nachhinein grundsätzlich
bemängelt wird, weil dort Bewegungsübungen
verlangt wurden und gesunde Kost verabreicht
wurde, die dem Übergewicht der Rehabilitanden
und der Zuckerkrankheit der Mutter durchaus
zugute gekommen wären. Das Alternativessen
bestehend aus Pizza und Pommes, eingenommen im örtlichen Schnellimbiss, wird dann als

„Yummie, yummie" via Facebook gepostet.
Schlimm genug.

Doch schlimmer sind deren Posts, in denen rechtsgesinnte Thesen „geliked" und ausländische Bevölkerungsgruppen diskreditiert werden, welche im Zweifelsfall mit ihren Steuern den eigenen Lebensstandard mitfinanzieren.

Vielleicht können Sie sich vorstellen, wie mich ein solches Verhalten in Rage bringen kann. Die würden sich wundern, was mit ihnen selbst passieren würde, wenn die von ihnen favorisierte neue angebliche politische Alternative das Sagen bekäme. Gott behüte. Und glaubt man einschlägigen Fernsehsendungen ist diese Lebenseinstellung weit verbreitet, auch abzulesen an den Wahlergebnissen bestimmter „Parteien".

Diese Einstellung fördert doch nur die allgemeine Unzufriedenheit und stachelt sinnlos Menschen auf. Es ist so leicht, Menschen zu manipulieren. Man braucht dazu nur einige auf den ersten Blick plausible Thesen von sich zu geben, welche dann gerne ungeprüft übernommen werden. Oft werden diese Behauptungen dann mit sogenannten Expertenmeinungen, die zitiert werden, untermauert. Leute die schon einmal wissenschaftlich gearbeitet haben, kennen das folgende Phänomen: Thesen werden von Anderen übernommen und in der eigenen Arbeit, eventuell im Wortlaut verändert, wiedergegeben. Der Nächste macht es dann wieder und im Schneeballprinzip vervielfältigt sich die erste Veröffentlichung und es sieht im Endeffekt so aus, als sei die Behauptung auf viele Quellen gestützt, obwohl nur alle voneinander abgeschrieben haben. Und je weniger wissenschaftlich ein Aufsatz ist, desto größer die Gefahr, dass eben Beschriebenes geschieht .Nur durch Wiederholung wird es ja nicht richtiger, sondern findet nur mehr Verbreitung und hier lauert die Gefahr.

Mit wilden Theorien kann man bewusst Ängste schüren und Ängste führen zu Irrationalität. Der Mensch hat erfahrungsgemäß große Angst vor Unbekanntem. Dies erklärt, dass die Angst vor Überfremdung in unserem Lande dort am größten ist, wo die wenigsten Fremden angekommen sind und das haben sich einige Hetzer zunutze gemacht, denen man doch Einhalt gebieten müsste. Diese Leute schüren doch Unzufriedenheit, nur um ihre eigene Interessen durchzusetzen. Allerdings ist es ja auch schwerer, Menschen davon zu überzeugen, dass sehr viel gut ist, als dass sehr viel schlecht ist. Einer der Gründe für Verschwörungstheorien, die oft eigentlich nicht haltbar und trotzdem so schwer zu widerlegen sind.

Was ich auch nicht mag, ist, wenn ich das Gefühl habe, jemand könne mich für dumm verkaufen. Viele Sachen, die dumm gelaufen sind, schlucke ich, weil sie es nicht Wert sind, ein großes Trara daraus zu machen. Wenn sich eine Kassiererin zu meinen Ungunsten vertan hat und ich es nicht gleich merke, gehe ich nicht zurück, es ist es mir nicht Wert, wenn sie sich zu meinen Gunsten vertut und ich merke es, so sage ich es ihr, das gehört sich in meinen Augen einfach so. Nun sind mir allerdings folgende Dinge passiert, die mich über meinen Grundsatz „Erst überlegen, welches Ziel ich erreichen kann, bevor ich handle" wegsehen lassen haben. Im ersten Fall, in dem mein Handeln meiner anwesenden Tochter mehr als peinlich war, ging es um ein im Vorraum eines Supermarkt angebotenes , aromatisiertes, alkoholfreies Weizenbier, das ich sehr gerne mag. Der PR Mann, der es bewarb, versicherte mir, dass es das Bier auch kistenweise und nicht nur als Sechserträger gäbe und stellte mir 4 solcher Träger in eine Kiste. Bekanntlich sind Getränke in größeren Gebinden günstiger als in kleineren. Davon wollte man aber im Supermarkt bis hin zum stellvertretenden Filialleiter nichts wissen, da das Gebinde „Kiste" nicht gelistet sei und man mir den Preisunterschied von 1,37 Euro nicht gutschreiben könne. Ist doch lächerlich, jeder der sich im Einzelhandel etwas auskennt, weiß, dass dieser für seinen Kumpel den Preis auch hätte ändern können, wenn er gewollt hätte. Fand ich nicht kundenfreundlich und die angeschriebene Geschäftsführung auch nicht, die mir einen 5 Euro Gutschein mit einer Entschuldigung zugeschickt hat. Verstehen Sie vielleicht nicht, aber die Argumentation, mit der am Ende drei Leute versuchten, sich zu rechtfertigen, wurde immer abstruser, bis sogar das Thema Pfand mit auf den Tisch kam und ich fühlte mich, volkstümlich ausgedrückt, verarscht.

Im zweiten Fall, der sich in der Filiale einer Bäckereikette abspielte, geht es um Brötchen. Einzelne Brötchen werden für 29 Cent, eine Zehnertüte für 2,50 Euro angeboten. Nun hatte man nur noch 9 Brötchen übrig, mit denen ich mich zufrieden gab und berechnete dafür 2,61 €. Das heißt, ich sollte, weil nicht mehr genügend Semmeln übrig waren, mehr bezahlen. Ich bin mir sicher, in einer kleinen, inhabergeführten Bäckerei, wäre das nicht passiert, weil der Bäcker sich über zufriedene Kunden freut. Hier ritt man auf Prinzipien herum und meinen Vorschlag, das zehnte Brötchen könnte ja hinuntergefallen sein, tat man als absurd ab.

Ich finde es bemerkenswert, wie wenig insgesamt darauf geachtet wird, durch Freundlichkeit andere etwas fröhlicher zu stimmen. Ist doch gar nicht so schwer. In der Werkstatt fiel ich neulich dem Beschäftigten für die Ausgabe von Ersatzteilen durch meine Höflichkeit auf und wir kamen prompt ins Gespräch und dieser schilderte mir seine üblichen Erfahrungen mit Kunden, die eher gegenteilig sind. Wir beiden unterhielten uns eine Weile angenehm und mir kam ein unglaublich zuvorkommender Service zuteil, selbst der hinzugerufene Mechaniker war gut drauf. Möchte nicht jeder solche Erfahrungen machen? Scheinbar nicht, denn sonst kann ich mir das Alltagsgebahren so manches Zeitgenossen nicht erklären.

Warum scheint es so viel Spaß zu machen, sich negativ zu äußern, Spott und Häme zu verschütten? Schadenfreude gehört dazu, zugegeben, aber alles in erträglichen Grenzen. Warum ist das Internet voll von Animositäten gegen Einzelne oder Randgruppen. Wer hat all diesen Verfassern diesen Müll vorgebetet, den sie weiter verbreiten? Was können wir tun, um dieser Entwicklung Einhalt zu gebieten?

Ich werde es weiter mit Freundlichkeit versuchen, um wenigstens mein kleines Umfeld in meinem Sinne zu beeinflussen. Ich werde auch weiter freundlich sein, wenn Leute zur Chirotherapie wegen einer Verspannung, die ein wenig zwackt, kommen , auch wenn mein eigener Rücken vermutlich vielmehr schmerzt und diese Schmerzen nach vollbrachter Therapie noch zunehmen, weil ich weiß, dass sie es nicht böse meinen und es verdient haben, dass man ihnen hilft.

Eigentlich mögen wir doch alle Emotionen, sonst wären emotionale Bücher, Fernseh- und Kinofilme nicht so erfolgreich und wahrscheinlich sind Hopfen und Malz noch längst nicht verloren. Wir müssen nur daran arbeiten. Denkt man an die große Hilfsbereitschaft bei Tragödien größeren Ausmaßes, besteht durchaus Grund zur Hoffnung, denn die Fernsehbilder finden mit Sicherheit Nachahmer und Diejenigen, denen geholfen wurde , vergessen dies auch nicht so schnell.

Nun hört man Leute sagen, die Welt verrohe immer mehr, die Verbrechen würden schlimmer, die Hemmschwelle und Gewaltbereitschaft sinke von Jahr zu Jahr.

Meine Meinung zu diesem Thema ist eine andere. Zunächst gilt das gemeinhin aufgeführte Argument, dass die Medienpräsenz um ein Vielfaches gestiegen ist und wir jederzeit Zugriff zu Bildern und Informationen aus der ganzen Welt haben, ob die nun richtig oder manipuliert sind, sei in diesem Zusammenhang erst einmal dahingestellt, sie sind halt da und verfolgen uns geradezu. Doch dieser Punkt ist meiner Meinung nach nicht der entscheidende, sondern dass in meinen Augen die Menschen schon immer so waren. Einen Hinweis dafür geben Ihnen die Geschichtsbücher, in denen sie zu jeder Epoche Gewaltexzesse finden. Beispiele gefällig?

Schon einer unserer ältesten gut erhaltenen aufgefundenen Vorfahren dieses Kontinents, Ötzi, fiel einer Gewalttat zum Opfer, im alten Testament erschlug Kain seinen Bruder Abel. Dies waren nur Einzeltaten, aber dann folgten in der Antike Perser, Griechen und Römer, welche ganze Völker unterdrückten, ihre Gegner abschlachteten und Sklaven hielten. Im Mittelalter fanden Kreuzzüge, Hexenverfolgungen statt, die Unterdrückung Minderbemittelter stand auf der Tagesordnung, deren Ermordung war keiner Rede Wert, am Ende der Epoche war die Inquisition, die Seefahrer brachen von Europa aus auf und unterjochten ganze Völker und zur Zeit des Dritten Reiches brauchte man sich nur eine braune Uniform anzuziehen und war legitimiert, bestimmten Bevölkerungsgruppen Gewalt anzutun. Glauben Sie immer noch, die Welt sei schlimmer geworden?

Die Gaffer von heute, die an einer Unfallstelle ihr Handy zücken, um das Leid anderer live und in Farbe zu filmen sind die legitimen Nachfolger der

Zuschauer im Kolosseum, die den Gladiatoren-
kämpfen zuschauten oder den ungleichen
Kämpfen zwischen Mensch und Raubtier. Die
Menschen im Altertum rannten nach den Gladia-
torenkämpfen in die Arena und tranken das Blut
der Besiegten, weil sie glaubten es gäbe Ihnen
Kraft, obwohl derjenige doch unterlegen war.
Sehr merkwürdig. Dennoch hat sich diese Tradition bis heute gehalten, sich an Schwächeren zu
vergehen. Das muss in irgendeiner Form in uns
drinstecken, dazu sollte man einmal die Verhal-
tensforschung interviewen. Es beginnt schon bei
den ganz Kleinen im Kindergarten und setzt sich
immer weiter fort. Betrachten Sie einmal die
Schulen, wer dort gemobbt wird. Es kann jeden
treffen, doch die Wahrscheinlichkeit, dass der
Mob beim Betroffenen Schwäche ausgemacht
hat, ist sehr wahrscheinlich. Dieser ist zunächst
der Willkür einiger Weniger ausgesetzt, in regel-
haften Verläufen finden sich jedoch im Laufe der
Zeit immer mehr Mitläufer, die, sei es aus Angst
vor eigener Verfolgung oder weil sie im Verlauf
überzeugt wurden , der Gemobbte sei anders
und habe es verdient, mitmachen, bis das Opfer
eines Tages nach Jahren des Martyriums selbst
daran glaubt, es stimme etwas nicht mit ihm und
es werde zurecht gequält. Es holt sich in der Regel keine Hilfe, aus Angst dann werde es noch

schlimmer, nimmt lieber seine Rolle an, negiert sogar, wenn es darauf angesprochen wird, irgendwelche Vorkommnisse. Die Täter haben leichtes Spiel. Nimmt sich so jemand, der gemobbt wird, dann aus Verzweiflung irgendwann das Leben, so ist das Geschrei groß. Die einzige Chance, die solche Menschen haben, und wir reden nicht von Einzelfällen, sondern in gewisser Weise von einem Spiegel unserer Gesellschaft, ist Hilfe von außen. Es muss einer der Zeugen den Mut haben, die Vorfälle unbeirrt zu melden, damit die Täter identifiziert und dem grausamen Spiel ein Ende gesetzt werden kann. Der Betroffene hat keine Chance allein aus dieser Nummer heraus zu kommen.

Hier sind wir wieder am Punkt: Ist es nicht ein viel besseres Spiel zu helfen, als zu quälen? So werden doch die Helden des Alltags geboren. Lesen wir in der Zeitung von Fällen der Zivilcourage, so hegen wir Bewunderung für den Handelnden, der eine oder andere wünscht sich an seine Stelle, will auch einmal ein Held sein. Warum nutzt er denn seine Chancen nicht, wenn sie sich bieten, auch wenn sie meistens weniger spektakulär sind und nicht in der Zeitung oder im Fernsehen landen?

Ich glaube, die Antwortet lautet Überforderung oder Hilflosigkeit. Vor gut zehn Jahren hatte ich einmal eine Idee, von der allerdings die meisten Leute nicht begeistert waren, die ich Ihnen, obwohl selbst ich sie schon fast vergessen hätte, gerne vorstellen möchte. Da ich der Meinung bin, dass vielen Jugendlichen die Bedeutung von Verantwortung nicht mehr beigebracht wird, diese aber wichtig für ein harmonisches Zusammenleben ist, müssten sie es wieder lernen. Wie soll das funktionieren? Zunächst einmal würde es viel Geld kosten, was sich aber im Laufe der Zeit durch den erreichten Benefit wieder amortisieren würde. Jeder Jugendliche müsste sich, nach eigener Wahl eine Aufgabe suchen, die von qualifizierten Stellen angeboten wird. Diese qualifizierten Stellen müssten einem strengen Anforderungsprofil entsprechen und politisch neutral sein. An wen denke ich da? Ganz einfach: Sportvereine, freiwillige Feuerwehren, Technisches Hilfswerk, Kirchengemeinden, Tier- und Naturschutz-, Heimatvereine und so weiter. Diese müssten bestückt werden mit einem Großaufgebot von Sozialarbeitern, Handwerkern, Psychologen, Pädagogen und anderem qualifiziertem Personal, das dann mit den Jugendlichen arbeitet, Konzepte entwickelt und ihnen zeigt, dass Verantwortung wichtig ist, aber auch Spaß machen kann. Natürlich bedürfte ein solches Programm eines langen Vorlaufes, es lässt sich nicht von heute auf morgen aus dem Boden stampfen, es müsste sorgsam geplant, die Ziele definiert, die Mitarbeiter ausgebildet werden. Jugendliche, die ohnehin schon engagiert sind, brauchen natürlich nicht zu wechseln, es soll nur jeder den Nachweis erbringen, für einen bestimmten Zeitraum mitgemacht zu haben. Dies könnte, ganz modern über eine App auf dem Smartphone geschehen. Der Zeitraum muss auf einen überschaubaren Zeitraum eingeschränkt werden, zum Beispiel ein halbes Jahr, mit der Option auf Wechsel und der Möglichkeit, für Begeisterte unbefristet weiter zu machen. Die zur Verfügung gestellten finanziellen Mittel dürften ausschließlich zweckgebunden eingesetzt werden und dafür ein exakter Nachweis erbracht werden. Ein Ortsbrandmeister einer Feuerwehr, dem ich meine Idee schilderte, war begeistert, der damalige Bundespräsident, dem ich schrieb, offensichtlich nicht, die Antwort lässt noch heute auf sich warten. Ich hatte gedacht, jeder an ihn gerichtete, offensichtlich ernst gemeinte Brief, werde beantwortet, meiner war ihm wohl zu wirr.

Aber was wäre daran so schlimm? Viele Jugendliche sind sowieso aktiv und wären nicht betroffen, von den anderen hängen etliche auf der Straße herum und wissen wenig Sinnvolles mit ihrer Zeit anzufangen, richten in ihrer Langeweile sogar Schäden an.

Wie gesagt, politische Indoktrination muss auf das Schärfste vermieden werden, es soll durch die Projekte das Gefühl einer gemeinsamen Verantwortung vermittelt werden, das Gefühl gemeinsam etwas schaffen zu können, was sich dann beim einen oder anderen im Kopf festsetzt. Der Nutzen der aus so einem Projekt für die Gesellschaft entstünde, könnte doch riesig sein. Erstens weil die jungen Leute etwas in ihrer Freizeit aufbauen, zweitens später den Gedanken, der dahintersteckt, weitertragen und drittens Schäden vermieden werden, die bisher durch gelangweilte Jugendliche entstehen.

Ich vermute, diese Art von Zwang ist jedoch nicht durchsetzbar, aber vielleicht hat ja einer von Ihnen eine bessere Idee.

Grundsätzlich möchte ich darauf hinaus, dass man vorhandene Energien sinnvoll lenkt, Menschen positives Denken vermittelt und damit eine für uns lebenswertere Zukunft ermöglicht. Es gab schon immer Mahner, die eine Gefahr, die sie durch aufziehende, offensichtlich fragwürdige Veränderungen der menschlichen Werte sahen, auf die Niemand hören wollte. Die Stimmen der Verlockung waren zu jeder Zeit größer.

Der israelische Historiker, Archäologe und Autor
Yuval Noah Harari bringt in seinem Buch „ Eine
kurze Geschichte der Menschheit" zum Ausdruck, was ich meine. Man kann mit unseren
heutigen, wissenschaftlichen Möglichkeiten die
Geschichte der Menschheit ziemlich genau erfor-
schen. Anhand von Überresten menschlicher
Siedlungen, Kampfschauplätzen und so weiter
kann man Rückschlüsse auf deren Lebensweise
ziehen und kommt zu einem Schluss: Die großen
Kulturen gingen immer wieder aus denselben
Gründen unter, die Fehler wiederholten sich immer wieder im Laufe der Jahrtausende und
Schuld war immer zum großen Teil die menschliche Gier in Verbindung mit der irrationalen Annahme, sich auf das Glück verlassen zu können.
Die antiken Völker hatten noch nicht die Möglichkeit, aus den Fehlern der älteren Generationen zu lernen, weil sie noch nicht darüber Be-
scheid wussten. Wir sind heute in einer ganz anderen Lage – und tun es trotzdem nicht. Wir machen immer noch die gleichen Fehler, in der irri-
gen Hoffnung, es könnte ja dieses Mal gut gehen.
Politiker und Machthaber in der ganzen Welt
beauftragen immer wieder kluge Fachleute, um
Probleme zu eruieren und Lösungen aufzuzeigen,
geben viel Geld für deren Studien aus, um die
Ergebnisse am Ende in irgendwelchen Schubla-

den verschwinden zu lassen, da diese zu pessimistisch erscheinen oder die Umsetzung der Lösungsvorschläge zu teuer oder unpopulär wäre. Das Glück wird ihnen schon hold sein und alles gut gehen, doch nur wie lange, ist die Frage. Zu all dem kommt noch die dümmliche Verleugnung von Fakten und Behauptung anders lautender Umstände, neuerdings „alternative facts" genannt.

Es beginnt schon bei der Erziehung von Kindern. Alle Eltern haben vermutlich die Erfahrung gemacht, dass sie den Wunsch verspürten, ihre Sprösslinge vor den eigenen Fehlern zu bewahren. Doch die Kinder hörten einfach nicht, bestanden auf ihr Recht, aus eigenen Fehlern schmerzhafte Lehren ziehen zu dürfen. Bei Erwachsenen wächst diese Beratungsresistenz noch weiter. Ja es ruft geradezu Empörung hervor, wenn sich ein Anderer in eine Position aufschwingt, Ratschläge geben zu wollen und seien sie noch so gut gemeint. Natürlich weiß man nie, ob der mit den guten Tipps wirklich Recht hat oder ob es nur einer von vielen Besserwissern ist, manchmal kann zuhören und über das Gehörte nachzudenken zumindest nicht schaden, man kann dann ja immer noch anderer Meinung sein. Wie ich ein einem früheren Kapitel bereits erwähnte, ist Geiz für mich eine der schlimmsten menschlichen Eigenschaften. Erstens, weil sie die Unfähigkeit enthält, wohlwollend mit Anderen zu teilen und zweitens weil sie eine Form von Gier ist, die im großen Maße das Ende der Menschlichkeit bedeutet. Ein Mensch der in erster Linie mit dem Raffen und Behalten von Habseligkeiten beschäftigt ist, kann einfach keine positive Aura verbreiten. Seine Attitüde ist einfach negativ. Seine Erwartungshaltung an Andere ist nicht von sozialen Gedanken geprägt, seine Angst vor Verlusten irrational. Deshalb mag ich ihn nicht, er hat eine unsoziale, negative Grundhaltung.

Eigenes Zuspätkommen mag ich nicht. Nein das ist eine Untertreibung, denn ich empfinde körperliches Unwohlsein dabei, wobei es mich nicht stört, wenn ich auf Jemanden warten muss. Normalerweise hängt es von der eigenen Planung ab, wann man irgendwo ankommt, gelegentlich ist man jedoch auf Gedeih und Verderb von anderen abhängig, zum Beispiel von seinen eigenen Kindern, für die Zeit ein relatives Konstrukt darstellt. Für sie ist es problemlos, auch nach mehrmaliger Aufforderung, nur langsam in die Hufe zu kommen, das alte Tempo beizubehalten und sich immer wieder von der eigentlichen Tätigkeit ablenken zu lassen, zum Beispiel von der Einnahme des Frühstücks. Von meiner

Aufforderung "langsam in die Hufe kommen"
war wohl bloß „langsam" in irgendeinem Gehör-
gang hängengeblieben. Kennt man seine Pap-
penheimer, kann man der ganzen Sache selbst
entgegensteuern, indem man früher beginnt, zu
frühstücken oder sonst eine Lösung findet. Es
gibt aber auch Situationen, in denen man hoffnungslos der Willkür anderer Menschen oder
höherer Gewalt ausgeliefert ist und wenn ich
Ihnen das nächste Stichwort gebe, wird es bei
Ihnen klingeln und sie können sich mehr als genug Situationen ausmalen, ohne dass ich ein einziges Beispiel vorgeben müsste:
Autofahren. Man startet früher als gewohnt, um
ja nicht in Hektik zu kommen, Sohnemann pünkt-
lich an der Schule ankommt und meine Patienten
nicht auf mich warten müssen und dann das:
Eine neue Baustelle. Aus unerfindlichen Gründen
ist ein Teil der Straße abgesperrt und Bagger beginnen ein Loch zu buddeln, damit irgendwelche
Leitungen oder Rohre oder Straßenbahnschienen
erneuert werden können, obwohl diese bestimmt noch so gut wie neu sind. Warum ausgerechnet heute? Und warum sind ausgerechnet
heute alle Anderen auch früher losgefahren? Ich
bin komplett fremdbestimmt und nehme jeden
Anlass zur Verärgerung dankbar an. Doch nun
kommt ein kleines Geheimnis, das ich im Laufe

der Zeit ergründet habe: Es nützt gar nichts! Ob ich mich aufrege oder nicht, schneller komme ich nicht voran.

Dennoch ist der Straßenverkehr ein gutes Beispiel dafür, wie Leute ihre guten Umgangsformen vergessen können. Da gilt die Straßenverkehrsordnung plötzlich nur noch für Andere, die drei Ampolfarben lassen plötzlich Interpretationsspielraum zu, das permanente Wechseln der Fahrspur bringt den entscheidenden Vorsprung auf dem Weg zum Ziel. Merkwürdigerweise trifft man sich, gerade in einer Stadt an jeder doofen Ampel wieder, egal welche Höchstgeschwindigkeit man erzielt hat.

Ein absoluter Dorn in meinem Auge sind Diejenigen, die, da ihnen das Grün der Ampel freie Fahrt zu geben scheint, in eine Kreuzung einfahren, obwohl diese überhaupt nicht passierbar ist. Was passiert dann nämlich? Irgendwann schaltet die Ampel auf „Rot" und die anderen Richtungen sind dran, können aber nicht fahren, weil der voreilige, eben erwähnte Kandidat die Kreuzung und damit die Weiterfahrt blockiert. Solche Leute kosten mich gelegentlich zwei Ampelphasen und mein Blutdruck steigt ins unermessliche. Auf meinem Weg liegt eine solch typische Kreuzung in der entgegenkommende Linksabbieger genau das eben Geschilderte tun. Und ich bin ja nicht der Einzige, der nicht vorankommt, durch diese Rücksichtslosigkeit. Ich habe, noch zu Zeiten meines Studiums, einmal die kühne These aufgestellt, die Polizei solle, anstatt Geschwindigkeitskontrolle an sinnlosen Stellen vorzunehmen, lieber regelmäßig Kreuzungen kontrollieren, um diese eben erwähnte Unart zu unterbinden Und eines Tages hat sie es getan..... und mich dabei an dem einzigen Tag meines Lebens erwischt, als ich es auch getan habe. Hat mich 70 Mark gekostet, war aber korrekt, ich wollte es ja so haben. Jetzt warte ich wieder, wie es sich gehört, kann dafür aber sicher sein, dass mein Hintermann hupt.

In anderen Situationen ist es mir zweimal passiert, dass ich Schulkinder über die Straße ließ und mich ernsthaft von hinten jemand überholte und die Kinder fast anfuhr. Ist den Leuten nicht klar, wie gefährlich ihr Auto ist? Wie egal sind denen fremde Menschen? Rücksicht macht nicht nur alle zufriedener, sondern dient der Sicherheit.

Kindheit, Schule und was sonst noch eine Rolle spielen könnte

Mein Einstieg in dieses Kapitel mag zunächst ein wenig merkwürdig erscheinen, später erklärt er sich jedoch hoffentlich von selbst.
Wie ich bereits in einem früheren Kapitel erwähnt habe, bin ich der felsenfesten Überzeugung, dass jeder Mensch gleich viel Wert ist, ganz egal in welcher Art und Weise er einzigartig ist, welcher Bevölkerungsgruppe, Religion, Rasse oder Geschlecht er angehört. Selbst das Bekenntnis zu den merkwürdigsten Fußballvereinen schmälert seinen Wert in meinen Augen nicht! Und aus diesem Grunde bin ich froh über den Fortschritt der Emanzipation der Frau, es gibt einfach keinen Grund für fehlende Gleichberechtigung und somit ist der Weg aus einer patriarchalischen in eine emanzipierte Gesellschaftsform der einzig akzeptable.
Nun müssen wir allerdings genauer betrachten, welche Emanzipation wir denn eigentlich meinen. Die gesellschaftliche ist klar, die familiäre auch, die berufliche ebenfalls und die biologische? Hier fängt es an, zu hapern. Gleichberechtigung ist schwer möglich, sondern allenfalls ein Nachteilsausgleich für Frauen, da Männer weder Kinder austragen können noch brauchen und da

sehe ich, ganz subjektiv mein Geschlecht klar im Vorteil, zumindest was die körperliche Beeinträchtigung und das Berufsleben angeht. Außerdem ist das Risiko eines Mannes, plötzlich verlassen zu werden und allein mit einem Kind da zu stehen, deutlich geringer als für eine Frau. Wahrscheinlich könnten Frauen mir noch viele Gesichtspunkte ihrer Benachteiligung aufzählen, die mir gar nicht so bewusst sind, aber ich wollte zunächst einfach nur darlegen, dass mir die grundsätzliche Problematik durchaus klar ist und dass diesbezüglich noch viel passieren muss. Einer der entscheidenden Grundgedanken zu Beginn der Emanzipationsbewegung war die Gleichstellung in Ehe, Partnerschaft, Familie und Gesellschaft. Damals verdiente der Mann das Geld und bestimmte dementsprechend auch was damit passierte und gab im gleichen Atemzug noch einige weitere Regeln des Familienlebens vor und das war schlicht und ergreifend ungerecht. Die Aufgaben, die die Frau zu bewältigen hatten, wurden massiv unterschätzt und unterbewertet. Was den meisten Leuten nicht klar ist, so haben Psychologen herausgefunden, ist, dass die Tätigkeit als Vollzeitmutter eine der am stärksten psychisch belastenden ist. Eine Mutter kann sich nie eine Auszeit nehmen, steht permanent unter Strom, fühlt sich in jeder Minute verantwortlich für das Wohlergehen des Kindes und wenn ein Unfall passiert, ist sie Schuld. Und trotzdem wurde und wird diese Tätigkeit als minderwertig abgetan und hier liegt für mich die eigentliche Gemeinheit. Wie hat man also darauf reagiert? Anstatt von Vornherein diesen Umstand als wichtigen Fakt anzuerkennen und das in der Familie beginnend, in dem man von vornherein festlegt, dass es sich um eine gleichberechtigte Partnerschaft handelt und das das von einem Partner erwirtschaftete Geld das gemeinsame ist, hat man sich lieber auf die Suche nach sinnvolleren oder wertvolleren Beschäftigungen für die Frau gemacht und diese naheliegender Weise in der Arbeitswelt gemacht. Jede Arbeit, und sei sie noch stupide, ist nach heutiger Auffassung besser, als zuhause bei den Kindern zu bleiben, bis diese ein bestimmtes Alter erreicht haben. Eigentlich wurden die Frauen gar nicht wirklich gefragt, sondern dieser Umstand einfach als Tatsache hingestellt.

Gott sei dank haben Frauen etliche Berufsfelder für sich erobert, zum Beispiel meines. Vor über 25 Jahren habe ich eine alte Ärztin kennengelernt, geboren um 1895, die mir erzählte, sie sei die einzige weibliche Medizinstudentin an der Universität gewesen, heutzutage sitzen überwiegend Frauen in den Hörsälen aller medizinischen Studiengänge und es gibt viele andere Beispiele.

Ein erstes Argument, welches ins Feld geführt wird, ist, dass es unmöglich sei, nach einer zu langen Kinderpause wieder Anschluss im Berufsleben zu finden. Wenn man es so handhabt, wie wir es heute tun, stimmt das auch, aber hätte es nicht auch andere Wege gegeben? Sie wären auf jeden Fall komplizierter und teurer, was ich damit meine, erkläre ich gleich.

Welchen Sinn hat Familienpolitik überhaupt? Es muss einen geben, sonst gäbe es keine eigens eingerichteten Familienministerien. Jedes Land benötigt zum stabilen Fortbestand eine stabile Bevölkerung und damit ist erst einmal die Bevölkerungszahl gemeint. Ein leeres Land zu regieren macht einfach keinen Spaß. Die junge, berufstätige Bevölkerung finanziert die Gesellschaft, indem sie Sozialversicherungsbeiträge und Steuern bezahlt und hält durch ihren Konsum die Wirtschaft am laufen, welche wiederum Arbeitsplätze zur Verfügung stellt und ihrerseits Abgaben und Steuern bezahlt. Dieser Kreislauf muss daher unter allen Umständen aufrecht erhalten werden, vor Allem, wenn ein Land vor dem Malheur steht, dass die Rentenkassen vor einigen Jahren einmal für andere Zwecke geplündert wurden.

Bei der Einführung der allgemeinen, ver-

pflichtenden Rentenversicherung zahlte jeder
Arbeitnehmer einen bestimmten Teil seines
Lohns auf sein Rentenkonto ein, welches treu-
händerisch von der Rentenversicherung geführt
wurde, und nach dem paritätischen Prinzip kam
noch der Arbeitgeberanteil dazu. Ging der Arbeitnehmer irgendwann einmal in den Ruhestand, bekam er sein Geld in monatlichen Raten
wieder ausbezahlt, nach seinem Ableben an-
teilsmäßig seine Witwe. Da manche Menschen
früher starben, als das Geld verbraucht war,
konnten die Überschüsse an diejenigen umver-
teilt werden, die länger als der Durchschnitt leb-
te. Das ist heute nicht mehr so, da man den prall
gefüllten Rententopf irgendwann einmal öffnete
und das Geld zur Finanzierung neu hinzugekom-
mener, staatlicher Verpflichtungen benutzte.
Man rief den sogenannten Generationenvertrag
ins Leben, der besagt, dass es kein Sparguthaben
mehr gibt, sondern dass die aktuell fälligen Ren-
tenzahlungen von der gerade arbeitenden Bevölkerung erwirtschaftet werden, das Prinzip der
Rentenrücklagen war Geschichte. Dies ist einer
der Gründe, warum möglichst viele Menschen in
Lohn und Brot stehen sollten, um die Zahlungen
aufrecht zu erhalten. An diesem Punkt kam nun
die Frau auf ihrem Weg zu Gleichberechtigung
gerade recht. Man sagte ihr, wenn sie auch ar-

beitete, würde sie auch einen Teil zum Familienunterhalt beitragen und ihre Position innerhalb der Familie würde gestärkt. Sie bräuchte endlich nicht mehr dankbar für das vom Mann erwirtschaftete Geld sein, sondern könnte selbstbewusst mitentscheiden. So weit so gut. Nun konnte die Gesellschaft nach wie vor nicht auf die Frau als diejenige verzichten, die die Kinder auf die Welt bringt, die wir später zum Fortbestand unserer Gesellschaft brauchen und hier kommt die Familienpolitik ins Spiel. Man fand nach und nach Instrumente, die eine Motivation darstellen sollten, Kinder in die Welt zu setzen, wie das Kindergeld, das ein klein wenig Ausgleich für die von Kindern verursachten Kosten darstellen sollte. Und man schaffte flächendeckend Betreuungsplätze für unsere jüngste Bevölkerungsschicht, um der Mutter frühest möglich die Rückkehr ins Berufsleben zu ermöglichen. Die Rechnung ist einfach: Eine -nach wie vor schlecht bezahlte- Erzieherin, die für eine ganze Anzahl von Kindern zuständig ist, ist billiger, als eine Mutter, die sich nur um ein, zwei oder drei Kinder kümmert, von der Berufstätigkeit abzuhalten.

Viele Mütter kleiner Kinder, die zu mir in die Sprechstunde kamen, erzählten mir, dass sie eigentlich lieber länger zuhause bei ihren Kindern geblieben wären, die finanzielle Situation dies aber nicht zuließ. Vor Allem galt dies natürlich für Frauen, denen ihr Beruf wenig Freude bereitete. Diejenigen, denen ein späterer Wiedereinstieg Schwierigkeiten bereitet, weil sie die Weiterentwicklung ihres Arbeitsplatzes durch technischen Fortschritt und Wissenszuwachs verpassen, sind natürlich besonders interessiert an einer frühzeitigen Wiederaufnahme der Berufstätigkeit, das ist einleuchtend. Auf die Idee, Frauen als Mutter zu bezahlen, ist noch keiner gekommen, da es vermutlich nur schwer finanzierbar wäre. Hinzu wären regelmäßige Fort- und Weiterbildungen notwendig, um zu verhindern, dass der berufliche Anschluss verpasst wird und somit hat man sich auf das heute gängige System geeinigt. Und um das System moralisch noch zu festigen, werden alle anderen gelebten Modelle in Frage gestellt. Frauen, die sich bewusst für eine gewisse Zeit für die Kindererziehung und gegen eine schnelle Aufnahme der postnatalen Berufstätigkeit entscheiden, befinden sich in einem permanenten Zustand der Rechtfertigung ihres Tuns. Das habe ich mir nicht ausgedacht, sondern habe es von Betroffenen erfahren. Es wird ernsthaft behauptet, vom alleinigen Muttersein verblöde man doch. Also erstens reden wir doch nicht von der Ewigkeit und zweitens fallen mir

viele Berufe ein, in denen die Gefahr der Verblö-
dung in deutlich größerem Maße gegeben ist.
Richtig gut hat die Manipulation bei den Leuten
geklappt, denen dem Kinderwunsch mit medizi-
nischer Technik nachgeholfen wurde und die die
Kinder dann auf dem schnellsten Wege nach der
Geburt in fremde Obhut geben.
Jetzt komme ich endlich auf die Kinder selbst.
Wie sieht deren Lebensweg aus? In der Regel
sind sie im ersten Lebensjahr zuhause bei Mama
oder Papa, der sein Recht auf Erziehungszeit
nimmt und Alles ist gut. Schon bald hat das Kind
jedoch einen gesetzlichen Anspruch auf einen
Ganztagesplatz in einer Kindertagesstätte erwor-
ben und landet früher oder später dort. Unsere
ehemalige Nachbarin, damals Anfang zwanzig
und schon einen ganze Weile arbeitslos und eigentlich nicht mit letzter Energie gewillt, an diesem Umstand etwas zu ändern, war vollkommen
empört, dass für ihren kleinen Sohn nicht sofort
ein Ganztagesplatz zur Verfügung stand. Oma
und Opa finanzierten sich auch schon seit einiger
Zeit über staatliche Unterstützung und daraus
kann ja auch mal eine Familientradition entstehen. Bei Leuten, dieser Einstellung muss der
Staat sich noch einmal genau überlegen, ob er
einen guten Schnitt macht, aber das nur nebenbei.

Also das Kind ist jetzt in der Kita und wird von gut ausgebildeten Fachkräften betreut. Hier lernt Klein –Justin das Gesetz des Stärkeren von der Pike auf kennen und vielleicht auch ein paar Brocken Englisch, im Rahmen der frühkindlichen Förderung als erste Vorbereitung auf die spätere Karriere.

Leider gibt es, abhängig vom Alter der Kinder, nur eine Erzieherin für eine bestimmte Anzahl von Kindern. Hierin besteht für Justin, abgesehen von der ersten Trennung von Mama, der erste Unterschied zum Zuhausesein. Glaubt man anerkannten Spezialisten auf dem Gebiet der kindlichen Seele, wie Jesper Juul aus Dänemark, dem Schweizer Remo Hans Largo oder Steve Biddulph aus Australien , so findet sich hier die erste Verlusterfahrung, verbunden mit einer Verletzung des kindlichen Urvertrauens, einhergehend mit einer ersten Narbe. Deshalb versuchen die Erzieher ihr Bestes, einen adäquaten Ersatz zu bieten. Aber auch die größte Motivation und Empathie der Kindererziehungsprofis geht mit steigender Be- und irgendwann auch Überlastung verloren. In Anbetracht der Arbeitsleistung dieser Leute und der Erwartungshaltung, die an sie gestellt wird, ist die Wertschätzung dieses Berufes, ablesbar am Gehalt und Lob, eher gering. Darüber hinaus wird diese Berufsgruppe immer wieder mit kranken Kindern konfrontiert. Unter meinen Patienten finden sich etliche Menschen, in erster Linie Frauen, die in dieser Branche arbeiten. Häufig sind sie betroffen von Infekten der oberen Atemwege. Sie sehen einen deutlichen Zusammenhang damit, dass kranke Kinder unter Zuhilfenahme von fiebersenkenden Säften und Nasenspray kitatauglich gemacht und dort abgegeben werden. Dies ist beim Übergabezeitpunkt noch nicht klar erkennbar, sondern erst wenn das Fieber der Kinder steigt oder die anderen Symptome wieder durchkommen. Und dieser viralen Breitseite ist das Personal natürlich auch ausgesetzt. Ein Schelm, wer Böses dabei denkt. Andererseits, was bleibt den Eltern übrig, wollen sie nicht ihren Arbeitsplatz riskieren?

Die Befürworter der frühzeitigen Eingewöhnung der Kinder in Gemeinschaftseinrichtungen argumentieren hingegen mit der wachsenden Sozialkompetenz, die ein Kind dort erwerben kann. Erstaunlich ist für mich nur, dass es Kinder gibt, die doch eigentlich daran gewöhnt sein müssten, da sie es schon seit Jahren nicht anders erlebt haben, nach der Einschulung wieder jahrelang täglich in mitleiderregendes Klagen verfallen, wenn sie morgens von ihren Eltern in der Schule abgegeben werden. Dass es sich um eine erneute Trennungserfahrung handelt, scheint nicht unbedingt auf der Hand zu liegen. Abgesehen davon geht es den betroffenen Eltern in diesen Situationen ja auch nicht gerade gut, Zufriedenheit geht anders.

Den eben erwähnten kinderpsychologisch arbeitenden Fachleuten bereiten diese gesellschaftlichen Entwicklungen Sorgen, da sie die Befürchtung haben, dass diese in der Kindheit entstandenen Narben auf der Seele die Kinder bis ins Erwachsenenalter verfolgen könnten und die psychischen Störungen absehbar seien. Ob sie Recht haben oder diejenigen, die einen gegenteiligen Standpunkt vertreten, weiß ich nicht, das Thema wird seit Jahren kontrovers diskutiert und ein Ende der Diskussion ist nicht absehbar.

Nach erfolgreichem Abschluss des Kindergartens folgt für Justin die Schulzeit und damit verbunden das Wiedersehen mit Ludwig, vor dem er schon in der Krippe jahrelang Angst hatte .

Schule. Ein Thema, zu dem ich eine Menge Fragen hätte. Alle paar Jahre wird die Neuauflage der sogenannten „Pisa Studie" veröffentlicht und Deutschland findet sich regelmäßig auf sehr mittelmäßigen Plätzen in diesem internationalen Schulvergleich. Diese Ergebnisse führen immer wieder dazu, dass man auf Seiten der Schulpolitik in blinden Aktionismus verfällt, um etwas zu ändern, die Änderungsvorschläge jedoch in aller

Regel kostenneutral zu erfolgen haben. Die Schulen sollen allen Ernstes bei ohnehin schon bekanntem Mangel an qualifiziertem Personal bessere Ergebnisse abliefern. Dabei wird gerne Finnland als Vorbild genommen, nur dort sind alle Kinder, die die Schule besuchen der einheimischen, finnischen Sprache mächtig, was das Arbeiten mit diesen Kindern deutlich erleichtert. Dies ist in Deutschland, glaubt man den Lehrern, und eigentlich gibt es keinen Grund dies nicht zu tun, nicht der Fall. Der nächste entscheidende Unterschied ist die Klassengröße. Diese ist in Finnland nämlich im Schnitt nur halb so groß, wie bei uns. Wie soll ein Pädagoge 28 Kindern genauso intensiv den Stoff beibringen können, wie es ihre Kollegen tun, die nur mit 15 Schülern pro Klasse arbeiten? Will man hier echte Fortschritte sehen, muss man einfach eine Menge mehr Geld in die Hand nehmen, denn eine gute Ausbildung der Kinder bedeutet ja auch für den Staat eine Investition in die Zukunft. Andererseits betrachtet man, was am Ende herauskommt und versuchen wir die Beurteilung anhand der Wirtschaftsleistung oder der Arbeitslosenquote Deutschlands im internationalen Vergleich festzumachen, kann das bisherige System so schlecht nicht gewesen sein. Dennoch besteht zweifelsohne Verbesserungsbedarf. Dazu sollte man jedoch Diejenigen zu Wort kommen lassen, deren Beruf das Unterrichten von Kindern ist und die davon die meiste Ahnung haben sollten und deren Erfahrung in zukünftige Planungen mit stärkerer Gewichtung einfließen lassen. Denn entgegen ihres Rufes sind Lehrer meines Erachtens durchaus Experten ihres Faches, allerdings mit einer mittlerweile von Mankos behafteten Ausbildung. Pädagogik scheint, zumindest bei angehenden Gymnasiallehrern, im Laufe ihres Studiums nur am Rande behandelt zu werden, obwohl ihnen immer mehr pädagogische Aufgaben zukommen. Viele Eltern sind doch der festen Überzeugung, dass die Erziehung ihrer Kinder Aufgabe von Kindergarten und Schule sei. Abgesehen von Ausbildungsmängeln ist ein weiteres Defizit, dass die einzige Qualifikation für den Beginn eines Lehramtstudiums das bestandene Abitur darstellt. Wird im Anschluss an die Schulzeit das Studium irgendwie über die Bühne gebracht, steht nach einer Probezeit einer Verbeamtung nicht mehr viel im Weg, was für einige Angehörige dieser Berufsgruppe leider ein Motivationshemmer zu sein scheint. Und das geht klar zu Lasten der engagierten Lehrer, von denen ich viele kenne und die ebenfalls unter den herrschenden Vorurteilen leiden müssen. An der Schule meiner Kinder gibt es etliche Beispiel für diese wirklich tollen Lehrer und bestimmt auch an allen anderen Lehranstalten. Wie viel Freizeit investieren Lehrer in Arbeitsgemeinschaften oder in ihre Fächer, wenn ihr Herz daran hängt? Die Einrichtung von regelmäßigen Theateraufführungen, Konzerten, Musik Cafés , der Aufbau eines funktionierenden Computernetzwerks an der Schule, Organisation von Fahrten und das Begleiten von gemeinsamen Unternehmungen in der Freizeit findet man an jeder Schule.

All Denjenigen, die grundsätzlich mit den langen Ferien und der guten Besoldung argumentieren, möchte ich einen Gedanken mitgeben, den ein Lehrer bei einem Interview im Radio äußerte: Denken Sie einfach einmal an einen Kindergeburtstag mit 10 Kindern, der sich über 4 Stunden hinzieht, wie froh sind Sie, wenn Sie ihn überstanden haben? So geht es Lehrern jeden Tag. Dass da ein gewisser Bedarf an Erholung besteht, sollte jedem, der Kinder hat, einleuchten. Abgesehen davon hat, wie überall in der Bevölkerung zu beobachten, auch in der Schule der vor Jahren noch selbstverständliche Respekt massiv nachgelassen. Reziprok dazu haben die möglichen Maßnahmen der Disziplinierung abgenommen. Auch Polizei und Rettungskräfte können dieses Phänomen bestätigen.

Was mir am meisten Sorgen bezüglich des deutschen Schulsystems bereitet, ist die in den letzten Jahren zunehmende, hierarchische Betrachtung der Schularten. Die Idee, die vermutlich zu der Dreiteilung der weiterführenden Schulen führte, war zunächst eine finanzielle. Da es einerseits eine allgemeine Schulpflicht gab, aber es sich andererseits nicht alle Familien leisten konnten, ihre Kinder bis zum Abitur in die Schule zu schicken, wurde ein Modell entwickelt, in dem nicht volljährige Jugendliche gleichzeitig einer vergüteten Ausbildung nachgehen, aber in der begleitenden Berufsschule weiter ihrer Schulpflicht nachgehen konnten, die duale Berufsausbildung, um die uns viele Länder beneiden. In die Zwischenzeit zwischen Grundschule und Lehre hat man die Hauptschule integriert. Was könnte man aus dieser Schulform nicht alles machen? Zu allererst betrachte man die unterschiedlichen Interessen und Begabungen der Kinder und Jugendlichen. Da sind auf der einen Seite die, die schon als Kinder die tollsten Sachen basteln können oder technische Geräte zerlegen und wieder funktionsfähig zusammensetzen, sich aber schwer mit irgendwelchen Texten oder Rechenarten tun. Die anderen sind die, die eher durch soziale Kompetenz hervorstechen, ihren Vorsprung im Umgang mit Menschen haben, oder

diejenigen, die schon als Kinder Wüstenbewoh-
nern eine Hochwasserversicherung verkaufen
können, weil sie einfach Menschen für sich einnehmen können. Wieder andere gehen Menschen lieber aus dem Wege und arbeiten mit
Zahlen oder setzen etwas um, was andere erdacht haben und nicht zuletzt gibt es die kleinen
Wissenschaftler. Führt man sich diesen Umstand
vor Augen, dass alle Jugendlichen ihre eigenen
Talente besitzen, dass eben nicht alle gleich sein
können, so könnte man für jeden die richtige
Förderung auf einer der drei Schulformen voran-
treiben und eine wirklich gute Basis für den Eintritt in die Berufsausbildung schaffen. Das bedeutet, dass man auf der Hauptschule zum Beispiel
die handwerklichen Fähigkeiten vorantreibt und
verfeinert, gleichzeitig die notwendigen Rechenarten vermittelt und das ganze mit Allgemein-
bildung abrundet ohne dabei zu vergessen, den
Jugendlichen den Sinn ihrer Ausbildung vor Augen zu führen. Die Realschule wiederum könnte
eine ideale Grundlage für kaufmännische oder
Verwaltungsberufe darstellen und das Gymnasium sollte die Grundlagen für die Aufnahme eines
Studiums vermitteln. Auf deutsch gesagt, schafft
jede Schulform ihre Art von Spezialisten. Für den
Handwerks- oder Industriemeister findet sich ein
großer Pool an gut vorbereiteten Schulabgän-

gern von der Hauptschule, die er wunderbar in seinen Lehrbetrieb integrieren kann, Verwaltungen, kaufmännische, soziale oder Dienstleistungsbetriebe finden ihren Nachwuchs ideal an der Realschule und Hochschulen rekrutieren ihren Nachwuchs an Gymnasien.

Ohne jegliche Wertung im Sinne von höher- oder minderwertig, einfach nur die individuell passende Form. Natürlich müssten wir dafür ein paar Ideologien über Bord werfen und das ginge natürlich nicht von heute auf morgen, aber das jetzige, verfahrene System ist ja auch nicht in einer Nacht vermurkst worden. Außerdem müsste viel Geld in das System fließen, aber das sollten uns unsere Kinder beziehungsweise zumindest deren Kinder Wert sein, denn mit der jetzigen personellen Ausstattung sind keine großen Sprünge zu machen und unter der jetzigen Belastung bekommt man auch den motiviertesten Lehrer mürbe. Verbessert man jedoch deren Arbeitsbedingungen, sähe ich durchaus Chancen, dass wieder mehr Pädagogen das ursprünglich vorgesehene Pensionseintrittsalter im Beruf erreichen und nicht vorzeitig wegen Überlastung ausscheiden. Dies hätte den Vorteil, dass man gar nicht so viel mehr an Personal benötigen würde.

Für diejenigen Schüler, die eine anfänglich falsche Wahl getroffen haben, müssten Brücken zu anderen Schulformen existieren. Ein ähnliches System habe ich zu meiner Schulzeit in Baden-Württemberg in den Siebziger- und Achtzigerjahren kennengelernt. Es musste einfach nicht jeder auf ein Gymnasium gehen, um ein vollwertiger Mensch zu bleiben, sondern es fand trotzdem jeder sein Plätzchen. Im Laufe der Zeit haben es bestimmte politische Gruppierungen jedoch geschafft, die Menschen davon zu überzeugen, dass alle Menschen gleich wären. Konform halt. Das ist doch kompletter Unsinn, gleichwertig ist richtig, aber nicht gleich.

Dies hat leider dazu geführt, dass Kinder, die nicht auf die gleiche Schule, wie allen anderen gehen, minderwertiger sind, ergo alle müssen auf das Gymnasium, dessen Niveau sich dem Massenansturm von Schülern anpassen muss und die Universitäten sich Kandidaten gegenüber sehen, die überhaupt nicht studientauglich sind. Großartig. Gleichzeitig finden die Lehrberufe keine passenden Auszubildenden, weil in der Schule Niemand gescheit an diese herangeführt wurde. Also, wann kommt endlich der Sinneswandel, der es Eltern und Kindern wieder ermöglicht, die Schulform auszusuchen, die ehrlich passend erscheint und nicht welche gesellschaftlich anerkannt ist, da es schließlich wieder jede wäre? Die Zeit ist reif für einen Paradigmenwechsel, weg von der Ideologie einer allgemeinen Gleichheit. Ich glaube auch nicht, dass Irgendjemand gleich, sondern jeder nach seiner Fasson zufrieden sein möchte.

Schaffen wir es unseren Kindern eine zufriedene Schulzeit zu bescheren, zahlen die es uns mit Sicherheit mit Leistung zurück.

Apropos Leistung. Mir fallen immer wieder Lehrer auf, die durch unglaubliche Begeisterung für ihren Beruf und ein entsprechendes Engagement hervorstechen. Warum werden die nicht dafür besonders honoriert? Man nimmt sie einfach nur wohlwollend wahr, ab und zu ein paar lobende Worte vom Schul- oder Fachbereichsleiter, das war es. In meinen Augen nicht genug, es wird Zeit, dass man die Wertschätzung, die diese hochmotivierten Leute verdient haben, auch an deren Bezahlung ablesen kann, Leistung muss einfach belohnt werden, es wäre einfach nur fair. Wenn ich zum Beispiel die altsprachlichen oder musikpädagogischen Lehrer an der Schule meiner Kinder hervorhebe, tue ich tausenden von anderen Unerwähnten unrecht, ich mache es trotzdem und weiß, dass die von mir unfairer-

174

weise Unerwähnten, guten Leute wissen, dass ich auch sie meine.

Die Zeiten haben sich dahingehend geändert, dass offensichtlich viele Leute die Familienpolitik mit dem verbrieften Recht auf Betreuung ihrer Kinder ab dem frühesten Alter so verstanden haben, dass sie für die Erziehung nicht mehr zuständig seien. Diese Einstellung haben zuerst die Kinderbetreuungsstätten und später die Schulen auszubaden und zu kompensieren. Rein zeitlich gesehen funktioniert es auch ganz gut, das Angebot der Ganztagsbetreuung wächst stetig, doch personell ist es nach wie vor mau. Bei voller Besetzung mag es funktionieren, aber sobald Personal wegen Krankheit, Fortbildung oder Urlaub ausfällt, wird es schnell eng. Etliche meiner Patienten sind Erzieherinnen, die diese beschriebene Situation mit einer gewissen Verzweiflung schildern. Einige von ihnen machen einen ganz schön erschöpften Eindruck. Die Erwartungshaltung der Eltern steigt in zunehmenden Maße, die Vorbereitung auf die Karriere kann nicht früh genug beginnen, wobei sie selbst immer seltener Lust auf Erziehung haben, sehen ihre Kinder eigentlich möglichst nur noch fix und fertig bearbeitet im Freizeitmodus. Also wenn nun all diese Aufgaben auf Erzieher und Lehrer

zusätzlich zukommen, dann sollten die Kinder wenigsten konform sein, so einheitlich wie möglich. Die Grundschule meiner Kinder war in meinen Ohren erschreckend ruhig im Vergleich zu der Erinnerung an meine Schulzeit, fand ich furchtbar,
lautere Kinder wurden gleich gemaßregelt.
Nachmittagsbetreuung war in meinen Augen kaum mehr als Verwahrung. Während der Hausaufgabenzeit wurde nur darauf geachtet, dass die Kinder etwas taten, ohne ihnen Unterstützung zukommen zu lassen, da das Personal denkbar unqualifiziert war. Diese Hausaufgabenzeit war in Anbetracht der Sinnlosigkeit einiger Hausaufgaben und der Regelmäßigkeit mit der sie aufgegeben wurden, auch Grund für die Hausaufgaben überhaupt, im Sinne eines Selbstzweckes. Was hätten die überforderten Aufseherinnen denn sonst mit den Kindern in dieser Stunde anfangen sollen? In meinen Augen nur grausam. Und da wären wir bei einem Thema, an dem ich mich festbeißen könnte: Hausaufgaben. Der pädagogische Wert von Hausaufgaben dürfte inzwischen widerlegt sein, zumindest, wenn sie so aufgegeben werden, wie es üblich ist: Gießkannenartig für alle Kinder die gleichen Aufgaben. Der Lehrer weiß schon vor der Stunde, was er aufgibt. Wie sinnlos! Aber während der Stun-

de darauf zu achten, wer bei welcher Aufgabe welche Probleme hat und individuelle Aufgaben zu stellen, scheint zu viel verlangt zu sein. Es wäre doch sinnvoll, den Kindern eine für ihn schwierige Aufgabe zu stellen, das Kind dann aufzufordern, soweit zu arbeiten, wie es ohne fremde Hilfe kommt, um dann am Folgetag das Defizit zu erkennen. Wohin gegen ein Kind, das die Aufgaben beherrscht von Wiederholungen mit Sicherheit nicht profitiert. Ist doch logisch, denn bei jeder Wiederholung einer in den Augen des Kindes stupiden Aufgabe lässt doch dessen Motivation nach und irgendwann macht der Schlaueste aus reiner Langeweile Fehler. Denken Sie einmal darüber nach, würde es Ihnen nicht genau so ergehen? Dreimal schreiben Sie das Diktat richtig, vielleicht viermal, irgendwann schleicht sich mit Sicherheit ein Fehler ein. Aber es scheint zunehmend üblich zu sein, ganze Stunden mit der Besprechung der Hausaufgaben zu verbringen und dann neue aufzugeben. Das ist doch kein Unterricht.

Hier sehe ich eines der größten Probleme in unserem System. Die Kinder werden nicht als Individualisten gesehen. Wie viel Potenzial wird hier verschenkt? Wie viele sehr intelligente Kinder fallen gar nicht auf und werden nicht gefördert. Da sich das Tempo grundsätzlich an den

177

Schwächsten orientiert, sind die mit der schnelleren Auffassungsgabe oft gezwungen, wochen-
lang auf einen Fortschritt im Unterricht zu warten und beginnen sich zu langweilen. Dann fallen
sie dadurch auf, dass sie den Unterricht stören,
weil sie sonst nicht wissen, was sie tun sollen.
Schlimmstenfalls werden hochintelligente Kinder
als psychisch auffällig verkannt, obwohl man
ihnen einfach nur Aufgaben geben müsste, die
sie interessieren und fordern, das könnte sogar
parallel zum Unterricht der Anderen geschehen.
Aber nein, es müssen ja Alle gleich behandelt
werden. Und wenn diese Kinder diese für sie
langweiligen Aufgaben zuhause nochmal machen
müssen, können Sie sich deren Begeisterung vorstellen. Hausaufgaben können sich dann über
Stunden hinziehen, obwohl sie eigentlich schnell
zu erledigen wären, einfach, weil das Kind unglaublichen Widerwillen dagegen empfindet und
sich bestraft fühlt und das kann sich über Jahre
hinziehen, ich spreche aus Erfahrung.
Und die Kinder mit weniger Verständnis für den
Stoff sollten von Umfang und Schwierigkeitsgrad
nicht überfordert werden, um unnötigen Frust zu
vermeiden. Wie ich schon erwähnte, sollten sich
diese Kinder zuhause kurz, und ich meine wirklich kurz, mit unverstandenen Aufgaben beschäftigen, um herauszubekommen, wo ihre

Probleme liegen und wo ein Ansatz zu deren Lösung liegt.
Nächstes Problem ist die Umsetzung der Inklusion in Deutschland. Mir ist schon klar, dass diese als Menschenrecht von den Vereinten Nationen vorgegeben wurde, aber ich glaube, dass Länder wie Sambia oder Uruguay nicht mit dem vorauseilenden Gehorsam vorgeprescht sind, wie wir. Mit heißer Nadel gestrickt, wurde den Schulen mitgeteilt, dass zukünftig zu inkludierende Schüler aufgenommen werden müssen, aber wie dies genau zu geschehen habe, wurde den Schulen nicht gesagt. Super. Sonderpädagogen wurden in beschämender Anzahl den Lehrern der Regelschulen an die Seite gestellt und dann macht mal. Das ganze mit dem Ziel, soviel wie möglich Förderschulen, die für viele dieser Kinder ein Segen waren, zu schließen. Kinder mit unübersehbaren Handicaps, die von vorherein überfordert sind, und denen ihre Handicaps durchaus bewusst sind, werden auf die Schulen verteilt und fühlen sich, da sie kaum mithalten können, gleich als Verlierer, nur damit zeitnah eine Resolution umgesetzt werden kann. So geht das doch nicht. Ist das in dieser Form eine wirkliche Chance für sie oder eine weitere Frustration auf ihrem Weg? Mit einem guten Konzept könnte es vermutlich klappen, warum diese Eile?

Deprimierend ist für mich auch mit anzugucken, wie mit dem Thema Mobbing umgegangen wird. Viele Schulen habe inzwischen ein Antimobbingkonzept erarbeitet, das ist gut. Nur die Umsetzung hängt sehr davon ab, wie wichtig es dem einzelnen Lehrer wirklich ist. Bei meiner Tochter wurde in einer dafür vorgesehenen Stunde eine von einer Mitschülerin mitgebrachte CD angehört und der Klassenlehrer hat in der Zwischenzeit den Raum verlassen. So funktioniert so etwas Wichtiges nicht. Da muss Überzeugungsarbeit geleistet werden, die sich dann aber auszahlen kann. Wie ich bereits vor einigen Kapiteln erwähnt habe, halte ich das Angehen dieses Problems für extrem wichtig, da man damit die Verletzung von vielen Kinderseelen verhindern könnte. Hier ist die Aufmerksamkeit der Schulen wirklich gefragt. Hier sollte den Kindern eingeschärft werden, dass sie Mobbingfälle an Mitschülern vertrauensvoll melden können und müssen. Die Täter sind dann zu isolieren und die Konsequenzen so gestaltet werden, dass sie wirklich damit aufhören. Etliche von ihnen verfügen nämlich durchaus über die Vernunft, um zu verstehen, was sie langfristig mit ihrem Handeln anrichten können. Nicht bei jedem Mobber hat ein Dilettant die Verschaltung der Synapsen

übernommen und total vergurkt, so viele Sozio-
pathen kann es doch gar nicht geben. Also, frisch
ans Werk.

Eine Idee könnten gut gemachte Filme als Hilfsmittel darstellen. Allerdings müssten diese im
Sinne der Jugendlichen „cool" gestaltet sein, damit sie in deren Bewusstsein vordringen können,
aber da es in Deutschland genügend gute Filme-
macher gibt, sollte dies nicht das Problem sein
und da viele Schauspieler über ein weitreichen-
des soziales Engagement verfügen, sollte es auch
an der Besetzung nicht scheitern.

Alle Menschen sind gleich

„Sei die Veränderung der Welt, die Du Dir wünscht" sagte einst Mahatma Gandhi, ein Mann der unzweifelhaft mit friedlichen Mitteln Vieles im positiven Sinne verändert hat.
In unserem Lande besagt ein wichtiger Grundsatz unserer Verfassung, dass vor dem Gesetz alle Menschen gleich seien. Das bedeutet aber nur, dass Weltanschauung, Religion, Geschlecht, Sexualität, politische Meinung und so weiter vor Gericht oder Behörden nicht zu einer anderen Behandlung führen dürfen, als es eine andere getan hätte. Das Grundgesetz behauptet nicht, dass alle Menschen gleich seien und das sind sie ganz offensichtlich auch nicht, schon optisch unterscheiden wir uns und in den im Gesetz festgeschriebenen Punkten eben auch. Außerdem verfügt jeder Mensch über andere Fähigkeiten und Begabungen, Interessen und Vorlieben, Geschmack und Abneigungen und das ist der Punkt, wo Toleranz gefragt ist. Hier müssen wir unsere eigene Großzügigkeit suchen, unser Gehirn einschalten und Vorurteile hinterfragen. Wir haben in Deutschland die große Chance einer guten Bildung. Jedes Kind lernt lesen und hat damit Zugang zu Informationen, kann sich also anhand dieser Informationen ein Bild machen. Das war

nicht immer so und ist in weiten Teilen der Welt auch heute noch nicht Realität. In dem Moment, in dem Menschen ihre Informationsquellen nicht frei wählen können, sind sie von der Meinung Anderer abhängig. Diese können, wenn sie gute Rhetoriker sind, den größten Unsinn erzählen und er wird ihnen kritiklos geglaubt und sie machen sich diesen Umstand zunutze. In früheren Zeiten wurden von den Herrschern Herolde und Ausrufer benutzt, die in den Ortschaften verbreiteten, was das Volk wissen sollte, heute sind die Kommunikationswege moderner geworden. Da wir uns jedoch so vorzüglich über unsere Vorfahren aufregen können, verweile ich noch kurz in der Historie. Eine bedeutende Macht lag in der Hand der Kirchen. Ihre Priester waren gebildete Leute, ausgestattet mit der Kenntnis der lateinischen Sprache, in welcher die Bibel gedruckt war. Da die Menschen gottesfürchtig waren, suchten sie regelmäßig die kirchlichen Messen auf, in denen der Priester die Worte Gottes verkündete. Doch er beließ es nicht dabei. Selbst wenn unter seinen Schäfchen einige des Lesens kundig waren, so konnte er sicher sein, dass keiner außer ihm in der Kirche Latein beherrschte. Dies nutzte die Institution Kirche aus und beeinflusste die Menschen in ihrem Sinne, schreckte auch nicht vor Unwahrheiten, was den Inhalt der

Bibel betraf, zurück, es konnte ja keiner überprüfen. Dies änderte sich erst mit Luthers Übersetzung der Bibel ins Deutsche, danach konnten zumindest Alphabeten deren Inhalt ergründen, wenn sie denn ein Exemplar besaßen und die Zeit dazu hatten. In vielen Ländern wird dieser Umstand des weit verbreiteten Analphabetismus noch heute ausgenutzt, um die Menschen zu indoktrinieren und bei Betrachtung der Bilder des religiösen Terrors schütteln wir ungläubig den Kopf und verurteilen diese Menschen als zurückgeblieben. Aber vergessen wir dabei nicht sehr schnell, dass wir doch eigentlich Nichts dazu getan haben, hier geboren zu sein und den Luxus der Bildung zu besitzen? Vergessen wir nicht ganz schnell, dass auch wir, wenn wir die Wahl unserer Informationsquellen nicht immer wieder kritisch hinterfragen, auch der permanenten Manipulation ausgesetzt sind? Früher gingen Menschen davon aus, dass, was im Fernsehen verbreitet wurde, stimmen musste, heute übertragen wir diese Meinung auf das Internet, obwohl sich die Möglichkeit der Verfälschung von Informationen vervielfacht hat. Wer erkennt schon auf einem Bild eine nachträglich eingefügte Veränderung? Also Vorsicht auch bei der Beurteilung Anderer! In der Zeit des auf zwölf Jahre verkürzten tausendjährigen Reiches zwischen

1933-1945 war politische Manipulation an der Tagesordnung, damals wurde sie ganz offensiv betrieben. Es gab das von Joseph Göbbels geführte eigens dafür ins Leben gerufene Propagandaministerium und die Leute folgten den damaligen Demagogen, weil politische Botschaften so verpackt wurden, dass ein großer Teil der Bevölkerung zustimmte. Dies ist die Macht der Sprache, wer sie beherrscht, besitzt ein gut funktionierendes Werkzeug. Man hat es geschafft, Menschen einen Krieg schmackhaft zu machen. Ganze Bevölkerungsgruppen wurden zunächst diskreditiert und als die Stimmung im Lande reif war, ausgelöscht. Dass dabei die Juden im Fokus standen, hatte sicherlich viele Gründe. Einer davon war, dass das Feld des Judenhasses bereits seit Jahrhunderten bestellt war. Bereits im Mittelalter verbat man ihnen die Mitgliedschaft in Handwerksgilden, was Grundvoraussetzung für die Ausübung eines handwerklichen Berufes war. Sie hatten schließlich Jesus auf dem Gewissen. Was für eine unsinnige Argumentation, es gab doch praktisch nur Juden, wer hätte ihn, außer Atheisten, denn sonst umbringen sollen? Naja und was sollten die vom Handwerk ausgeschlossenen Juden tun, da sie ja auch von irgendetwas leben wollten? Sie intensivierten den Geldhandel, wurden damit reich und hatten noch mehr

Feinde und Verschwörungstheoretiker von heute sind nach wie vor der festen Überzeugung, die Juden seien noch heute Schuld an allem Unglück dieser Erde. Es ist doch so schön die Schuld bei Anderen suchen zu können.

Heutzutage wird auch in demokratischen Staaten noch von Seiten der Politik manipuliert, die Vorgehensweise ist meines Erachtens jedoch subtiler, sie besteht nämlich in der Dosierung von Informationen und das ist in mancher Hinsicht eventuell auch gar nicht so schlecht. Was meine ich damit? Politiker tragen eine große Verantwortung für das Wohlergehen eines ganzen Volkes und wenn sie ein einflussreiches Land regieren, geht die Verantwortung noch viel weiter. Extremes Beispiel gefällig? Die Regierungen der Vereinigten Staaten, Russlands, Chinas und einiger anderer Länder sind in der Lage, Entscheidungen zu treffen, die die ganze Welt betreffen. Es dürfte nur schwierig durchzusetzen sein, dass die ganze Welt diese Regierungen mitwählen darf, die werden uns einen Vogel zeigen, zumal einige ja nicht einmal auf demokratischem Wege gewählt sind.

Zurück zur dosierten Informationsweitergabe. Da das Handeln vieler Menschen unberechenbar ist, kann es ganz gut sein, wenn sie nicht Alles mitbekommen, was sie ärgern könnte, sie könnten unkontrolliert und gegebenenfalls gewalttätig reagieren, was zu einem größeren Schaden führen würde, als fehlende Informationen, denn deren Fehlen löst meistens noch nichts aus, schon gar keine Panik . Hier ist es eine echte Gratwanderung für die Politik, zumal sie auch immer damit rechnen muss, dass das Verschwiegene doch noch irgendwie publik wird und dann käme sie in Erklärungsnot. Zu den Zeiten als der Osten Europas unter dem Einfluss des real existierenden Sozialismus stand, gab es in einigen Ländern offiziell noch nicht einmal Naturkatastrophen, die Leute hätten ja denken können, die Machthaber hätten etwas damit zu tun.

Wie schwer es ist, den Menschen entgegenzutreten, die Hass sähen, erfahren wir jeden Tag aufs Neue. Wir haben ihnen gegenüber das Gefühl der Wehr- und Hilflosigkeit, doch wir sind es nicht. Jeder Einzelne von uns hat natürlich nur begrenzten Einfluss auf Andere, viele finden tatsächlich kein Gehör und der Weg ist steinig und mit Rückschlägen gepflastert und dennoch ist es immer wieder wert, mit Hilfe von Worten, positiv auf unsere Umwelt einzuwirken. Oft ist man konfrontiert mit Gewalt, bekommt es mit der Angst zu tun und schweigt lieber.

Meine Lieblingsjugendbücher sind die Ismael – Trilogie des australischen Autors Michael Gerard

Bauer, sie sind geradezu ein flammendes Plädo-
yer für Toleranz, welche mit Sprache erreichbar
ist. Jeder der Kinder hat, sollte sie lesen. Sie lassen einen lachen, weinen und mitfühlen und ich
glaube, das Beschriebene kann funktionieren,
der erste Teil heißt „Nennt mich nicht Ismael",
beginnt etwas merkwürdig, nimmt dann aber
richtig Fahrt auf. Im Übrigen ist Mister Bauer ein
netter Typ, ich hatte zwei nette Schriftwechsel
via Facebook mit ihm.

Was Du nicht willst, das man Dir Tu, das füge
keinem Andren zu. Mit dieser Plattitüde kann
alles beginnen. Machen wir uns doch einfach
einmal klar, dass wir mit jedem Anderen Menschen etwas ganz wesentliches teilen: Gefühle.
Gibt es Menschen, die keine Angst, Schmerz,
Verletzung, Zuneigung, Verbundenheit, Freude,
Trauer empfinden können? Nein, der Eine oder
Anderen ist nur teilweise seines natürlichen
Empfindens beraubt worden, vielleicht durch
traumatische Erlebnisse, die in Teilen seines Ge-
hirns einen solch großen Schaden hinterlassen
haben, dass die dort normalerweise produzierten
Emotionen minimiert oder verschwunden sind.
Oft überwiegen dann andere Emotionszentren.
Sicher gibt es auch einige wenige, bei denen von
Geburt an emotionale Defizite bestehen. Hier ist

es wirklich schwierig, mit Argumenten, die die Gefühlswelt ansprechen, zu punkten, denn wer Gefühle nicht kennt, kann sie nicht nachvollziehen. Ein Mensch der die Farbe grün nicht kennt, weiß auch nachdem man sie ihm erklärt hat nicht, wie sie aussieht, doch ich glaube die meisten sind berührbar und hier liegt unsere Chance. In unserer kleinen Welt bedeutet dies als allererstes Freundlichkeit gegenüber jeder anderen Person, denn wenn sie sich in unserer Gegenwart wohlfühlt, steigt ihre Stimmung. Sie kommt, wenn sie uns kennt, gern zu uns und verlässt und mit guter Laune. Natürlich bin ich auch nicht immer gut gestimmt, haben schon morgens vor Praxisöffnung irgendwelche Begebenheiten meine Laune verhagelt, doch wenn ich mir klar mache, dass es mir persönlich nichts nutzt, meine Empfindlichkeit weiterzugeben, dann geht es meisten schon wieder, es ist oft nur ein Moment des Innehaltens. Denn geteiltes Leid ist halbes Leid bedeutet etwas ganz anderes. Dieses Sprichwort besagt doch im umgekehrten Sinne, dass, wenn man Menschen einen Teil ihres Leides abnimmt, ich betone abnimmt, so erleichtert man dessen Schicksal und nicht, dass man Anderen etwas von seinem Leid abgeben soll. Ist wahrscheinlich nicht Jedem klar, muss man erst einmal darüber nachdenken.

Zurück zu den Gefühlen. Wenn mir auffällt, dass mich etwas kränken könnte, was ich vorhabe , einem Anderen gegenüber zu sagen, dann lass ich es einfach bleiben, denn ich möchte doch Niemanden traurig machen, es bringt doch nichts. Wahrscheinlich kennen Sie Leute, die es immer wieder schaffen gute Stimmung zu verbreiten, Leute bei denen metaphorisch gesehen (meine Tochter hat mir untersagt, in diesem Zusammenhang das Wort buchstäblich zu benutzen), die Sonne aufgeht, wenn sie einen Raum betreten. Und vielleicht haben Sie sich auch schon einmal gewünscht, solch ein Mensch zu sein, das wäre ein guter Anfang. Sie brauchen nämlich gar keine Stimmungskanone zu sein, um etwas zu bewirken, sondern es werden auch leise Stimmen gehört und eine gewisse Ausstrahlung kann man sich auch erwerben, wenn die Menschen Ihre Freundlichkeit immer wieder erfahren.

Wir haben aber noch viel mehr Einfluss, viel mehr als wir denken. Wie ich schon früher einmal erwähnte, glaube ich, dass sogenannte Win-Win-Situationen sehr selten sind. Vor einigen Jahrhunderten machten sich unsere europäischen Vorfahren auf den Weg, um die Welt auf dem Land- und später auch auf dem Seeweg zu erkunden. Dabei trafen die Seefahrer auf Völker in Afrika, Asien und Amerika, die noch deutlich stärker mit der Natur verwurzelt waren, als sie selbst. Von neuen technischen Errungenschaften hatten sie noch nichts gehört, das Christentum war ihnen fremd und sie traten den Seglern mit einer gewissen Naivität gegenüber. Diese Naivität der Einheimischen, gepaart mit der Unterlegenheit der Waffen, nutzten die Weltentdecker aus, um sie zu unterwerfen. Die Europäer konnten sich nicht vorstellen, dass diese Menschen mit ihrem bis dahin geführten Leben zufrieden waren, nein in ihren Augen führten sie nur ein so einfaches Leben, weil sie nichts anderes kannten. Das musste schleunigst geändert werden. Man nahm den Menschen das Land weg, gründete Kolonien, die man im weiteren Verlauf der Jahre ausplünderte und drängte den Menschen europäische Sicht- und Lebensweisen auf, die eigentlich gar nicht zu ihnen passten. Dieser Zustand änderte sich im weiteren Verlauf über Jahre nicht mehr. Erst als die Länder ausgebeutet, die Stämme hoffnungslos verstritten waren und den Menschen ein Großteil ihrer Lebensweise genommen war, als man ihnen die europäische Denkweise eingepflanzt hat und sie zum christlichen Glauben gezwungen hatte, verließ man die Länder wieder in einem Zustand der Unordnung und gab ihnen die Unabhängigkeit. Auf einem

Teil des Reichtums, den wir uns durch unsere kolonialistische Ausbeutung verschafft haben, ist unser heutiger Wohlstand begründet. Ich finde, wir schulden diesen Menschen unglaublich viel. Viel von dem Schaden der angerichtet wurde, ist leider nicht mehr rückgängig zu machen, einiges Positive ließe sich jedoch dennoch bewirken. Wir müssen langsam damit aufhören, diesen Menschen kleine Bröckchen unserer Mildtätigkeit vor die Füße zu werfen und sie statt dessen zu echten Partnern zu machen, das sind wir ihnen einfach schuldig, das hat nichts mit Großzügigkeit zu tun. Meine Ideen, die ich hätte sind wahrscheinlich zu einfach und würden, von denjenigen, die sich mit der Situation vor Ort besser auskennen als Unsinn abgetan werden, aber wenn man sie mit deren Knowhow verändern und umsetzen würde, käme vielleicht doch etwas Gutes dabei heraus. Der wichtigste Punkt ist eine Akzeptanz derer Lebensweise oder zumindest dessen, was davon noch übrig geblieben ist. Wir müssen aufhören zu glauben, dass unsere Sicht der Dinge die einzig glücklich machende ist. Wir neigen eben dazu unsere Erfahrung und Meinung auf Andere zu übertragen und solange uns dies nicht bewusst ist, sind wir verwundert über die scheinbare Unbelehrbarkeit unseres Gegenübers. Aber dazu später in einem anderen Kapitel. Der nächste Punkt ist, dass uns die Bewohner von Dritte-Welt-Ländern nicht dankbar für unsere Hilfe sein müssen, wir schulden ihnen ohnehin noch viel, der oben angeführte Punkt ist nur ein Teil unserer Schulden.

Jean Claude Juncker äußerte vor einigen Monaten vor dem Europäischen Parlament die Idee, dass, um die Zerrissenheit Europas zu überwinden, 200 Milliarden Euro locker gemacht werden müssten, um infrastrukturelle Probleme zu überwinden und weitere 88 Milliarden für Afrika und den Nahen Osten, um dort Die Fluchtursachen anzugehen. Grundsätzlich eine gute Idee und in dieser Dimension bisher nicht da gewesen, doch meiner Ansicht nach sollte die Verteilung umgekehrt erfolgen. Die Europäische Union ist zwar eine tolle Errungenschaft für die Europäer, aber es ist ein geschlossener, elitärer Zirkel, gespickt mit Abschottung gegenüber anderen Kontinenten. Ich glaube sie hat uns vor gravierenden Konflikten untereinander bewahrt, die im Rahmen der EU jetzt politisch und diplomatisch gelöst werden können. Aber wir sehen auch, wie viel Streit- und Neidpotenzial sie in sich birgt. Viele Länder fühlen sich übervorteilt und wenn die Politiker der unzufriedenen Ländern in ihrer Bevölkerung dieses Gefühl auch noch schüren, macht das die Verhältnisse nicht besser und wir sind wieder beim Punkt Manipulation. Objektiv gesehen profitieren doch die meisten Bewohner der Mitgliedsstaaten von diesem Zusammenschluss. Schade, dass die Briten nicht mehr mitmachen wollen. Ich fürchte deren Pläne konzentrieren sich nicht darauf, in Zukunft die von ihnen ausgebeuteten Kolonien unter die Arme zu greifen, dafür sind ihre eigenen Probleme zu groß. Abgesehen davon sind viele Konzerne reicher Staaten ja noch gar nicht fertig, die Dritte Welt auszubeuten. Dort lagern ja immer noch riesige Vorkommen an Bodenschätzen, die wunderbar geeignet wären, den Einheimischen zu helfen, auf die Beine zu kommen, jedoch erwähnte Konzerne waren schneller, der Profit war wieder einmal wichtiger als die Gerechtigkeit und die Chance einen echten Fortschritt in der Bekämpfung der Armut zu erzielen, vertan. Nun kommt mit Sicherheit das Thema Korruption in Entwicklungsländern auf den Tisch, um mir den Wind aus den Segeln zu nehmen, doch diese hat die großen Firmen ja auch nicht davon abgehalten, zu investieren! Ich glaube, wenn wirklich der Wille zum echten Helfen da wäre, fände sich auch ein Weg.

Zurück zu meinen Ideen: Stellen Sie sich einmal vor, sie besäßen eine kleine Firma, die Irgendetwas produziert. Sie hätten Erfolg und irgendwann sind die Kapazitäten der Produktionsanlage am Stammsitz bei Ihnen zuhause ausgelastet und sie müssten einen Teil der Produktion auslagern. Spielen Sei einmal mit dem Gedanken, sich auf dem afrikanischen Kontinent umzuschauen, ob Sie dort ein Land mit stabilen politischen Verhältnissen fänden. Nehmen wir einmal an, sie fänden solch ein Land, dann errechnen Sie, wie viel Sie dort in Landeswährung einem Mitarbeiter bezahlen müssten, damit er sich zuhause das Gleiche leisten könnte, wie Ihre Angestellten in Deutschland, Wohnung, Essen, kleines Auto und vielleicht einen Urlaub im Jahr, nur so als Beispiel. Es wäre mit Sicherheit immer noch billiger, als hier. Hinzu kämen Ausbildungskosten für das Personal, später Transportkosten und Einfuhrzölle. Das eingesparte Geld stecken Sie in die Infrastruktur in der Umgebung ihrer afrikanischen Filiale. Sie schaffen dort also ohne großen finanziellen Mehraufwand einen gewissen Wohlstand und die Region profitiert von der wachsenden Infrastruktur. Mit etwas Glück lösen Sie einen Dominoeffekt aus und Andere folgen Ihrem Beispiel. Sie dürfen nur nicht den Wunsch hegen, mehr verdienen zu können, als in Deutschland. Ihr finanzieller Zuwachs könnte zwar nicht mit dem mithalten, wenn Sie einfach in Billiglohnländern produzierten, aber Ihr humanitärer Einsatz wäre immens und ihr Zuwachs an Zufriedenheit auch. Günstigstenfalls sind Sie ein Branchenriese, ein IT Mogul aus Silicon Valley und sind sowieso gerade unzufrieden mit der Weltanschauung Ihres 45. Präsidenten und denken über Alternativen nach, dann könnten Sie sogar einen Fehlschlag verdauen und ihn zumindest als Charity - Engagement verbuchen. Das ist allerdings nur eine Spinnerei von mir, jedoch sind viele Errungenschaften der Menschheit auf dem Boden von ursprünglich verlachten Visionen entstanden. Und ich glaube, auch im positiven Sinne an das Domino Prinzip. In den 50er und 60er Jahren waren die westlichen Mächte der Meinung, dass, wenn in Südostasien erst einmal ein Land in die Hände von kommunistischen Machthabern fällt, so würde dominoartig ein Land nach dem anderen in diesem Sinne „umkippen". Wie man darauf reagierte, ist Geschichte und kostete eine Unzahl von Menschen das Leben. Warum soll man nicht schauen, ob es nicht vielleicht im positiven Sinne funktioniert. Hat ein einziges derartiges Projekt Erfolg, so wäre zumindest ein Interesse geweckt. Nur wie befriedet man Afrika? Wie schafft man stabile politische Situationen in einer ausreichenden Anzahl von Ländern, um diese Projekte zu starten? Wie bekommt man die Stammes- und Bürgerkriege in den Griff, für die wir durch Einpflanzen weltanschaulicher Ideale in eine Welt, die sie bis dahin nicht kannte, mitverantwortlich sind? Meine Hoffnung liegt da in positiven Visionen von Idealisten, die es einfach versuchen und darin, dass man beginnt auf Menschen zu hören, die einerseits die Geschichte der Menschheit studiert haben und andererseits interpretieren können, um uns vor alten Fehlern zu bewahren und auf Menschen, die die Verhältnisse vor Ort kennen, Einheimische gemeinsam mit Fachleuten aus der Ersten Welt. Dies wäre ein großer Schritt in eine gerechtere und somit auch zufriedenere Welt. Und im Wort zufrieden steckt Frieden. Leider ist Frieden nicht in Jedermanns Sinne, da sich mit Krieg sehr viel Geld verdienen lässt. Wahrscheinlich ist er das einträglichste Geschäft überhaupt, da fortwährend Nachschub benötigt wird und wenn endlich alles zerstört ist lässt sich auch am Wiederaufbau noch ein Haufen Geld machen. Dieser bedauerliche Fakt könnte das größte Hindernis sein. Hier steckt wieder die zerstörerische Macht des Geldes. Es ist wie überall, in der Medizin kommt es auf die Dosis eines Stoffes an, welcher Medizin von Gift unterscheidet, ich vermute beim Geld ist es das Gleiche. Wie beim Trinken von Alkohol, was ich vor einigen Seiten bereits schrieb, dass es ein Irrglaube ist, dass der Rausch im positiven

Sinne von Drink zu Drink besser wird. Vermutlich verändert auch der wachsende Besitz von Geld, vor Allem , wenn man es zu schnell erlangt, die Denkweise von Menschen.

Was ich lange nicht begriffen habe, ist der Wert von Verbindendem. Kultur, Sport, Kunst. Über Jahre verstand ich nicht, warum Steuergelder für solche Zwecke ausgegeben werden, obwohl es im Lande auch an Handfestem fehlt.

Dinge die Emotionen auslösen, die eine Sentimentalität, Nachdenklichkeit, Traurigkeit oder Fröhlichkeit auslösen, können Menschen so sehr fesseln, dass das ihre Gesinnung positiv beeinflusst wird. Es macht sie friedlich. Denken Sie einmal an sich selbst, wie es Ihnen geht, wenn Sie einen Film gesehen haben, ein Theaterstück oder Konzert, ich weiß nicht was Sie persönlich mögen, hat es Sie nicht berührt? Wären Sie in diesen Momenten auf die Idee gekommen, einen Streit auszufechten? Ich glaube doch eher nicht. Beim Mitfiebern bei Sportereignissen war mir lange nicht bewusst, dass dieses etwas Gutes in den Menschen auslösen kann. Ein Sportreporter sagte einmal sinngemäß: "Wildfremde Menschen liegen sich in den Armen und weinen" oder so ähnlich und beschrieb damit das Verbindende. Bisher bin ich eher als Kulturmuffel in Erscheinung getreten, doch das hat sich in den letzte zwei Jahren geändert und verantwortlich dafür ist die Schule meiner Kinder, genauer gesagt die Theater AG und die Musiker, die regelmäßig dort ihre Auftritte haben. Ich hätte nie gedacht, was ein mit Herzblut aufgeführtes Theaterstück in mir auslösen kann. Ohne unglaubliches Bühnenbild und mit miserabler Akustik schaffen es diese jungen Künstler immer wieder, mich zu Tränen zu rühren. Letzte Woche, zum 750 jährigen Jubiläum der Schule, ja sie ist wirklich so alt, erstmals urkundlich erwähnt im Jahre 1267, spielte man „Die Troerinnen des Euripides" nach Jean Paul Sartre , ein Stück das, wie es sich für altsprachliches Gymnasium gehört, in der Antike spielt. Eine Zeit mit der uns gefühlt eigentlich nicht mehr viel verbindet, aber dennoch war es aktuell, wie nie zuvor. Die Spiellust der Darsteller war so großartig, dass ich den ganzen Abend in meinen Gefühlen gefangen war.

Es gibt mit Sicherheit unendlich viele Beispiele, die Ihnen einfallen, die das eben Beschriebene untermauern. Schade ist nur, dass es immer wieder notwendig ist, Menschen gedanklich oder auf Gefühlsebene in diese Richtung zu lenken, dass sie nicht von vornherein friedlich und positiv denken. Leider kann auch ich mich nicht ausnehmen, wenn ich ganz ehrlich bin, denn wie oft entstehen, wie aus dem Nichts, gehässige Gedanken gegenüber Anderen, die es unter Umständen gar nicht verdient haben. Wie oft wittere ich böse Absichten bei Anderen, beispielsweise beim Einkaufen, wenn ich denke, dass irgendwer mit dem Gedanken spielt, sich vorzudrängeln. Warum sind wir nur so? Und dann bemerken wir immer wieder, wie sehr wir uns nach gemeinschaftlichen Erlebnissen sehnen. Wie sonst erklärt sich der gut vermarktete Hang zu Großereignissen? Public Viewing, Riesensilvester am Brandenburger Tor, das „Sommermärchen" Fußballweltmeisterschaft 2006 in Deutschland und so weiter und so fort. Hier kommen offensichtlich unsere Urinstinkte durch, die uns den Schutz der Gruppe suchen lassen, teilweise in solch große Gruppen, dass es schon wieder gefährlich wird, wenn man an die schrecklichen Bilder von Massenhysterien denkt. Wir handeln immer wieder irrational und das müssen wir uns immer wieder in Erinnerung rufen und ich glaube, dabei können uns die Kultur und Freigeister helfen, wenn wir sie an uns heranlassen.

Da ich zu Abschweifungen neige, muss ich wieder einige Tausend Kilometer zurückreisen, an eine Stelle, wo ich schon einmal war, nämlich in die Dritte Welt. Zuerst eine Frage vorweg. Wie wichtig ist Ihnen Gerechtigkeit? „Sehr wichtig" werden Sie sagen und meinen damit die Gerechtigkeit Ihnen selbst gegenüber und vielleicht Ihren Angehörigen, doch wie steht es mit Fremden? Da lässt es merklich nach. Natürlich bringen Sie entsprechende Gefühle auf, wenn Sie einen Fernsehbeitrag sehen, der Sie berührt, aber Ihr Engagement lässt dann doch schnell wieder nach. Das ist ja auch normal, weil Ihre eigene kleine Welt für Sie logischerweise die wichtigste ist und die Zeit fehlt, sich um Andere zu kümmern. Wir schaffen es, unsäglich viel Zeit in Streitereien zu verplempern, wenn wir das Gefühl haben, uns sei Unrecht geschehen. Wir ziehen über Jahre durch die Instanzen, vergeuden damit unsere und die Zeit Fremder, die sich anders besser nutzen ließe. Aber es geht ums Prinzip. Dieses Scheißwort, bitte entschuldigen Sie, wem hat Prinzip jemals genutzt? Doch unser Land bietet den meisten Menschen die Möglichkeit, sich zu wehren, andere Nationen tun dies nicht. Haben Sie sich schon einmal Gedanken darüber gemacht, was zeitgleich, während Sie etwas tun, Menschen in anderen Teilen der Welt tun? Sie antworten vermutlich mit einem ehrlichen "Ja". Allerdings muss ich konkreter werden, damit Sie verstehen, was ich wirklich meine, haben Sie schon einmal Ihre Fantasie spielen lassen und versucht, sich in eine imaginäre Person zu versetzen, die Sie gar nicht kennen, die an einem

Ort wohnt, der Ihnen unbekannt ist? Vermutlich eher nicht. Diese imaginären Personen gibt es in der Realität und viele von ihnen haben deutlich größere Sorgen als Sie. Manche von ihnen stecken in für uns unvorstellbaren Abhängigkeiten bis hin zur Sklaverei ohne jede Lobby, ein Circulus Vitiosus, ein Teufelskreis, der sich nur von außen durchbrechen ließe. Diese Menschen kommen ohne fremde Hilfe nie aus ihrer Situation heraus. Jede dieser Geschichten, die Sie sich dazu ausdenken beruht auf einer wahren Begebenheit, Sie wissen gar nicht wie real ihre Fantasie ist. Stellen Sie sich vor, Sie seien ein verzweifelter Vater, der nicht weiß, wie er seine Familie vor dem Verhungern bewahren soll, nun ja, dieser Vater existiert parallel zu Ihnen wirklich, nur das er aus seiner Gedankenwelt nicht wieder nach Europa zurückkehren kann und diese Idee funktioniert für alle Katastrophen.

Nun denken wir, dass wir beispielsweise gerne den Näherinnen unserer Kleidung helfen würden, dass jedoch die hiesige Preiskategorie nicht darüber entscheidet, wo sie unter welchen Bedingungen produziert wird. Ich will damit sagen, dass es keine Rolle spielt, ob es sich um Marken- oder Billigprodukte handelt, hergestellt werden beide laut eingenähtem Label in Schwellenländern. Daher ist unsere Folgerung, dass wir auf diese Verhältnisse sowieso keinen Einfluss haben und wir den Näherinnen gar nicht helfen können. Einige wenige lassen sich nicht davon abbringen und tun ihr Möglichstes. Sie gründen kleine Fair Trade Unternehmen, Loseläden und so weiter und zunächst bringen wir Sympathie für sie auf, um dann nach dem Haar in der Suppe zu suchen, um weitermachen zu können, wie bisher. Vergessen wir dabei nicht, dass es ohne diese Idealisten nie zu Veränderungen kommen würde. Denken wir an die Friedensbewegung, die Umweltorganisatoren, die Grünen, deren Ursprünge in den 70er und 80er Jahren liegen, was haben die bereits erreicht? Leider sind wir heute, trotz schlechter Nachrichten aus den ökologischen und politischen Krisenregionen wieder in eine gewisse Starre der Bequemlichkeit verfallen. Wir sehen die schmelzenden Polkappen und denken gleichzeitig, dass Alles wieder gut wird. Wir verlassen uns auf das irrationale „Prinzip Glück". Der saure Regen ist nicht mehr sauer, das Waldsterben in Deutschland gebremst, unsere Flüsse sind sauber, wie seit Jahrzehnten nicht, alles Andere wird auch wieder gut, doch hier sind leider gewisse Zweifel gerechtfertigt.

Nach wie vor sind wir Industrienationen diejenigen, die den größten Anteil an der globalen Erwärmung tragen. Was soll's sagen wir uns, bauen wir eben Deiche, die uns vor den steigenden Meeresspiegeln schützen werden, die Tierarten, die vom aussterben bedroht sind, sind bereits auf Film gebannt und laufen uns in unserem täglichen Leben eh nicht jeden Tag über den Weg, wir werden also ihr Verschwinden gar nicht groß bemerken. Das Aussterben der Dinosaurier tangiert uns ja auch nicht, ohne Eisbären wird es auch gehen. Doch das ist doch keine gute Einstellung, zumal es auch um Menschen geht. Um Menschen die dafür, dass ihre Heimat so nach und nach im Meer verschwindet, überhaupt nicht verantwortlich sind. Wir versenken gerade deren Heimat, machen Sie sich das einmal klar. Dürreperioden, die Tausenden von Menschen das Leben kostet, Umweltkatastrophen, ich denke an Wirbelstürme oder Tsunamis lassen einen Zusammenhang mit der von uns verursachten Umweltbeeinflussung wahrscheinlich erscheinen, um es ganz vorsichtig auszudrücken. Diese Menschen können nichts dafür, rein gar nichts. Sie partizipieren nicht im Geringsten an unserem Wohlstand und müssen dennoch auf so grausame Art und Weise dafür bezahlen. Ist diese Form der Ungerechtigkeit nicht viel schlimmer, als wenn einmal jemand gemein zu uns war? Wenn Jemandes Katze durch unseren Garten läuft und ihr Häufchen hinterlässt? Es ist dann zweifelsohne ärgerlich, doch es bedroht uns oder das Leben unserer Kinder nicht. Relativieren wir doch einmal für einige Minuten pro Woche oder Tag unsere eigene Wichtigkeit. Damit meine ich nicht, das Selbstwertgefühl innerhalb Ihres sozialen Umfeldes, hier sollen Sie sich nicht unnötig klein machen, aber es gibt auch keinen Grund, uns auf ein hohes Ross zu schwingen, wenn es um die Beurteilung Schwächerer geht. Und die Bewohner der armen Länder sind zweifelsohne in einer sehr schwachen Position und bedürfen so schnell wie möglich unserer Hilfe. Sie stecken ohne Hilfe von außen in einer ausweglosen Situation. Wir sind ganz klar in der Pflicht, denn die Vorteile derer Armut haben wir bisher ja auch gerne hingenommen in unserem Konsumverhalten. Es beginnt meines Erachtens mit dem Überfluss. Wir haben ein wenig den Blick für vernünftige Relationen verloren. Haben Sie sich schon einmal Gedanken darüber gemacht, was mit all den Sachen, die in den Läden nicht verkauft werden, geschieht? Glauben Sie ernsthaft, dass das riesige Angebot an Fleisch- und Wurstwaren, welches Sie hinter den Tresen bewundern können auch nur ansatzweise verkauft wird? Nein es wird einkalkuliert, dass ein Großteil der Waren, der produziert wird, weggeschmissen wird. Wie furchtbar! Schlachttiere sterben ohne Not, nachdem sie unter lebensunwürdigen Bedingungen aufgezogen und gemästet wurden, unter denen Unmengen von Abfällen und Kohlendioxid entstanden sind. Wäre das Angebot nur einen Hauch kleiner, nur so groß, dass es immer noch locker reichen würde, könnte das eben beschriebene Problem eingedämmt werden, ohne dass wir einen Mangel bemerken würden. Es stünde nach wie vor genug zur Verfügung. Es gibt Geschäfte, die verkaufen Kleidungsstücke so billig, dass wir sie in unserer Bequemlichkeit in verschiedenen Größen kaufen können, sie zuhause anprobieren und die nicht passenden einfach wegschmeißen. Betrachten Sie das etwa nicht als Ohrfeige für Denjenigen, der es genäht hat, Denjenigen der unter gesundheitsgefährdenden Bedingungen gefärbt hat, für die philippinischen Seeleute, die es herbringen mussten? Brauchen wir das ? Verlieren wir Lebensqualität ohne diese Form von Dekadenz? Wie erklären wir diesen armen Menschen dieses gedankenlose Verhalten? Muss es für sie nicht viel schlimmer sein, als für mich, wenn ich höre, dass reiche Leute sinnlos Blattgold verspeisen? Für sie geht es ums Überleben. Beobachten wir doch einfach einmal unsere Umwelt. Fragen wir uns doch einmal, ob wirklich Alles, was wir seit Jahren so gewohnt sind, bei genauerer Betrachtung wirklich so normal, so moralisch einwandfrei ist, wie es scheint. Fangen wir doch wieder an zu staunen, was wir Alles kaufen können, wie viel Überfluss es gibt. Zum Thema Manipulation komme ich später.

Denken wir einmal über ein Phänomen nach, was mir aufgefallen ist. Dabei bitte ich Sie, mir zu glauben, dass ich alles, was ich schreibe, nicht mit erhobenen Zeigefinger tue, ich bin ja selbst keinen Deut besser, nur dass ich mir etwas häufiger Gedanken mache, da ich mit so vielen Menschen spreche. Ich schäme mich häufig auch für mein, oft unwillkürliches Empfinden. Zurück zu dem Phänomen, was ich eben beschreiben wollte. Wenn in Regionen der Welt, die uns ethnisch oder kulturell nicht so nahe stehen, Katastrophen passieren, so sind sie oft eine Randnotiz, im Gegensatz dazu rational betrachtet kleinere Ereignisse viel länger die Gazetten füllen. Wenn in Bangladesch ein Schiff sinkt und dabei 500 Menschen ertrinken, so wird dies am Folgetag hier schon Keinen mehr interessieren, ist es jedoch eine französische Concorde mit 112 Menschen an Bord, die abstürzt, so bleibt dieses Ereignis über Wochen aktuell und wir erinnern uns noch Jahre später daran. Das Unglück am Atomkraftwerk von Fukushima beschäftigt uns, unabhängig von den mittelbaren Konsequenzen für uns in

Europa, länger als eine eingestürzte Näherei in
Indien.

Mich beschleicht das Gefühl, dass für uns Europäer und Amerikaner manche Völker irrational
wichtiger sind, als andere, dass wir, wenn sie
nicht gerade maßgeblich mit uns wirtschaftlich
verflochten sind, wie Japaner, weniger Mitgefühl
hervorrufen.

Wir sind problemlos mit Schwarzafrikanern und
Asiaten befreundet. Wenn wir sie persönlich
kennenlernen, mögen wir sie so gern, dass wir
die optischen Unterschiede ganz schnell vergessen. Als Individuen schätzen wir sie, befinden sie
sich in ihrer Heimat, sind sie uns unsagbar fremd.
Komisch, nicht wahr?

Ich glaube, dass initial oft negative Grundeinstel-
lungen normal und irgendwo in unserem Gehirn
verankert sind und wenn wir dies nicht vergessen und sie überdenken und filtern, können wir
einen Haufen für ein angenehmes Zusammenleben tun, wir dürfen ihnen nur nicht immer kritiklos nachgeben. Wir können mit einer etwas kriti-
scheren Betrachtung unserer eigenen Verhaltensweisen durchaus etwas tun und wenn es nur
damit beginnt, dass wir unser Einkaufsmaß so
weit einschränken, dass wir etwas weniger wegschmeißen. Langfristig wird das vielleicht auch

die Überproduktion vermindern, wäre doch nicht schlecht, stimmt´s?

Sport-Das ganze Leben ist ein Wettbewerb

Besuchen Sie einmal eine medizinische Fortbildung, dann wird Ihnen auffallen, dass einer der
Redner etwas Ähnliches wie Folgendes sagen
wird: "Nennen Sie mir ein Mittel, dass gegen
Bluthochdruck, hohen Cholesterinspiegel, Zuckerkrankheit, Depressionen, Schmerzen und
Übergewicht hilft!" Die erwartete, richtige Antwort lautet Sport. Sport hat tatsächlich einen
nachgewiesenen Effekt bezüglich all der eben
aufgezählten Krankheiten, Beschwerden und
Risikofaktoren und zwar in erstaunlich hohem
Maße. Für jedes einzelne dieser Beschwerdebil-
der gibt es dazu wissenschaftliche Studien, die
genau aufzeigen, wie viel wöchentlicher Ausdauersport, gemessen in Minuten und Herzfrequenz,
wie viel Zugewinn an Lebenszeit bringt. Lästerer
halten dann dagegen, dass die beim Sport ver-
brachte Zeit die gewonnene Lebenszeit über-
schreite, doch es geht ja nicht nur um Lebenszeit,
sondern auch um Lebensqualität. Schmerzfrei-
heit oder zumindest –armut kann unglaublich
viel bedeuten, kann die Fähigkeit zur körperlichen Aktivität erhöhen, die Besserung einer
schwermütigen Episode kann Menschen ganz
neue Dimensionen eröffnen und das Bemerkenswerte ist, dass kein einzelnes Medikament

so effektiv wirkt, selbst in der Behandlung eines einzelnen, der oben genannten Symptome, nicht. Das heißt, dass beispielsweise kein Blutdrucksenker den Blutdruck so stark senkt, wie regelmäßiges Ausdauertraining und das lässt sich auf alle Substanzgruppen, die die oben genannten Beschwerden kurieren sollen, übertragen.

Nun werde ich häufig gefragt, welche Sportarten ich denn empfehlen würde. Die Frage ist für mich nicht ganz leicht zu beantworten, da ich kein Sportmediziner oder Trainer bin, jedoch sind einige Punkte wichtig, die ich im Folgenden kurz abhandeln möchte.

Das Wichtigste ist für mich, dass der Sport Spaß macht und nicht nur eine lästige Pflichtaufgabe ist. Stellen Sie sich einmal vor, Sie hätten den ganzen Tag bei der Arbeit zugebracht, nichts ging Ihnen so richtig von der Hand und Sie hatten das Gefühl, Alle wollten Sie nur ärgern, die Kollegen, ihr Chef und am schlimmsten waren die Kunden und dann sollen Sie nach der Arbeit noch 35 Minuten joggen! Vorher nach Hause fahren und umziehen, später duschen und Abendbrot essen. Und daran denken Sie schon während der Arbeitszeit, wenn Sie noch mitten im Stress stehen. „Nein danke", werden Sie sagen, „nicht mit mir, das Jogging verschiebe ich lieber auf das Wochenende, wenn ich mehr Zeit habe". Erstens habe Sie am Wochenende nicht mehr Zeit und zweitens nicht mehr Lust, außer Sie sind passionierter Läufer. Für alle Anderen gilt, dass zwar nichts dagegen spricht, gelegentlich Laufen zu gehen, doch die Regelmäßigkeit lieber in einer Sportart zu suchen, die Ihnen auch wirklich Freude bereitet, ist erfolgversprechender. Eine Aktivität, auf die Sie sich schon tagsüber freuen können, während Alles schief zu laufen scheint. Etwas, bei dem Sie vielleicht etwas Dampf ablassen können. Findet sich eventuell in der Nähe eine Sportmannschaft, die für Ihren Lieblingssport noch Mitspieler sucht? Sind Sie eher der musikalische Typ, der lieber etwas tänzerisches macht oder der Kämpfer? Verstehen Sie, was ich meine? In dem Moment, in dem man gesagt bekommt, dass einem Sport gut tut, nimmt man sich vor, aktiver zu werden, jedoch später, wenn man merkt, dass die gewählte Sportart anstrengend ist und nicht die Freude verbreitet, die man sich eingebildet hat zu verspüren, lässt das Engagement schnell nach. Also Spaß sollte dabei sein. Der zweite Punkt ist, dass man sich nicht gleich übernimmt. Nehmen wir einmal an, Sie sind, ähnlich wie ich, in Ihren Vierzigern, klopfen vielleicht an die Fünfzig und haben seit Jahren keinen aktiven Sport mehr getrieben, dann übernehmen Sie sich bitte nicht gleich. Natürlich haben Sie, als Sie noch zu Schule gingen, den 6 Kilometer langen Uferweg ihres heimischen Sees in unter 25 Minuten bewältigt und ihr Gefühl sagt Ihnen, dass diese Zeit noch gar nicht so lange her ist, sie haben schließlich immer noch den damaligen Geruch der Pflanzen am Wegesrand in der Nase, doch Ihr Gefühl trügt sie leider, es sind Jahrzehnte! Ich schließe jetzt unerlaubter Weise von mir auf Sie, jedoch ist meine Erfahrung, dass, wenn ich dieses Beispiel meinen Patienten gegenüber bringe, in der Regel ein Lächeln deren Mundwinkel umspielt und ihr unwillkürliches Nicken mir in gewisser Weise Recht gibt. Also, beginnen Sie gemächlich, die großen Ziele haben noch Zeit. Wählen Sie sich eine kurze Strecke oder Zeit, ich glaube, falls Ihre Nachbarn Sie wirklich dabei beobachten werden, werden die nicht die Zeit stoppen, die Sie unterwegs sind. Und falls doch, bedenken Sie, dass einige Menschen in permanenter Konkurrenz zu ihrer Umwelt stehen, was ich später noch erläutern werde, die brauchen das halt. Zeigen Sie Ihnen, dass Sie im Laufe der Zeit in der Lage sind, Ihre Leistung zu steigern. In dem Moment, in dem Sie sich bereits am Anfang Ihrer neu aufgenommenen, sportlichen Aktivität erschöpfen, haben Sie meines Erachtens bereits verloren. Ihr Körper erfährt, dass Sport anhaltende Schmerzen und

Atemnot bereitet und der schnelle Erfolg ausbleibt und das ruft Frustration und Aufgabe hervor. Wenn Sie jedoch langsam beginnen, 10 Minuten oder eine Viertelstunde und das Ganze in
einen moderaten Tempo, bleiben die eben geschilderten Nebenwirkungen aus und nach kurzer Zeit sehen sich ein der Lage, Zeit und Strecke
oder Tempo zu steigern. Ich bin ein großer Fan
von Pulsmessern, die man beim Sport trägt, da
man sinnvoller Weise Ausdauer im aeroben Bereich trainiert und diese dabei helfen können.
Der Körper hat eine Menge Möglichkeiten, den
Stoffwechsel an die aktuelle Aktivität anzupassen
und im aeroben Bereich wird eben die Ausdauer
trainiert, wohin gegen im anaeroben Bereich die
kurzfristige Spitzenleistung gefördert wird, die
jedoch zunächst nicht unser Ziel ist. Was heißt
das? Es gibt eine Formel, nach der man berech-
nen kann, wann man optimal im aeroben Bereich
trainiert und dazu benötigt man sein Alter, Geschlecht und den Puls. Zunächst geht man bei
Frauen von einem Maximalpuls von 226 und bei
Männern von 220 Schlägen pro Minute aus. Davon zieht man das Lebensalter in Jahren ab und
kommt beispielsweise bei einer 46 jährigen Frau
auf 226-46 gleich 180. Dieses Ergebnis der Sub-
traktion multipliziert man mit 60-80%, also 0,6-
0,8, das Produkt dieser Rechnung beträgt 108-

144 Schläge pro Minute, in diesem Bereich sollte sich die Herzfrequenz während des Sports bewegen und Sie werden sich nach dem Sport gut fühlen und voraussichtlich keinen Muskelkater bekommen. Da uns die Technik allerdings bei jeder Gelegenheit unterstützt, rechnet Ihnen der Pulsmesser, sei es Uhr oder Smartphone, wenn Sie es vorher mit Ihren persönlichen Daten gefüttert haben, ihren Pulsbereich je nach Zielsetzung aus und Sie können die eben erwähnte Formel vergessen. Somit haben Sie bereits eine Klippe umschifft, übernehmen Sie sich einfach nicht. Sollten Sie sich für das Laufen entscheiden, ist die Wahl des richtigen Schuhs unumgänglich. Dazu wenden Sie sich entweder an ein Sportfachgeschäft Ihrer Wahl, dort wird man Ihnen, Fachkompetenz vorausgesetzt, helfen, den zu Ihnen passenden Laufschuh zu finden, der verhindert, dass der Sport durch falsche Belastung Schmerzen bei Ihnen auslöst. Finden Sie kein Geschäft, das mit einer sachkundigen Beratung dienen kann, finden Sie im Internet auf der Homepage einer großen Handelskette für Sportartikel, die mit „Point" aufhört und mit „Runners" beginnt ein hervorragendes Werkzeugt zur Ermittlung des zu Ihnen passenden Schuhs, dafür müssen Sie nur wissen, wie viel Sie wiegen, ob Sie eine Frau oder ein Mann sind, wie sie beim

Laufen mit dem Fuß abrollen, in welche Richtung Ihre Kniescheiben beim Laufen zeigen und wie Ihr Fußabdruck aussieht. Den letzten Punkt bekommen Sie heraus, wenn Sie nach dem Duschen mit nackten Füßen über die Fliesen Ihres Badezimmers laufen. Haben Sie all diese Daten eingegeben, werden Ihnen ungefähr 3 verschiedene Schuhe vorgeschlagen, die in meinem Fall nicht einmal hochpreisig waren. Ein in Ihren Augen schick aussehender Schuh mag zwar eine anfängliche Motivationshilfe sein, wenn Sie jedoch Pech haben, ist es nicht der richtige für Sie, weil er Ihren Fuß vielleicht an der falschen Stelle unterstützt oder nicht zu Ihrem Gewicht passt. Haben Sie das Alles berücksichtigt, legen Sie vorsichtig los und wenn es Ihnen Spaß macht, können Sie sich auch modisch schicke Klamotten kaufen, wenn Sie allerdings nach kurzer Zeit aufgeben, weil sich die Freude partout nicht einstellen will, brauchen Sie sie auch nicht.

Die eigentlich ideale Sportart wäre Schwimmen. Das Körpergewicht wird durch das Wasser kompensiert und dadurch die Gelenke geschont, es werden unglaublich viele Muskelgruppen trainiert und weder Kraft noch Ausdauer kommen zu kurz. Der Nachteil liegt auf der Hand. Es lässt sich nicht ohne Weiteres von zuhause aus machen, man muss sich erst auf den Weg ins Schwimmbad machen. Dort angekommen müssen Sie feststellen, dass sich kaum noch eine Bahn findet, die noch frei für Sie ist, wenn Sie nicht gerade eine Zeit gewählt haben, in der kein Anderer Lust zum Schwimmen hat. Und wenn Sie fertig sind, müssen Sie sich der mitteleuropäischen Jahreszeit entsprechend kleiden und sorgsam abtrocknen. Stört Sie dies Alles nicht, sollten Sie schwimmen gehen, ich glaube eine ausgewogenere Sportart gibt es nicht.

Angenommen Sport im eigentlichen Sinne ist Ihnen trotz all seiner Vorzüge zu anstrengend, machen Sie sich klar, das bereits eine Herzfrequenz von 100 Schlägen pro Minute, wenn Sie regelmäßig über einen längeren Zeitraum erreicht wird, und dieser Zeitraum beginnt ungefähr nach 35 Minuten unglaubliche Auswirkungen auf Ihre Gesundheit und ihr Wohlbefinden hat. Diese Herzfrequenz erreicht man in der Regel bereits beim zügigen Gehen und ist Gehen nicht so Ihr Ding, so besitzen Sie mit Sicherheit ein Fahrrad oder Sie mögen Ihre Inline-Skates, wie Sie es anstellen ist völlig egal, nur tun Sie etwas. Oft wird mir von meinen Patienten Gartenarbeit oder Gymnastik als tägliche Aktivität genannt, ja das ist auch gut, allerdings eher für die Beweglichkeit, Geschmeidigkeit von Muskeln, Bändern, Sehnen und Gelenken und für die Kraft, jedoch weniger für die Ausdauer, es sei denn wir reden vom Rasenmähen, vorausgesetzt Sie besitzen keinen Aufsitzmäher und Sie mähen mehrmals pro Woche.

Ein prima Helferlein kann beim Beginn Ihrer Körperlichen Aktivität ein so genannter Fitnesstracker sein, den Sie als Armbanduhr am Handgelenk tragen, vorausgesetzt sie mögen technische Gimmicks. Sie sagen ihm, wie viele Schritte Sie pro Tag laufen wollen und er zählt sie. Haben Sie Ihr tägliches Ziel erreicht, lobt er Sie, meiner zum Beispiel beginnt zu vibrieren und schickt auf seinem Display eine kleine Rakete los und ich freue mich kindlich. Und alle paar Wochen bekomme ich von ihm eine Email zugesandt, in der er mir ein Abzeichen verleiht, zum Beispiel das Pinguinwanderungsabzeichen, das Londoner U-Bahn-Abzeichen, das Hawaiiabzeichen und so weiter, je nachdem , wie viele Kilometer ich nach Erwerb des Gerätes bereits zu Fuß zurückgelegt habe und ich freue mich noch mehr.

Eine für mich ganz erstaunliche Funktion ist seine Möglichkeit, meinen Schlaf zu beobachten und zwar sowohl die Länge als auch die einzelnen Schlafphasen getrennt nach Leicht- , Tiefschlaf, REM- und Wachphasen in Prozent und Minuten. Seine Messungen decken sich in der Regel immer mit meinem subjektiven Empfinden, unglaublich,

wie er das anstellt, zumal der gesunde Schlaf
unbeschreiblich wichtig für unser Wohlbefinden
und unsere Gesundheit ist, doch dazu später.
Also bewegen Sie sich regelmäßig. Die Universität München hat gemeinsam mit dem Bayrischen
Rundfunk und einigen anderen Partnern, eine
Krankenkasse war mit Sicherheit auch mit von
der Partie, ein Bewegungsprogramm für Jeder-
mann gestartet. Dieses Programm wurde uns
vom Direktor des Zentrums für Prävention und
Sportmedizin, Professor Martin Halle, auf einer
Fortbildungsveranstaltung vorgestellt und weist
nachweisliche Erfolge auf. Es sind oft nur Kleinigkeiten, die eine normale Bewegung bereits zu
Sport verwandeln können und somit können
auch Menschen, die bereits ein Alter erreicht
haben, dass man für gewöhnlich nicht mehr mit
Sport verbindet, noch körperlich etwas für sich
tun, es ist einfach eine Frage der Dosis und der
Herangehensweise. Ich kann mir vorstellen, dass
es ähnliche Angebote auch in Ihrer Nähe gibt, ein
guter Ansprechpartner ist unter Umständen Ihre
Krankenkasse, diese hält vielleicht sogar selbst
ein recht umfangreiches Programm für ihre Versicherte und andere Interessierte bereit, ein Blick
auf deren Homepage oder ein Anruf kann sich da
durchaus lohnen.

Betrachten wir einmal die Sportarten, die sich in unserer Gesellschaft der größten Beliebtheit erfreuen, was ist ihre große Gemeinsamkeit? Sie bedient unsere Urinstinkte Jagen und Sammeln. Was ich mit Jagen meine, dürfte Jedem klar sein, man jagt Ball oder Gegner hinterher, versucht bestimmte Ziele zu treffen und man bedient sich beim Mannschaftssport der Technik der gemeinsamen Jagd, bei der jeder Mitspieler seine Aufgabe hat, um das Ziel zu erreichen. Früher war es das Erlegen eines wilden Tieres, heute das Erzielen von Punkten und Toren unter Vermeidung eines eigenen Verlustes, früher Tod durch Gefressen werden, heute Gegentore. Die Individualisten unter uns spielen Tennis, reiten , fahren Rennrad oder turnen, das sind die einsamen Jäger von früher.

Und was sammeln wir? Erstens Resultate, je mehr Tore die Anzeigetafel anzeigt, desto schöner ist der Sieg -sonst könnte man ja nach dem 1:0 aufhören- und zweitens Trophäen, die Jagdbeute von früher hat heute die Form von Medaillen und Pokalen, ausgenommen Jäger, die schießen immer noch Tiere tot und hängen sich Teile von deren skelettierten Köpfen an die Wand. Der letzte Teil des Satzes klang despektierlicher, als er von einem Karnivoren wie mir gemeint sein könnte.

Dieses Sammeln und Jagen stellt für uns offensichtlich auch heute noch einen unglaublichen
Antrieb dar und treibt uns demensprechend zum
Sport, wie der Zulauf von Sportvereinen und Fitnessstudios beweist und das finde ich wirklich
toll. Das heißt, viele von meinen Lesern brauche
ich gar nicht zu motivieren, sie sind es bereits.
Die bisher Passiven unter Ihnen benötigen vielleicht nur noch den richtigen Stups, die richtige
Anregung, um zu starten. Den Meisten muss nur
klar werden, dass der Weg das Ziel ist und
Höchstleistungen für die meisten Menschen gar
nicht erreichbar sind und auch gar keinen Sinn
machen. Diese können wir getrost anderen überlassen, den paar Wenigen, die außer mit Ehrgeiz
auch mit dem nötigen Talent und dem Glück
entdeckt worden zu sein, gesegnet sind und uns
in erster Linie auf die Freude konzentrieren, zu
der Bewegung verhelfen kann. Nebenbei bemerkt, jeder von Ihnen, der in seiner Jugend
einmal einer Sportart nachgegangen ist, wird sich
wahrscheinlich an den Mannschaftskameraden
oder Gegenspieler erinnern, der uns alle Anderen in den Schatten gestellt hat, mit dessen filig-
raner Behandlung des Sportgerätes wir Alle nicht
mithalten konnten. Was ist aus ihm geworden?
Haben wir ihn jemals im Fernsehen entdeckt?
Wahrscheinlich nicht, vermutlich ist er (ich sage

„er", Sie könne aber auch „sie" denken), wenn er den Sport weiter verfolgt hat in der 4., 5. Oder 6. Liga gelandet. Vor diesem Hintergrund muss man einmal die Bundesligaspieler betrachten, sie sind ganz oben gelandet, sie müssen noch besser gewesen sein, als diejenigen, die wir schon so unerreichbar gut fanden und trotzdem schaffen sie es oft nicht aus drei Metern einem Mitspieler den Ball zuzupassen, wie ist das möglich? Klar sind auch deren Gegenspieler besser, als wir, aber ist das die ganze Erklärung? Ein Phänomen für mich. Und noch eine Bemerkung: Hören Sie einmal einem Sportreporter in Radio oder Fernsehen zu, was er so an scheinbaren Fakten von sich gibt. Ich meine damit nicht die blumige, metaphorische Sprache, ich liebe intelligente Berichterstatter mit ihrem feinsinnigen Humor, Vorreiter war in meine Augen Marcel Reif, aber auch unter den jüngeren Kollegen finden sich richtig gute, zum Beispiel Wolff Fuss, hier müssen Sie allerdings nicht meiner Meinung sein. Nein ich meine Behauptungen, wie „ein junger unerfahrener Schiedsrichter". Hallo? Was glauben die, wie viele Spiele dieser „junge und unerfahrene Schiedsrichter" bereits gepfiffen hat? Hunderte ist die Antwort, der hat in der 4. Kreisklasse angefangen und sich durch gute Leistungen hochgearbeitet. Man wird nicht zufällig Schiedsrichter in der 2.

Liga. Nein, man muss vorher unendlich viele Spiele auf Dorfsportplätzen, dicht an aggressiven einheimischen und mitgereisten Zuschauern gepfiffen haben, direkter körperlicher Bedrohung ausgesetzt. Diese Kommentare sind also kompletter Quatsch. Der einzige Unterschied ist die Kulisse und das Geld, das hinter dem Profisport steckt. Das gleiche gilt übrigens auch für den unerfahrenen Torwart.

Doch zurück zum eigentlichen Thema.

Beobachten Sie einmal ganz kleine Kinder, mit welchem unglaublichen Bewegungsdrang diese ausgestattet sind. Die sind nicht zu stoppen. Dieser Drang weicht im Laufe der Zeit etwas der Bequemlichkeit und in der heutigen Zeit ersetzen leider immer mehr multimediale Geräte die Bewegung auch schon im Kindes- und Jugendalter, da diese genau so in der Lage sind, unseren Jagd- und Sammeltrieb zu stimulieren und befriedigen, leider ohne positive Auswirkungen auf unsere Fitness und Kommunikationsfähigkeit. Hier sind wir Erwachsenen gefordert, für unsere Kinder ein vernünftiges Maß zu finden und dieses auch vorzuleben. Umfragen unter 10-12 jährigen ergeben eine erschreckend lange Zeit, die sie täglich mit ihren Smartphones, Tablets und Computern verbringen. Da es offensichtlich alle tun, ist es schwierig, es einem einzelnen Kind zu verbieten,

da man es aus seinem Netzwerk herausreißt, hier
könnte eine Absprache aller Eltern einer Schul-
klasse viel bringen, denn wenn jedes dieser Kinder nur in einem bestimmten Zeitfenster die Geräte benutzen darf, entsteht keinem ein Schaden, doch dies umzusetzen ist natürlich schwierig, zumal auch die Kontrolle nicht ganz einfach
ist und auch nie wirklich alle mitmachen.
Wir Menschen suchen den Wettbewerb, das beginnt schon im Säuglingsalter unter den Müttern.
Sie betreiben eine Art „Benchmarking" suchen
den permanenten Vergleich, den ihr eigenes Kind
natürlich am Ende gewinnt. Wer krabbelt, steht,
läuft, spricht als erstes? Warum eigentlich? Als
meine Tochter noch ganz klein war, ging meine
Frau mit ihr ein paar Mal zu einem solchen Treffen mehrerer junger Mütter. Eine von ihnen tat
sich grundsätzlich mit den Spitzenleistungen ihres Kindes hervor, was hinter vorgehaltener
Hand von einer anderen mit den Worten „gesehen habe ich es noch nicht!" kommentiert wurde. Fand ich damals treffend. Doch das ist erst
der Anfang, die Kinder werden ja größer und
dementsprechend auch die von ihnen erwartete
Leistung, bis sie es selbst verinnerlicht haben und
von sich aus in den Wettbewerb treten. In gewissem Maß mag das ja auch einen Sinn ergeben,
allerdings kann man es auch übertreiben, auch

die frühkindliche Förderung und Forderung. Sie
können sich auf den Kopf stellen, Ihr Kind wird
nicht früher „trocken", wenn Sie es hundert Mal
am Tag aufs Töpfchen setzen, es hat seine eigene
Uhr, ganz egal, was das Nachbarkind macht.
Ihr Kind findet den Weg in den täglichen Wettbewerb ganz allein, dafür braucht es Ihre Hilfe
nicht. Spätestens im Kindergarten, wenn es seinem Alter entsprechend in eine sinnvolle Inter-
aktion mit anderen Kindern tritt, wird es damit
beginnen, indem es sich dieses Verhalten bei
anderen abschaut. Zunächst ist es die größere
Fäkalienportion, später wetteifern die Jungen,
wer mit seinem Harnstrahl die höchste Kachel-
reihe vor der Pinkelrinne erreichen kann. Mit
etwas Glück kanalisiert sich der Wettbewerb
dann auch in für Erwachsene nachvollziehbarere
Dimensionen. Das Kind versucht herauszufinden,
auf welchem Wege es ihm am ehesten gelingt,
sich durchzusetzen. Hier sind die körperlich Starken im Vorteil, doch können auch andere Befähi-
gungen dazu führen, ein Ziel zu erreichen. Glückt
es, die anderen Anwesenden durch eine Ge-
schicklichkeit oder Kunstfertigkeit zu beeindrucken, kann man in der Warteschlange zum Tret-
roller schnell mal einige Schritte nach vorn über-
springen. Nun ist es bemerkenswert zu beobachten, wie sich Kinder versuchen, beim erzählen

von Erlebnissen zu übertreffen, was zwangsweise irgendwann zu Übertreibungen führt. „Ich war am Wochenende am Badesee" wird überflügelt vom Meer, welches dem Ozean mit dem gestrandeten Grönlandwal nicht das Wasser reichen kann. Allerdings geht diese Eigenart im Laufe des Lebens nicht verloren, nein sie bekommt nur weiteren Feinschliff bis hin ins Seniorenalter. Sitze ich beim Friseur, stelle ich fest, dass an den Nachbarstühlen, vor allem, wenn dort ältere Damen platziert sind, schnell das Gespräch beim Thema Gesundheit beziehungsweise Krankheit landet. Dies ist für mich natürlich schon von Berufs wegen interessant, da ich zwischen den Zeilen heraushören kann, ob ich ähnlich wie der konsultierte Kollege gehandelt hätte. Meistens kann ich dessen Vorgehensweise gut nachvollziehen, was auf mich ausgesprochen beruhigend wirkt. Folgt man den Ausführungen, so versuchen sich die Beteiligten gern in der Schwere der erlebten Erkrankungen zu übertreffen. Welchen Sinn macht das denn? Ganz einfach, gewöhnliche Geschichten interessieren einfach Niemanden .Abgesehen davon hat man es geschafft, sollte man das letzte Wort gehabt haben, sich an die Spitze von irgendeiner Rangliste zu setzen und Ranglisten erfreuen sich einer großen Beliebtheit. Ganze Fernsehsendungen beschäftigen sich

226

regelmäßig mit solchen Listen und die Leute schauen sie an. Steht ein Titel erst einmal oben in den Charts, muss er nach Ansicht der Leute so gut sein, dass er unkritisch gekauft werden kann, egal ob Buch, Film oder Musikstück. Und aus dem Sport sind Tabellen gar nicht wegzudenken, denn ohne sie wäre jeglicher Wettbewerb sinnlos.

Oft macht man sich jedoch gar keine Gedanken, was es bedeutet, im Wettbewerb oben zu stehen. Die meisten Eltern, die alle verständlicherweise stolz auf ihren Nachwuchs sind, wünschen sich, dass ihre Kinder möglichst bei jeder sich bietenden Gelegenheit ganz oben stehen. In vielerlei Hinsicht ist dies ja auch zweifelsfrei schön, denn was schadet es, wenn ein Kind besonders gut malen, singen oder schnell laufen kann? Ist ein Kind im Vergleich zu anderen besonders ehrgeizig und kann gleichzeitig gut malen, sollte es bereits im Kindergarten darüber nachdenken, später Architekt zu werden, denn in diesem Beruf hat es beides, das Zeichnen und den Wettbewerb der Ausschreibungen. Dies ist natürlich nicht ernst gemeint, sondern bezieht sich auf übertrieben frühe Karriereplanungen für den Nachwuchs. Lassen sie sich bloß nicht einreden, dass sie ein allzu großes Wörtchen mitzureden hätten, der Weg, den das Kind einschlagen wird, ergibt sich von allein und es kommt ohnehin alles anders, als gedacht. Als Musiktherapeut wird es später nur marginal von der frühkindlichen Fremdsprachenedukation profitieren, wohin gegen der geschickte Umgang mit Menschen vermutlich selten schadet. Werte glaubhaft vorgelebt zu bekommen beeindruckt vermutlich schon viele Kinder im Laufe ihres Lebens.

Zurück zu den nicht überschaubaren Dingen, die die Spitze mit sich bringen kann. Fragt man Eltern, ob sie sich eine Hochbegabung für ihr Kind wünschen, antworten die meisten vermutlich mit ja. Es ist sogar möglich, Kinder, die über eine gewisse Auffassungsgabe verfügen, so auf entsprechende Tests vorzubereiten, dass sie die erforderliche Punktzahl erreichen, die notwendig ist, um als hochbegabt zu gelten. Nimmt man nun wirklich hochbegabte Kinder unter die Lupe, so beobachtet man bei ihnen ein sich von durchschnittlich begabten Kindern deutlich unterscheidendes Sozialverhalten. Dies beginnt schon bei der Sprache und geht weiter bei der permanenten Unruhe. Diese Kinder fordern permanenten Input, hinterfragen noch mehr als andere und fallen schnell als Störenfriede in einer Gemeinschaft auf. Diese ununterbrochene Unruhe, oft gepaart mit einem deutlich reduzierten Schlafbedarf kann das soziale Umfeld unglaublich fordern. Treffen diese Kinder auf Gleichaltrige, erfahren sie zügig Ablehnung, da die anderen schnell einen Unterschied, vielleicht sogar eine diffuse, unbewusste Angst verspüren. Das hochbegabte Kind ist ein willkommenes Opfer und häufig kreuzunglücklich. Es wünscht sich „normal" zu sein, integriert ins soziale Umfeld, doch es steht sich mit seiner Art, die oft im Zwischenmenschlichen schroff wirkt, selbst im Weg. Da nutzt ihm seine hohe Auffassungsgabe überhaupt nichts. Am schlimmsten ist es vermutlich für diejenigen, bei denen nicht einmal jemand auf die Idee kommt, warum dieses Kind das für die Außenwelt merkwürdige Verhalten an den Tag legt. Schnell ist man mit der Vermutung eines zugrunde liegenden ADHS dabei und tut den Betroffenen noch mehr unrecht. Meine Patentante war jahrzehntelang Förderschullehrerin an einer Schule für lernbehinderte Kinder und sie erzählte mir von einem solchen Kind, welches nie richtig verstanden wurde. Es störte so lange, bis es irgendwann bei ihr landete, viel zu spät, um das vorhandene Potenzial noch sinnvoll nutzen zu können und erst da stellte sich heraus, dass es einen IQ von deutlich über 130 hatte. Also, wie überall hat auch hier jeder Medaille ihre zwei Seiten. Ich kenne solche Kinder und ihre Probleme und aus meiner jetzigen Sicht ist der Wunsch dieser vielen Eltern, auch ein hochbegabtes Kind zu haben, nicht mehr nachvollziehbar, denn diese wissen gar nicht was es wirklich bedeutet.

Seien Sie bitte einmal ehrlich, haben Sie nicht auch im Laufe Ihres Lebens erfahren, wie viel Wettbewerb Sie ausgesetzt waren? Bis auf den selbst gewählten sollten Kinder einfach Kinder sein und ihre Erfahrungen sammeln. Wenn sie um Förderung bitten, klar unbedingt, aber zwangsweise sind nur wenige Talente zum Erfolg gekommen.

Ich glaube auch den Medienberichten von Prominenten, die unter ihrem Ruhm sehr zu leiden haben. Dass ihnen ein normales Leben fehlt und dass sie ihr Weg nicht selten an Abgründe führt. Auch sie haben sich irgendwann einmal an die Spitze einer Rangliste gesetzt und jetzt müssen sie mit den Konsequenzen klarkommen. Wenn wir uns wirklich einmal bemühen, uns in diese Menschen hineinzuversetzen, zu verstehen, was es bedeutet, permanent unter Beobachtung zu stehen, für Sachen kritisiert zu werden, die anderen Menschen zugestanden werden, sich nicht unterhalten zu können, ohne belauscht zu werden. Wie grauenvoll! Und es gibt kein Entkommen, insofern ist der Griff zu Drogen oder Alkohol nicht so schwer nachvollziehbar, dass sie ein Ausweg aus der erdrückenden Realität zu sein scheinen. Was nutzt denn das tolle Haus, wenn es eigentlich ein goldener Käfig ist? Ist die Yacht auf der Sie sich mit Menschen umgeben müssen, die sie eigentlich gar nicht um sich haben wollen, wirklich so erstrebenswert? Ich glaube, wenn Sie ehrlich darüber nachdenken, bietet Ihr Leben viel, was Sie zufrieden machen könnte, wenn Sie es nur zur Kenntnis nehmen würden und wenn wir beim Wettbewerb bleiben wollen, mehr als das Leben von manch Anderem bietet, dem wir irgendetwas neiden.

Was ich auf keinen Fall unter den Tisch fallen lassen möchte, ist der von uns so sehr gepflegte Passivsport. Viele von uns wohnen mit großer Freude Sportlern beim Ausüben ihres Hobbies bei. Die Gladiatoren von heute müssen Gott sei Dank ihre Niederlagen nicht mehr mit dem Leben bezahlen, schlimmstenfalls mit Hohn und Spott. An jedem Wochenende versammeln sich rund um die Dorffußballplätze einige Hundert Zuschauer, die ihre Teams anfeuern, egal ob Kreis- oder Landesliga. Man schwelgt in Erinnerungen guter, alter Zeiten als fast der Aufstieg in die Oberliga gelungen wäre oder man erwartet noch die goldene Generation des Dorfes, welche dieses Ziel in fernen Zeiten einmal erreichen könnte. Schlimm ist es, wenn es das verhasste Nachbardorf bereits einmal geschafft hat. Eine Rivalität für die Ewigkeit entsteht und hält sich konsequent über Jahrhunderte, obwohl sich keiner mehr daran erinnern kann, wie sie überhaupt entstanden ist, da sie oft lange vor den eigenen Kindertagen ihren Ursprung hat. Oft hat sie nicht einmal etwas mit dem Sport zu tun, sondern ist politisch oder konfessionell begründet. Die verhassten Protestanten spielen bei den Glasgow Rangers, die Katholiken bei den Celtics. Tagsüber sind die Anhänger der Vereine Arbeitskollegen, die sich schätzen und mögen, in den 90 Minuten des Spiels erbitterte Gegner, manchmal gar Feinde. Über diese Rivalität werden dann, wenn man den gegnerischen Verein in den Abgrund wünscht, einige Kleinigkeiten übersehen. Punkt eins : Ohne Gegner kann kein Fußballspiel stattfinden oder wollen Sie Ihrer eigenen Mannschaft anderthalb Stunden beim Tengeln und Warmmachen zusehen, bis sie wieder bis zur nächsten Woche in der Kabine verschwindet? Also merke: Ein Gegner ist wichtig. Zweitens ohne Schiedsrichter kann kein geordneter Spielablauf stattfinden. Er pfeift dieses Spiel, weil er genauso viel Liebe für diesen Sport empfindet, wie Sie. Nur er kann dafür sorgen, dass die Regeln, die nicht er sich ausgedacht hat, sondern der Fußballverband, eingehalten werden, denn überließe man die Spieler sich selbst, bräche auf dem Platz

Anarchie aus. Er verpfeift keine Mannschaft absichtlich, allerdings kann sich von uns keiner davon frei machen, von äußeren Einflüssen beeinflussbar zu sein. Wenn Sie ein Spieler immer wieder provozieren würde, würden Sie ihn dann nicht unter Umständen mit anderen Maßstäben messen, als die anderen ? Und glauben Sie mir, ein Schiedsrichter, dem seine Fehler nach dem Spiel klar werden, ist derjenige, der sich am meisten ärgert, dem es am meisten Leid tut. Ich glaube auch, dass sie nicht von dem Schutzmäntelchen der Tatsachenentscheidung profitieren, den der Verband ihnen gibt. Wenn sich im Nachhinein eine rote Karte als falsch herausstellt und der Spieler trotzdem gesperrt wird, um dem Schiri nicht in den Rücken zu fallen, macht sich dessen Entscheidung doppelt schwer bemerkbar, was gar nicht in seinem Sinne ist. Punkt drei ist, dass besondere Spiele, wie Lokalderbys oder Spiele gegen den übermächtigen Meister einen besonderen Reiz ausmachen, auf den doch nun wirklich niemand verzichten will. Ich persönlich mag Weltmeisterschaften ohne Holland nicht, es fehlt dann einfach etwas. Wenn natürlich diese Rivalitäten zu körperlicher Gewalt führen, dann hört für mich der Spaß auf. Es sollte jeder Sportsfreund die Chance haben, ohne den Verlust seiner körperlichen Integrität befürchten zu müssen, einem Sportereignis beiwohnen zu können, auch wenn er lautstark seine Meinung von sich gibt. Merkwürdigerweise gehen Begegnungen einiger recht ruppiger Sportarten auf den Rängen viel friedlicher zu, denken wir an Eishockey oder Rugby, obwohl man doch das Gegenteil vermuten müsste. Bei diesen Sportarten, bei denen häufig nur die reelle Spielzeit gemessen wird, erholen sich die Spieler von Fouls deutlich schneller, als bei Sportarten, bei denen eine Bruttospielzeit mit Nachspielzeit die Regel sind. Hier wird nur lange herumgelegen, wenn die Verletzung ernsthaft relevant ist und ich begrüße den Vorschlag der FIFA, man kann von den Herren ja halten, was man will, eine 60 minütige Nettospielzeit einzuführen, eine Idee, die ich schon vor zwanzig Jahren geäußert habe, aber abgesehen davon , dass ich nicht die richtigen Ansprechpartner hatte, hört sowieso keiner auf mich. Hätten wir schon lange haben können... Insgesamt denke ich, dass die Vereine mit ihren Farben und Wappen, den Menschen viel geben können, ihnen eine Identität verleihen, sie in eine Gemeinschaft Gleichgesinnter integriert und sie von der Eintönigkeit ihres Lebens ablenken können. Es gibt Regionen, in denen überdurchschnittlich viele, wenig betuchte Leute leben, die lieber auf das Mittagessen als auf die Eintrittskarte verzichten würden und es wäre schön, wenn sich hochbezahlte Profis diesen Umstand ein wenig häufiger zu Herzen nehmen würden, wenn sie an einem Tag das Wappen auf ihrer Brust küssen und zwei Wochen später den Verein wechseln. Andererseits sind diese Spieler auch nur auf der Suche nach ihrem persönlichen Glück, abhängig von Beratern, geblendet von unglaublichen Gehältern, schon in der Jugend der Realität entrückt, wenn sie auf Händen getragen und umschmeichelt werden ohne dass ihre bis dato noch unreife Persönlichkeit dies alles ertragen kann. Ich kann immer nur wiederholen, betrachtet man Dinge etwas genauer, kann man immer mindestens zwei Betrachtungsweisen finden.

Menschen verändern

Es ist das normalste der Welt, dass Eltern versuchen, ihre Kinder in ihrem Sinne zu prägen. Sie haben Wertvorstellungen und versuchen diese an die nächste Generation weiterzugeben, weil sie ihnen etwas bedeuten. Das gleiche gilt für Erzieher und Lehrer, die von Berufs wegen bemüht sind, die ihnen anvertrauten Schützlinge auf den richtigen Weg zu bringen. Komplizierter wird es bei erwachsenen Menschen, die schon ein gewisses Maß an Lebenserfahrung gesammelt haben, bei denen sich bestimmte Denkmuster eingeschliffen haben, die sie unter Umständen sogar gut finden oder zumindest gelernt haben, dass sie damit ganz gut zurecht kommen. Diese Menschen haben zumeist noch weniger Interesse daran, sich erziehen zu lassen als Kinder, erstens weil sie keinen echten Grund dafür erkennen können und zweitens nicht ganz zu Unrecht das Gefühl haben, es nicht nötig zu haben, sich bevormunden zu lassen.
In bestimmten Konstellationen lässt es sich nicht vermeiden, zum Beispiel zwischen Vorgesetzten und deren Untergebenen oder im Rahmen von Maßregelungen und Strafen, dass irgendjemand

die Marschrichtung vorgibt und die anderen folgen und sich anpassen müssen.

Dies sind jedoch alles nicht die Situationen, die ich für bedenkenswert halte. Ich glaube wir Menschen sind oft dazu geneigt, zu versuchen andere in unserem Sinne zu verändern. Häufiges Beispiel dafür scheinen mir Partnerschaften zu sein. Man lernt sich kennen und findet sich recht attraktiv, doch einige Kleinigkeiten stören uns von Anfang an oder im Laufe der ersten Zeit. „Nicht schlimm" denken wir, „dass kriegen wir schon hin" und hier beginnt das Malheur. Es geschieht in den meisten Fällen vermutlich nicht einmal bewusst, sondern ganz nebenbei, dass wir versuchen, unseren Partner langsam und behutsam in unserem Sinne bis zur Perfektion zu verbessern. Wir gewöhnen ihm Eigenheiten ab, die uns als Marotten erscheinen, bringen ihm Höflichkeitsformen bei, die uns wichtig sind, entfremden ihn von Menschen, die uns nicht gefallen und wähnen uns auf dem richtigen Weg zur perfekten Beziehung. Doch sind wir das wirklich? Einige Fragen werfen sich unübersehbar auf, die es zu bedenken gilt: Will der Partner sich eigentlich verändern? Bin ich so, wie mich mein Partner gern hätte, gefällt er mir wirklich noch, wenn er sich im Laufe der Zeit verändert hat? Hinzu kommt noch das Problem, dass der Partner ähnlich Ziele verfolgt und beide langsam Veränderungen erfahren, so dass im Laufe der Zeit zwei vollkommen veränderte Menschen miteinander zu tun haben. Sich einander anpassen nennt sich so etwas wohl, nur vermute ich, dass es immer dominantere und weniger dominante Menschen gibt, so das die Veränderung eine Asymmetrie erfährt, das heißt, dass sich einer mehr, der andere weniger anpasst. Vermutlich steckt hinter dem Ansinnen gar keine schlechte Absicht, nur ist im Vorfeld für keinen ersichtlich, was Veränderungen für Folgen nach sich ziehen. Unklar ist auch, ob der von uns nach und nach umgestaltete Mensch uns überhaupt noch gefällt, weil er, wie wir später feststellen, gar nicht mehr derjenige ist, den man einmal kennengelernt hat. Das hatten wir uns eigentlich anders vorgestellt. Betrachten wir einmal den zuletzt konstruierten Fall etwas genauer. Dabei sollte uns auffallen, dass es sowohl am Anfang als auch am Ende nicht befriedigend war. Der Partner war uns weder vor noch nach der Veränderung recht. Vielleicht wäre es entweder schlauer gewesen, von vornherein nach jemanden Ausschau zu halten, der uns wirklich gefällt und nicht erst nach unseren Wünschen modelliert werden muss. Oder man hätte sich auf die Art des anderen einlassen können, wie er anfänglich war. Ich vermute allerdings, dass wir das gar nicht können. Vielleicht gibt es ja auch gar keinen richtig passenden Partner flüstern uns die Zweifel ein. Tief in uns drin muss ein fest verwurzelter Drang bestehen, alles und jeden zu verbessern und zugegeben, oft geht es ja auch gut. Beobachten lässt es sich vermutlich bei jedem Paar in ihrer Bekanntschaft, außer bei Ihnen selbst, natürlich. Trifft man sich zu einem gemütlichen Abend mit anderen Leuten, die paarweise auftreten, so fällt doch zumindest ein Paar dadurch auf, dass an einem der beiden ununterbrochen herumgemäkelt wird und zwar nicht von den Außenstehenden, sondern vom Anhang. Wir schütteln innerlich verständnislos den Kopf ob dieses permanenten Genörgels, doch seien wir ehrlich, auch in uns schlummern solche Anwandlungen. Scheinbar geschmacklose Pullover, Unordentlichkeit, übertriebener Ordnungssinn, kleine Geräusche und Gesten, die anfänglich noch niedlich waren, würden wir gerne im Laufe der Zeit abschaffen. Warum in aller Welt fällt es uns so schwer, Menschen so zu nehmen wie sie sind? Überlegen wir noch eine Sache. Manchen Menschen sind ihre Partnerschaften oder ihre Freundeskreise so wichtig, dass sie bereit sind, dafür große Opfer zu bringen. Sie sind bereit, eine Rolle zu spielen, nur um so zu erscheinen, wie sie glauben, dass es erwartet wird. Diese Schauspielerei ist auf Dauer eine unglaubliche Belastung, es dürfen einem keine Fehler unterlaufen und im Unbewusstsein dämmert uns, dass die Person, die wir wirklich sind, nicht beliebt genug ist. Wenn das nicht kränkend ist!

Wir wissen auch, dass Geschmäcker verschieden sind, aber ausgerechnet der des besten Freundes? Das muss ja nun wirklich nicht sein, dass dieser einen unmöglichen Fußballklub seinen Lieblingsverein nennt oder die Musik der grottigsten Band auf Erden liebt, ganz zu schweigen von seinem Autogeschmack. Anstatt ihn einfach zu lassen, versuchen wir ihm seine Leidenschaften madig zu machen, warum? Was haben wir davon? Wenn wir uns darauf einließen, würden wir mit Sicherheit auch an seinen Vorlieben etwas Positives entdecken, denn der Rest dieses Menschen bedeutet uns doch weiß Gott wie viel. Viele von uns werden im Laufe ihres Lebens gnädiger in der Beurteilung unserer Umwelt, offener für Alternativen.

Beobachten wir Kinder, so bekommen wir häufig mit, dass eines zum anderen sagt: „Das musst Du aber so machen" anstatt sich um sein eigenes Tun zu kümmern. Haben sie es zuhause gelernt oder steckt es bereits in ihnen drinnen, dass die Korrektur anderer die oberste Priorität genießt?

Leider lässt sich dieses Verhalten auch auf viel größere Dimensionen übertragen. Als unsere Vorfahren sich auf Schiffen auf den Weg um die Welt machten, trafen sie auf Naturvölker, deren Lebensstil, mit dem diese Völker seit Jahrhunderten im Einklang mit der Natur lebten, für sie einfach nicht akzeptabel war. Denen musste beigebracht werden, welches der richtige Gott ist, wie zivilisierte Menschen miteinander umgehen und welche Werte wichtig sind. Auf diese Weise gelang es uns in beachtenswerter Geschwindigkeit, die Welt dieser Menschen zu zerstören. Fragen Sie einmal einen Schwarzafrikaner oder einen indigenen Bewohner Amerikas nach seiner Einschätzung, ob sein reales Leben in seinen Augen besser ist, als das, welches er vermutlich führen würde, hätten nicht vor einigen hundert Jahren Siedler Alles verändert.

Irgendwie stecken in uns bemerkenswert selbstzerstörerische Tendenzen. Natürlich können wir heute nur schwerlich rückgängig machen, was wir im Laufe von Jahrzehnten angerichtet haben, doch wir hören auch nicht damit auf, im negativen Sinne auf die Welt einzuwirken. Wir scheinen in vieler Hinsicht komplett erfahrungsresistent zu sein. Uns ist bewusst, dass unser Verhalten im Laufe der Zeit zu Schäden geführt hat, die irreparabel sind und dennoch lassen wir uns nicht davon abhalten, weiterhin unvernünftig vor uns hin zu wirtschaften. Allerdings tut es offensichtlich gut, mit dem Finger auf andere zu zeigen und in einen allgemeinen Kanon einzufallen, wenn sich denn jemand gefunden hat, mit dessen Sicht der Dinge die Allgemeinheit nichts anfangen kann. Oft hat die Allgemeinheit ja auch recht mit ihrem Aufschrei der Empörung, vergisst aber in ihrer Begeisterung über die gefundenen Fehler anderer vor ihrer eigenen Haustür zu fegen.

Zum Thema Doppelmoral fand sich am 4. Juni 2017 in der FAZ Online ein Blog mit dem Titel „Im Klimahinterhof der kleinen deutschen Trumps" vom Verfasser Don Alonso. Er beschreibt wunderbar anhand von Fahrrädern, die achtlos stehengelassen werden, nachdem sie vermutlich unter ökologischen Aspekten erstanden worden sind,wie gedankenlos wir, selbst mit anfänglich hehren Zielen, mit unserer Umwelt umgehen. Wir kaufen, um uns umweltbewusst fortbewegen zu können, neue Fahrräder, deren Einzelteile aus allen Teilen der Welt stammen, produziert aus energieaufwändigem Aluminium, um sie dann nach kurzer Zeit nicht mehr gebrauchen zu können und an einem Zaun angeschlossen sich der Selbstentsorgung zu überlassen. „Gut gemeint ist oft das Gegenteil von gut", sagte schon vor Jahren Dr. Appelt, einer meiner ersten Oberärzte.

Aber eigentlich wollte ich mich ja zum Thema „andere Menschen verändern wollen" äußern, bin nur wieder auf Abwege geraten, ich bitte um Entschuldigung. Zunächst stellt sich die Frage, warum sind wir so erpicht darauf, Veränderungen an Anderen vorzunehmen? Es bieten sich mehrere Antworten an. Die am nächsten liegende wäre, weil der Ausgewählte in seinem Ausgangszustand noch nicht perfekt ist. Ein Argument, das nur schwer zu entkräften ist, da wir bekanntlich fast alle unsere Fehler haben, die wenigen Ausnahmen wissen, dass sie nicht gemeint sind. Und mit diesem noch verbesserungsfähigen Aussehen oder Verhalten ist ein Zusammenleben schließlich nicht zumutbar und außerdem profitiert der später optimierte Partner ja auch von seinem Fortschritt, so denken wir zumindest Dabei übersehen wir nur einige Kleinigkeiten, zum Beispiel die Uneinsichtigkeit des Anderen oder, das ist jedoch nur hypothetisch, die eigenen Fehler in der Sicht der Dinge und die eigenen kleinen Unzulänglichkeiten, die kurz über lang zu einem Scheitern der Mission „bewusst herbeigeführte Veränderung" führen. Natürlich ist es normal, sich im Laufe der Zeit anzugleichen, Kompromisse zu finden, auch alte Werte über Bord zu werfen, um neue zu kreieren, schließlich ist das Leben ein fortlaufender Fluss. Allerdings bereits mit dem Plan, den Anderen zurecht zu biegen, in eine Partnerschaft zu gehen, ist bedenklich. Zweiter Grund könnte einfach eine Unüberlegtheit sein. Vielleicht stört einen konkret gar nichts, nur verändern kann ja nie schaden und diese Herangehensweise gehört überdacht. Überlegen Sie einmal, wie es Ihnen geht, wenn Sie verliebt sind. Sie betrachten heimlich Ihren Partner, wissen, dass er oder sie nicht dem allgemeinen Schönheitsideal bis ins letzte Detail entspricht und trotzdem ist er doch in der Phase der ganz großen Gefühle perfekt. Nichts würde ihn wirklich verbessern. Hat eine solche Beziehung die Zeit überdauert, schadet es bestimmt nichts, sich daran nach einigen Jahren noch zu erinnern, gab es solche Gedanken und Gefühle nie , war von Anfang an etwas faul. Unter Umständen ist auch die Unzufriedenheit mit sich selbst ein Grund, beim Anderen etwas zu verbessern, weil es bei einem selbst so unsagbar schwer ist. Wie dem auch sei, plädiere ich für mehr Toleranz.

Ich hatte neulich mit meiner Tochter ein Gespräch über Attraktivität im optischen Sinne und habe der Natur vorgeworfen, diesbezüglich einen dicken Fehler gemacht zu haben. Ich verstehe nämlich nicht, warum es so etwas , wie einen allgemeinen Geschmack gibt. Damit meine ich, dass es doch eigentlich sinnlos ist, dass manche Menschen für unglaublich viele andere Menschen attraktiv sind und andere nicht. Es würde doch viel mehr Sinn machen, wenn die Geschmäcker so verschieden wären, dass jeder praktisch gleich viele Interessenten hätte. Natürlich ist mir auch klar, dass es der Arterhaltung dienlich ist, sich mit dem Partner zusammenzutun, der am besten mit seiner Körperkraft in der Lage ist, die Familie zu verteidigen oder mit seinem scheinbaren Wohlstand selbige zu ernähren oder mit der Partnerin, die allem Anschein am besten in der Lage ist, Kinder zu gebären, doch das begründet doch nicht die oben aufgeworfene Frage nach dem Sinn des überwiegend ähnlichen Geschmacks. Meine Tochter allerdings hält diese Herangehensweise der Natur für logisch und der Arterhaltung zuträglich. Bemerkenswert ist auch der sich wandelnde Geschmack im Laufe der Epochen, die Mode scheint schon wichtiger zu sein, als ich es wahr haben möchte. Dumm ist nur, dass wir diesbezüglich unglaublich beeinflussbar sind. Denken wir nur daran, wie viele junge Frauen modelartig aussehen möchten und das verrückte an der Sache ist, dass vermutlich kein Mann, der nicht gerade in der Modebranche tätig ist, seine Traumfrau so beschreiben würde, wie das Durchschnitts-Topmodel aussieht. Wie ist eine solche Entwicklung nur möglich? Da steckt doch ein dickes Paradoxon dahinter, denn einerseits dient Mode zur Steigerung der Attraktivität des Trägers, es braucht mir keiner behaupten, man kleide sich nur für sich selbst geschmackvoll, das ist doch Unsinn, und andererseits müssen die die Mode präsentierenden Frauen einem Standard entsprechen, der dem anderen Geschlecht gar nicht am besten gefällt. Erklären Sie es mir, wenn Sie können, ich bin da ratlos. Wäre es nicht viel sinnvoller, gesunde, dichter an der Realität befindliche Menschen als Mannequins auf die Bühne zu schicken?

Ohnehin machen wir viel an der Optik fest und zwar nicht nur an der, die wir sehen, sondern auch an der, die wir erwarten. Aus unerfindlichen Gründen erwarten wir immer wieder Makellosigkeit, obwohl es die gar nicht gibt, es sei denn wir retuschieren Fotos. In Frankreich wird es jetzt zur Pflicht, diese Retuschen an Fotos aufzuzeigen, um dem ungebremsten Wahn junger Menschen diesem unerreichbaren Ziel hinterherzujagen, wenigstens etwas Einhalt zu gebieten. Ich hoffe, es gelingt damit, wenigsten ein paar wenige junge Menschen davon abzuhalten, sich in einen krankhaften, manchmal lebensbedrohlichen Zustand zu hungern.

Ich habe es schon zwischen den Zeilen gesagt, aufgrund des Überwiegens unseres optischen Sinnesorgans, spielt das Aussehen eines Menschen eine große Rolle für dessen Anziehungskraft. Doch gehen wir einmal mit offenen Augen durch eine Menschenmeng, zum Beispiel einen Rummelplatz und beobachten die Leute nur unter dem Aspekt, ob sie uns gefallen und wenn ja, ob sie uns auch gefallen würden, hätten sie nicht mit Kleidung und Makeup nachgeholfen. Ich vermute, sie werden feststellen, dass in Ihren Augen wirklich schöne Menschen eine Rarität sind. Und das ist auch gut so, denn es erhöht unseren eigenen Stellenwert und das tut gut, da wir oft sehr selbstkritisch mit uns sind und das ist oft gar nicht nötig hätten. Viele Menschen merken gar nicht, dass sie sich nicht verstecken brauchen und sind unglaublich perplex, wenn sie unverhofft gelobt werden, denken Sie an meine Erinnerung an die Worte meiner Tochter, die im Kindesalter Kassiererinnen als schön titulierte. Auf deutsch gesagt, Sie sehen im Durchschnitt besser aus, als Sie denken.

Zurück zu den Erwartungen. Denken Sie bitte einmal an ein Gesicht, welches durch eine Narbe verändert ist. Sie denken darüber nach, wie viel

247

schöner es ohne Narbe wäre, doch ist das nicht relativ? Hat das nicht nur mit unserer Erwartung zu tun, wie ein Gesicht auszusehen hat? Erzählt die Narbe nicht sogar eine Geschichte aus dem Leben des Betrachteten? Ist es nicht immer noch schön, wenn wir unsere Erwartung einmal ausschalten? Denken Sie bitte einmal darüber nach. Gehen wir ein Stück weiter und öffnen einmal das weite Feld des menschlichen Geschmacks. Eine Narbe ist in der Regel Folge einer Krankheit oder Verletzung, sie birgt in der Regel eine gewisse optische Härte in dem sie weichere Züge durchbricht, ich hoffe, dies einigermaßen richtig formuliert zu haben. Andererseits verleiht sie eine Form von Individualität, weil die meisten Leute an dieser Stelle nicht vernarbt sind und dass dieser Umstand offensichtlich für viele Menschen interessant ist, zeigt der große Absatz an Piercings. Auch diese lassen Gesichtszüge asymmetrischer und oft härter wirken und trotzdem haben sie eine riesige Anhängerschar, ebenso wie Tattoos mit martialischen Motiven. Was möchte ich damit sagen? Selbst wenn Sie ein scheinbarer Makel, wie ein Muttermal oder Narbe ziert, er macht sie nicht zwingend hässlicher, sondern individueller.

Zwischen Individualität und Konformität liegt allerdings oft nur ein schmaler Grat. Manche

Menschen scheinen mit ihrem Äußeren so unglücklich zu sein, dass sie den schweren und schmerzhaften Schritt gehen, sich durch kosmetische Chirurgie verändern zu lassen. Manchmal aus eigenem Wunsch und manchmal durch äußeren Druck, um anderen besser zu gefallen. Leider führt das bei genauer Betrachtung dazu, wenn ein bestimmtes Maß überschritten wird, dass diese Leute immer mehr ihr menschliches Äußeres verlieren. Oft, zum Beispiel nach Botox Einsatz, nur vorübergehend, bis die Wirkung des Nervengiftes nachlässt, oft, sobald das Skalpell zu Hilfe genommen wird, bis ans Lebensende. Dabei nimmt man den Verlust der mimischen Muskulatur in Kauf, die wir benötigen, um mit Hilfe des Gesichts Emotionen zu signalisieren. Bemerkenswert! Grund für solche Entscheidungen ist in häufigen Fällen das Lebensalter, welches kaschiert werden soll. Man möchte jünger sein und dementsprechend auch aussehen, man möchte mit jüngeren Menschen, die sich inmitten ihrer höchsten Paarungszeit befinden, mithalten können und greift auf solche Tricks zurück. Besonders irritierend empfinde ich dies bei prominenten Menschen, deren Geburtsdatum problemlos zu googlen ist, wenn nicht sowieso jeder deren Alter anhand der Länge ihrer Medienpräsenz schätzen kann. Spielen diese Menschen nicht mit ihrer eigenen Glaubwürdigkeit? Ist es nicht ein Grund stolz zu sein, schon so viele Jahre auf der Welt verbracht und so viele Dinge durchlebt zu haben? Das kann einem doch keiner mehr nehmen, je älter man ist, desto mehr Erinnerungen hat man doch. An den Sonntagen, an denen ich zur Ruhe komme und Zeit habe, meinen Gedanken nachzuhängen, ich gelegentlich wehmütig in Erinnerungen schwelge, tröste ich mich damit, dass es keinem meiner Weggefährten vergönnt ist, im Jugendalter stehen geblieben zu sein, sie sind alle mitgealtert und heute ist die Zeit einer neuen Jugend und so wird es immer weitergehen und so erging es schon tausenden von Generationen. Abgesehen davon, hat die Endlichkeit auch etwas Tröstliches, in jedem Leben gab es schließlich auch schwere Zeiten, die man froh ist, hinter sich zu haben und die man kein zweites Mal durchleben will.

Aber es spielen selbstverständlich und gottlob viele andere Gründe eine Rolle, warum uns Menschen faszinieren. Psychologen haben festgestellt, dass Männer mit Witz und Intelligenz unglaublich viel wett machen können. Dass dies im umgekehrten Sinn, zumindest was die Intelligenz angeht, auf Frauen nicht in gleichem Maße zutrifft, wirft kein besonders gutes Bild auf uns Männer. Dennoch gibt es so etwas wie Ausstrahlung, eine gewisse Aura, die manche Menschen mehr und andere weniger umgibt, die schwer erklärbar ist. Manche Menschen können einen ganzen Raum nur durch ihre Anwesenheit einnehmen und ich vermute es liegt daran, dass diese Menschen eine besondere Fähigkeit besitzen, etwas zu reflektieren, das heißt, sie geben den Menschen irgendetwas, was ihnen wichtig ist, zum Beispiel Anerkennung, Aufmerksamkeit und Wertschätzung. Sie tun dies unbewusst und nicht als Masche, es ist ihnen einfach in die Wiege gelegt. Teilweise kann man so etwas bestimmt lernen und wir täten alle gut daran, einige Lektionen zu nehmen. Stellen Sie sich einmal vor, wir täten uns alle gegenseitig gut, wie schön könnte die Welt sein, wenn wir alle das Interessante in unseren Mitmenschen suchen und finden könnten. Jeder Mensch ist in meinen Augen interessant. Bei jedem Menschen lohnt es sich zu fragen, was hinter dessen Kopf vorgeht, was er für Gedanken hat. Niemand ist uninteressant, wir schaffen es nur immer wieder, es uns einzureden und Menschen zu Unrecht abzuqualifizieren, oft nur aus einem ersten Eindruck heraus und vollkommen ungerecht. Vielen Menschen ist es leider nicht gegeben, sich besonders eloquent oder geschickt in Worten auszudrücken, doch das bedeutet doch noch lange nicht, dass sie keine interessanten Gedanken hegen.

Der Volksmund behauptet zwar, der erste Eindruck sei prägend, doch das stimmt nicht immer. Natürlich macht es Sinn, einen guten ersten Eindruck zu hinterlassen, um im weiteren Verlauf bessere Chancen zu haben, weil es vielleicht keinen zweiten Eindruck gibt, zum Beispiel bei einem Vorstellungsgespräch. Wenn es jedoch einen zweiten Eindruck, eine zweite Chance gibt, sieht die Welt ganz anders aus.

Überlegen Sie nach einigen Jahren einmal, wie ihr erster Eindruck von Ihrem Stammurlaubsort, von Ihren Kollegen oder ihrer Eckkneipe war und mit welchen Augen sie sie heute sehen. Erkennen Sie den Unterschied?

Einen Punkt gibt es auf jeden Fall, das möchte ich abschließend hierzu noch sagen, an dem ich an mir schon seit vielen Jahren bisher erfolglos arbeite und das ist mein unwillkürlicher Gesichtsausdruck. Jedes Mal, wenn ich, zum Beispiel beim Einkaufen, unverhofft in einen Spiegel schaue, empfinde ich meine Mimik als grimmig, obwohl dies nicht Ausdruck meiner augenblicklichen Gefühlslage ist. Schaue ich dann auf meine Mitmenschen, stelle ich fest, dass es offensichtlich vielen so geht und wie erfrischend ich ein Lächeln empfinde. Probiere ich dann bewusst aus, Menschen anzulächeln, lächeln diese häufig zurück und ich vermute, es geht uns dann beiden besser.

Um Menschen kennen zu lernen, sollte man zuhören können. Immanuel Kant sagte einmal, der Zuhörer sei ein schweigender Schmeichler. Was wollte er damit sagen? Ganz einfach, er bezog sich auf eine der zwei Sachen, die viele Menschen besonders schätzen, nämlich gelobt zu werden oder von sich selbst zu erzählen. Hier gibt es allerdings einige Hindernisse. Zum einen ist die Aufmerksamkeitsspanne eines jeden Menschen individuell begrenzt. Man geht davon aus, dass wir einen uns interessierendem Vortrag zirka 18-20 Minuten folgen können, wenn der Redner keine geschickten Abwechslungen einbaut und dann in unsere eigen Gedankenwelt abschweifen. Noch extremer ist es mit Botschaften, die wir herüberbringen wollen, denn für die Kernbotschaft habe wir im Schnitt acht Sekunden Zeit, was unseren Werbeschaffenden sehr bewusst ist.

Es ist eine große Kunst, anderen Menschen wirklich zuzuhören und man unterscheidet nach Anthony Alessandra vier Typen von Zuhörern auf die ich gleich noch eingehen werde. Zunächst einmal wieder eine Anmerkung in eigener Sache: In vielen Zeitschriften wird darauf hingewiesen, dass Sie sich, wenn Sie einen Arzt aufsuchen, eine Liste der Punkte machen sollen, die Sie ansprechen wollen, um nichts zu vergessen. Vergessen Sie dabei bitte eine Sache nicht: In unserem Gesundheitssystem steht der Arzt massiv unter Zeitdruck, das Wartezimmer ist voll und er weiß um diesen Umstand. Überschätzen sie also bitte nicht die Aufnahmekapazität ihres Arztes und fragen Sie sich bitte, ober er wirklich alle Fakten braucht, die Sie vortragen, um eine richtige Diagnose stellen zu können, wie gesagt, auch seine Aufnahmekapazität ist begrenzt.

Das Hören ist, vielleicht noch vor dem Sehen unser wichtigster Sinn. Das Ohr ist in unserer embryonalen Entwicklung das erste fertiggestellte Sinnesorgan und dieser Umstand ist in seiner Wichtigkeit begründet. Wer nicht hört, ist von der Kommunikation und somit von einem Großteil der Außenwelt abgeschnitten. Die Wörter dumm und taub haben den gleichen Ursprung, obwohl sie Unterschiedliches meinen, allerdings ist der Taube von akustischen Kommunikationswegen abgeschnitten und verfügt somit über einen bedeutsamen Informationsmangel, was man irrtümlich als dumm empfand, welche Ungerechtigkeit! Hören ist ein sehr komplexer Vorgang. Zunächst empfangen wir die Informationen, dann kommt das Verstehen, daran schließt sich die Analyse des Verstandenen an, um letztendlich abgespeichert zu werden. Man versetze sich in einen schwerhörigen Menschen in einer Situation mit vielen störenden Nebengeräuschen und stelle sich einmal dessen Stress vor. Es beginnt zunächst damit, dass er nur bruchstückartig die Informationen empfängt. Das heißt, er muss sich aus Teilinformationen einen Sinn des akustisch Verstandenen ergründen. Damit beginnt er natürlich viel früher als ein gut Hörender, weil dessen Gehörtes vollständig im Vergleich zum Schwerhörigen ankommt. Das heißt, der Schritt der Analyse beginnt beim Schwerhörigen früher und er kann sich nicht mehr auf das Zuhören konzentrieren und noch mehr Informationen gehen ihm verloren. War Ihnen dieser Umstand klar? Bitte seien Sie geduldiger mit schlecht hörenden Menschen, diese leiden unter einem gewaltigen Druck und auch moderne Hörgeräte sind nicht in der Lage, ihren Mangel zu kompensieren.

Kommen wir auf den Zuhörer zurück. Der Harvard -Professor William Ury fand einmal heraus, dass gute Zuhörer bessere Verhandlungsergebnisse erzielen als schlechte. Beurteilen Sie einmal für sich, welcher Typ von Zuhörer Sie sind. Typ 1 ist der Weghörer, den ohnehin nicht interessiert, was sein Gegenüber zu sagen hat. Typ 2 ist der selektive Zuhörer, der nur heraushört, was er hören will. Eines der bekanntesten Beispiele dafür war König Krösus von Lydien, der das Orakel von Delphi befragte, ob er das Persische Reich angreifen solle. Die Antwortet lautete, wenn er angriffe, werde er ein großes Reich zerstören. Er implizierte einen eigenen Sieg, griff an und ging unter. Typ 3 heißt bewertender Zuhörer, er bereitet beim Zuhören schon Gegenargumente vor, will die Debatte gewinnen, und Typ 4, der aktive Zuhörer, schenkt aktive Aufmerksamkeit und stoppt seinen inneren Monolog, während sei Gegenüber spricht, der ideale Zuhörer. Von ihm können sich vermutlich die meisten Menschen eine Scheibe abschneiden, er vermittelt seinem Gegenüber die meiste Wertschätzung mit ihm umgibt man sich gerne. Andererseits, wie ich oben schon über mich und meine Kollegen schrieb, überfordern Sie ihn nicht, er ist kein Übermensch, auch seine Aufnahmefähigkeit ist begrenzt, aber im Rahmen seiner Möglichkeiten stiftet er Zufriedenheit.

„Jeder soll nach seiner Fasson glücklich werden" ist ein geflügeltes Wort, das auf den preußischen König Friedrich II. zurückgeht. Zunächst würde diesem Satz vermutlich jeder zustimmen, doch oft ist damit nur die eigene Fasson gemeint. Freiheit ist laut Rosa Luxemburg immer die Freiheit der Andersdenken, eine Ansicht mit der wir uns schon schwerer tun, zumal es nicht nur um denken, sondern auch um fühlen und empfinden geht.

Hochaktuell ist das in der letzten Woche im Bundestag verabschiedete Gesetz der Gleichstellung Homosexueller und deren damit verbundenes Recht der Eheschließung als Grundvoraussetzung, Kinder bekommen zu können, sei es durch Adoption oder künstliche Befruchtung. Von meiner Seite will ich zunächst von Herzen denjenigen dazu gratulieren, die jahrzehntelang dafür gekämpft haben. Gute Kindererziehung ist für mein Dafürhalten in allererster Linie abhängig von der Liebe, die dem Kind entgegengebracht wird und die ist ja wohl unabhängig von Geschlecht oder sexueller Ausrichtung, zumal auch in jedem Mann etwas weibliches und in jeder Frau etwas männliches schlummert. Den mir bekannten homosexuellen Paaren traue ich allen zu, ein Kind vernünftig groß zu ziehen, wohin gegen mir bei vielen heterosexuellen Idioten, die sich ungehindert fortpflanzen können, Zweifel aufkommen.

Doch kaum ist die Tinte unter dem parlamentarischen Abstimmungsergebnis trocken, fand ich einen Onlineartikel der Süddeutschen Zeitung, in dem sich der Verfasser über die Verpflichtung zur Eheschließung Gedanken macht, um überhaupt Kinder annehmen zu können. Dies sei doch nicht mehr zeitgemäß, es existierten doch auch viele heterosexuelle Paare, die nicht den Bund der Ehe eingehen möchten und denen das Recht vorenthalten werde, genau so, wie es viele Alleinerziehende und Patchwork Familien gäbe, deren Kinder aus vorangegangenen Partnerschaften stammen, wie er statistisch belegt. Alles gut und schön, doch ich habe nach längerem Nachdenken eine ganz eindeutige Meinung. Erstens vermute ich, dass ein Großteil der Alleinerziehenden nicht freiwillig alleinerziehend sind und der oder die eine oder andere von ihnen, wären sie verheiratet gewesen, gar nicht allein wäre. Zweitens, und das ist für mich der entscheidende Punkt, leben wir in einer Zeit der Unverbindlichkeit, die viele von uns verunsichert. Keiner möchte mehr Verpflichtungen eingehen, aber alle Rechte genießen. Unser Staat ist unglaublich großzügig gegenüber seinen Bürgern, schützt dessen Rechte in einem Maße, wie wir es in nur wenigen Staaten dieser Erde in gleichem Maße finden, fängt sie sozial auf, wenn es nötig ist und ist dennoch bemüht, den Einzelnen in geringst möglichem Maße in seiner individuellen Freiheit einzuschränken, achtet den Datenschutz und weiß Gott was alles noch und viele nutzen diese Annehmlichkeiten so weit es geht aus. Andererseits vermissen wir Werte und Verlässlichkeit, die wir aber scheinbar auch nicht immer bereit sind, zu geben. Wir schimpfen über Arbeitgeber, die sich nicht in der Lage sehen, ihren neuen Mitarbeitern unbefristete Arbeitsverträge zu geben, weil sie selbst ihre wirtschaftliche Zukunft nicht einschätzen können. Wir vermissen Garantien, die früher selbstverständlich waren, Handschläge die Bedeutung hatten, Verträge die erfüllt wurden, jedoch immer nur beim Anderen. Wie bedauern die Unverbindlichkeit Anderer, scheuen uns im Gegensatz dazu, die Ehe einzugehen, da deren Vertragslaufzeit formal erst mit dem Tod eines Partners endet. Diese lange Laufzeit gibt in meinen Augen, wenn man die Ehe ernst nimmt, aber auch ein Stück Sicherheit, dieser Vertrag wird vermutlich schwerer aufgekündigt als eine mündlich und individuell ausgemachte Partnerschaft.

Natürlich ist die Halbwertszeit einer Ehe nicht unendlich, die Scheidungszahlen belegen dies, doch vermutlich hält sie im Schnitt länger, als andere Gemeinschaften und das ist oft im Sinne der daraus hervorgehenden Kinder. Der Schutz der Ehe ist in meinen Augen auch ein wenig Schutz der immer mehr verschwindenden Verbindlichkeit und Verlässlichkeit, nach der sich viele sehnen. Und wenn homosexuelle Paare diese Verpflichtung eingehen, sollen sie auch die damit einhergehenden Rechte haben und die es nicht tun, eben nicht. Zeit zur Diskussion.

Wohin soll das Alles führen?

Die Selbsteinschätzung von uns Menschen erscheint mir bisweilen etwas komisch, allerdings
rede ich nur von Menschen aus meinem gewohnten Kulturkreis, die anderen kenne ich ja
nicht. Wie ich im letzten Kapitel erwähnte, ist
meines Erachtens der Schlüssel zu einer erfolg-
reichen Kommunikation ein gewisses Maß an
Selbstbewusstsein, welches auf Selbstvertrauen
basiert. Auf deutsch gesagt, wer weiß, dass er
etwas kann, ist in der Regel selbstbewusster, als
jemand, dem dies nicht bewusst ist. Das ist erst
einmal die einfache Variante. Das bedeutet auch,
dass man Selbstvertrauen erlangen kann, je
mehr Fähigkeiten man sich aneignet. Leider funktioniert das nicht in allen Fällen. Einerseits gibt es
viele, viele Menschen, die gar nicht wissen, was
in ihnen steckt oder die ihre Fähigkeiten deutlich
zu tief einschätzen und andere, die ihr Selbstbewusstsein aus Quellen schöpfen, die der Außenwelt vollkommen unklar sind.
Wenn ich auf meine Zeit als Jugendlicher oder
junger Erwachsener zurückblicke, so wird mir
klar, dass ich immer das Gefühl hatte, mit anderen nicht mithalten zu können. Der eine war größer als ich, der andere sportlicher, der nächste
beherrschte, im Gegensatz zu mir, ein Instru-

ment oder konnte tanzen. Ich wäre nie auf die Idee gekommen, mich als Gesamtbild zu betrachten. Hätte ich all meine positiven Eigenschaften zusammen betrachtet, hätte ich wahrscheinlich festgestellt, dass ich mich gar nicht hätte verstecken müssen und das hätte vermutlich Konsequenzen gehabt. Ein unsicherer Mensch kommuniziert ganz anders als ein sicherer. Er sendet andere Signale aus, seine Gestik, Mimik und Körperhaltung ist eine andere. Er verkrampft im Gespräch nicht so sehr, sondern ist lockerer und kommt im Zweifelsfall sympathischer bei seinem Gegenüber an und das ist gerade in dem eben erwähnten Alter besonders wichtig, wenn man ein bestimmtes Mädchen respektive Jungen kennenlernen möchte. Stottern oder dummes Zeug zu erzählen ist dabei im Normalfall nicht förderlich. Nun ist es ja nicht damit getan, jemanden aufzufordern, selbstbewusst zu sein, das funktioniert nicht. Oft findet sich eine Ursache, oft ist sie nicht offensichtlich.

Erinnere ich mich an meine Kindheit zurück, so wurde mir immer klar gemacht, dass ich für meine Missgeschicke, Fehlschläge und Niederlagen selbst verantwortlich war. Als ich etwa sechs Jahre alt war, zwang mich ein größerer Junge, dem ich auf dem Spielplatz begegnet war, mich auf einen, in einer Hauswand eingelassen, gemauerten Mülltonnenkasten zu stellen und forderte mich auf, mich keinesfalls wegzubewegen, ansonsten würde ich Prügel bekommen. So stand ich da in meiner Verzweiflung, bis nach einer gefühlten Ewigkeit eine mir unbekannte Frau vorbeikam und mich fragte, was ich da machte. Ich erzählte ihr die Geschichte, woraufhin sie mich beruhigte und mit der Versicherung, dass der fremde Junge weg sei und ich sicher absteigen könne, aus dieser dummen Situation erlöste. Ich rannte nach Hause und erzählte die Geschichte meinem Vater, welcher mir lakonisch erklärte, dass das Verhalten des Jungen vermutlich durch mein vorangegangenes Gebaren ihm gegenüber ausgelöst wurde. Wie deprimierend, ich hatte nämlich nichts getan und auf ein wenig Trost gehofft. Dieses Verhalten mir gegenüber war exemplarisch, immer war ich Schuld. Ich kann mich auch nicht daran erinnern, dass ich bei handwerklichen Aufgaben zuhause helfen durfte, wie es meine Kumpels taten, da mir die Fähigkeit abgesprochen wurde, sie richtig auszuführen. Irgendwann habe ich vermutlich verinnerlicht, für alles zu blöd zu sein. Dies änderte sich eigentlich erst, als ich haufenweise berufliche Erfahrungen gesammelt hatte und selbst ich nicht mehr übersehen konnte, dass ich etwas konnte.

Was will ich damit sagen? Ein Großteil der Verantwortung an der Entwicklung Ihrer Kinder liegt
bei Ihnen, denken Sie öfter darüber nach, bevor
Sie auf sie reagieren, es könnte für die Kinder
Folgen haben, sowohl im negativen als auch im
positiven Sinne. Ich meine damit nicht, vollkommen kritiklos alles gutzuheißen oder ihnen ein
total übersteigertes Selbstwertgefühl einzuimp-
fen, was sie den Bezug zur sozialen Umwelt und
Realität verlieren lässt, sondern in einer von
Ihnen als vernünftig empfundenen Dosierung.
Wie schwierig dieses Unterfangen ist, erlebe ich
gerade bei meinen eigenen Kindern. Wie oft rea-
giere ich unglaublich blöd und ungeduldig! Ich
kenne doch ihre Eigenarten und müsste doch
wissen, das Deeskalation und Geduld oft schneller zum Ziel führen als deren Gegenteil und abgesehen davon bleibt danach ein viel angeneh-
meres Gefühl. Keiner fühlt sich gut, der geschimpft wurde, vor allem, wenn er sich keiner
Schuld bewusst ist und keiner fühlt sich wohl,
wenn er jemanden zu Unrecht dumm angemacht
hat und das passiert mir noch viel zu oft. Mist!
Mein Sohn ist 10 Jahre alt und ich frage mich
ständig, wie ich ihn dazu bringen kann, mehr
Selbstvertrauen zu erlangen. Mir ist klar, dass es
aus seinem eigenen Inneren kommen muss, weiß
aber auch, dass es ihm mit Hilfe von außen leich-

ter fallen würde. Also beginne ich zu argumentieren, zähle ihm seine Vorzüge auf, die er zweifellos besitzt und er entkräftet sie, indem er antwortet, dass ich dies nur tue, weil ich sein Vater wäre und Väter dies nun einmal so machten. Einerseits hat er Recht, andererseits besitzt er seine ganz persönlichen Eigenheiten, wie jeder andere Mensch auch, die ihn von allen anderen abheben. Oberflächlich betrachtet, will er das gar nicht, denn nicht aufzufallen wäre ihm am liebsten, andererseits gibt es doch gar keinen normierten Einheitsmenschen. Es gibt sicherlich Ähnlichkeiten im Äußeren, in Ansichten, in Talenten oder Durchhaltevermögen, doch jeder Einzelne besitzt von all den aufgezählten individuellen Merkmalen nur eine bestimmte Menge, jeder ein wenig anders und das macht uns aus. Zurück zu meinem Sohn. Er stellt in unseren Gesprächen grundsätzlich seine von ihm als negativ empfundenen Merkmale in den Vordergrund und macht seine Talente klein. Er ist beispielsweise außergewöhnlich intelligent und kreativ, seine Aufnahmefähigkeit, was Fakten betrifft, ist phänomenal, für mich nicht nachzuvollziehen, er ist in der Lage, mit unfassbarer Geduld Probleme zu lösen, seine sprachlichen Fähigkeiten hoben ihn schon lange von seinen Altersgenossen ab und – er sieht mir auf meinen Kinderfotos unglaublich ähnlich. Natürlich bin ich unsagbar stolz auf ihn und umso verzweifelter, dass ich mit meinen Bemühungen einfach nicht zu ihm durchdringen konnte. Mit fünf Jahren, kurz vor seiner Einschulung bat er mich, ihm zu erklären, wie man Wurzeln zieht, ich erklärte es ihm einmal und er hatte es verstanden. Mit sieben Jahren bastelte er mir zu meinem Geburtstag einen Kraken mit beweglichen Tentakeln, den er sich vollständig selbst ausgedacht hatte und der nach wie vor die Wand meines Sprechzimmers ziert und die Bewunderung etlicher Leute auf sich zieht. Niemand hatte ihm vorher gezeigt, wie so etwas geht. In der Grundschule wurde er leider von seinen Mitschülern nicht so recht verstanden, seine Antworten faszinierten laut Klassenlehrerin vier oder fünf weitere Kinder, die anderen hörten mangels Verständnis nicht zu und somit war er ein Außenseiter und bezog dies auf sich und seine Persönlichkeit. Seine Konsequenz daraus ist, möglichst nicht aufzufallen, es könnte ja eventuell als negativ empfunden werden. Dass er, mittlerweile auf dem Gymnasium, inzwischen Anschluss gefunden hat, ihn andere Kinder sonntags einladen, zu ihnen zu kommen oder in der Schule seine Nähe suchen, ignoriert er konsequent. Dazu muss ich fairerweise hinzufügen, dass ich in seinem Alter das gleiche Bestreben hatte, mich unglaublich oft geniert oder geschämt habe und mir oft wünschte, unsichtbar zu sein.

Dies ist ein Beispiel eines Pendels, das, wie es alle Pendel tun, zu zwei Seiten ausschlägt. Andere Menschen strotzen nur so vor Selbstbewusstsein, obwohl sie über keine nennenswerten Fähigkeiten verfügen, die jedoch mit dem Glück gesegnet sind, mit dem zufrieden zu sein, wer und was sie sind. Nach dem Motto: "Hoppla, hier komm ich!" durchschreiten sie die Welt und finden sogar ihre Anhänger und eigentlich ist dieses Verhalten gar nicht mal so schlecht, so lange sie sich nicht auf Kosten Anderer so verhalten und nur egoistisch ihre Ziele verfolgen.

Guckt man genauer hin, so stellt man fest, dass langfristig diejenigen Zeitgenossen die meiste Zuneigung erfahren, die am wenigsten von sich selbst abweichen. Menschen, die einfach so sind, wie sie sind, die nicht vorgeben, mehr oder weniger zu können, als sie es wirklich tun, die neben sich auch andere Lebewesen dulden und ihnen auch einen Teil ihrer Aufmerksamkeit schenken. Vielleicht kennen Sie solche Leute, in deren Gegenwart Sie sich wohlfühlen. Warum bemühen wir uns nicht darum, uns ein wenig von diesen Personen abzugucken. Natürlich macht es keinen Sinn, sie zu kopieren, denn wir sind ja nicht sie und hinter uns steckt eine andere Persönlichkeit, aber deren Verhalten ein wenig auf uns zu übertragen, könnte uns oft nicht schaden. Einem Aufschneider hört man anfänglich interessiert zu, bis man durchschaut hat, dass das von ihm Geäußerte nicht der Wahrheit entspricht oder auf Übertreibungen beruht. Der um Unauffälligkeit Bemühte findet keine Beachtung, da er in seinem Bestreben so erfolgreich ist, dass ihn irgendwann wirklich keiner mehr wahrnimmt. Da beides keine nachahmenswerten Strategien sind, gilt es , ein vernünftiges Mittelmaß für sich zu entdecken. Dabei müssen wir ein wenig von uns preisgeben, jedoch nicht zu viel, um keine unnötig große Angriffsfläche zu bieten, aber auch nicht zu wenig, um nicht unpersönlich und übermäßig distanziert zu wirken.

Ich glaube, es ist ein lohnenswertes Ziel, einen wahren Freund zu finden. Manche Menschen suchen nach ihm ein ganzes Leben lang, andere finden ihn schon ganz früh und oft ergibt sich diese Freundschaft aus einer Zufälligkeit heraus. Man trifft sich eben einfach. Lesen Sie einmal den Text von „Ode an die Freude", ein wundervolles Werk Friedrich Schillers. Darin heißt es :" Wem der große Wurf gelungen, eines Freundes Freund zu sein....". Damit ist doch Alles gesagt, es ist ein unglaubliches Glück, einen solchen Freund zu haben, das Privileg seiner Loyalität zu genießen, Ungesagtes zu verstehen und trotz Meinungsverschiedenheiten immer wieder zueinander zu finden. Ich glaube, mein Freund, auf den das zutrifft, wohnt fast sechshundert Kilometer von mir entfernt und ich spreche nur alle paar Jahre mit ihm, was furchtbar traurig ist. Er heißt Heiko und ist mein Jugendfreund. Als ich ihn das letzte Mal traf, hatte ich ihn davor 15 Jahre nicht gesehen. Ich holte ihn abends in seinem Büro ab und er fuhr mit mir zu seinem Haus und stellte mich seiner Familie vor, die ich bis dato noch nicht kannte. Ich mochte sie auf Anhieb und seine damals ungefähr vierjährige Tochter setzte sich nach einigen Minuten unaufgefordert auf meinen Schoß, ich vermute, dass ich ihrem Vater sehr ähneln muss, anders war mir diese Vertrautheit nicht erklärlich. Später verbrachten wir den Abend in unserer alten Stammkneipe und redeten den ganzen Abend. Das Bemerkenswerte war, dass wir nur eine kurze Zeit benötigten, um uns ein gegenseitiges Update unserer Leben zu geben und dann eigentlich zur Tagesordnung übergehen konnten. Ich hätte ihn gern immer in meiner Nähe. Auch hier gibt es einige wenige Menschen, die ich als Freunde bezeichnen würde, da ich allerdings privat eher zurückgezogen lebe, sehe ich auch diese nicht allzu häufig. Sie sehen, ich bin als brauchbares Vorbild diesbezüglich eher ungeeignet, aber vielleicht sind Sie ja besser darin oder fühlen sich animiert, Freundschaften wieder mehr zu pflegen, Sie haben bestimmt auch irgendwo einen Heiko.

In erster Linie haben wir einfachen Leute nur begrenzten Einfluss auf unsere Umwelt und dieser bezieht sich meist nur auf unsere nähere Umgebung. Somit ist er begrenzt, jedoch in der Summe der Menschen doch nicht unbedeutend. Ist uns dieser Umstand klar, so muss es auch zur Folge haben, dass wir uns unseren Umgang mit unserer Umgebung immer wieder selbst vor Augen führen, denn wie man in den Wald hineinruft, so schallt es wieder heraus. Wir erfreuen damit ja nicht nur die Anderen, sondern im Endeffekt auch uns selbst. Wir haben nichts von der Missstimmung Anderer, sondern profitieren von deren Freude. Unter Umständen klingt dies ein wenig abstrakt, aber es müsste funktionieren. Schwieriger wird es, wenn wir uns das Verhalten der menschlichen Gesellschaft als Ganzes zu verstehen versuchen. Einiges an unserem Verhalten irritiert uns schon ein wenig, anderes ist so zur Normalität geworden, dass es uns gar nicht mehr auffällt. Im weiteren Verlauf versuche ich Ihnen zu erklären , was ich meine.

Kehren wir kurz zurück zum Anfang des Buches. Dort erwähnte ich, dass wir Menschen erkannt haben, dass es sich in Gemeinschaften am besten lebt. Sie gibt uns Sicherheit und Geborgenheit. Andererseits sind Regeln notwendig, die ein Zusammenleben vereinfachen sollen und diese Regeln scheinen entweder einigen Mitgliedern der Gemeinschaften nicht bewusst zu sein oder sie sind ihnen zu schwierig zu verstehen oder aber, und das wäre frech, sie glauben, dass, wenn nur sie sie nicht beachten, alle Anderen jedoch schon, das Gemeinwesen trotzdem funktioniert. Sie billigen sich nach meinem Verständnis Sonderrechte zu. Vermutlich treffen alle aufgezählten Punkte zu. Erschwerend kommt hinzu, dass es unter den Letztgenannten auch noch die Extremisten gibt, die keiner Vernunft mehr zugänglich sind. Als aktuelles Beispiel dienen die Begleitumstände des in der vergangenen Woche stattgefundenen G 20 Gipfels in Hamburg. Man muss ja nicht mit den dort anwesenden Politikern einer Meinung sein und deshalb wird den Gegnern der dort verhandelten Weltpolitik das Recht der freien Meinungsäußerung und das Demonstrationsrecht eingeräumt, ein unglaubliches Privileg dieses Landes. Mit friedlichen und originellen Aktionen hätte man die Nachrichtenbilder der Welt füllen und die Zuschauer zum Nachdenken bringen können. Leider werden solch große Menschenversammlungen regelmäßig von Personen missbraucht, deren einziges Interesse im Zerstören besteht. Hinter Ihnen steht einfach keine politische Aussage, sondern nur der Wille zur Gewalt.

Unter meinen Patienten befinden sich etliche Polizeibeamte, denen nebenbei bemerkt, mein größter Respekt gilt. Sie sind diejenigen, die für mich Ihren Kopf hinhalten, damit ich in Frieden leben und in Ruhe schlafen kann. Ich habe mich in den letzten Jahren mit vielen von ihnen unterhalten und da die meisten von ihnen ihre Polizeikarriere bei der Bereitschaftspolizei begonnen haben, sind sie im Laufe der Jahre herumgekommen, um deutschlandweit Menschen oder Aktionen zu beschützen. Denken Sie an die Startbahn West am Frankfurter Flughafen, die Friedensdemonstrationen, Atommülltransporte, die Erkundungen von Lagerstätten für selbigen, Fußballspiele, Stuttgart 21, Pegida-Aktionismus um nur einige Beispiele zu nennen. Überall dort sind Polizisten und passen auf, dass die Aktionen nicht aus dem Ruder laufen und überall dort werden diese Beamten, die nicht nur als Teil der Exekutive, sondern auch als individuelle Menschen dorthin müssen, in ihrer körperlichen Integrität bedroht. Sie berichteten mir, dass sie etliche gewalttätige, verhaltensauffällige Leute überall und immer wieder treffen, ganz egal was der eigentliche Sinn des Menschenauflaufs einmal war. Dieser ist diesen Personen ganz egal, sie kommen nur um der Gewalt Willen. Sie beschießen Polizisten und deren Pferde mit Metallgeschossen aus Schleudern, mit brennenden Molotowcocktails, mit Steinen und Unrat. Glauben Sie ernsthaft, dass diese Menschen in politischer Absicht auftreten? Vielleicht hassen einige von ihnen tatsächlich das System und versuchen es auf diese Wiese zu destabilisieren, die Meisten von ihnen sind jedoch einfach nur sinnlose Zerstörer. Der Versuch mit denen in einen sinnvollen Dialog zu treten und an deren Vernunft zu appellieren, ist doch vermutlich schon von vornherein zum Scheitern verurteilt. In Fußballstadien brennen sie gefährliche Böller und pyrotechnische Fackeln ab und in ihrer fadenscheinigen Erklärung, begründen sie ihr Verhalten mit der von ihnen erzeugten Stimmung. Ist Stimmung wirklich abhängig von solchen Aktionen? Nein, in meinen Augen sind es die Gesänge, Choreographien und Anfeuerungsrufe und nicht 1000° C heiße Fackeln und innenohrzerstörende Böller, was die Stimmung ausmacht. Auch Hooligans haben noch nicht zum Heben der Stimmung beigetragen, ich brauche auch ihren gewalttätigen Schutz vor auswärtigen Fans nicht. Glaubt wirklich irgendjemand, dass diese Chaoten auch nur

das leiseste Interesse am Ausgang der Fußballspiele haben? Glaubt Irgendjemand, dass man
diese , ich weiß einfach nicht, wie solche Personen zu bezeichnen sind, mit vernünftigen Argumenten zur Vernunft bringen kann? Glaubt wirklich einer, dass diese Extremisten ein Interesse
daran haben, dass der angeblich unterstützte
Verein keinen Schaden von ihren Aktionen
nimmt?
Was bewegt solche Leute dazu, die Autos, Fenster und Geschäfte unschuldiger Anwohner kaputt zu machen, vielleicht lang aufgebaute Exis-
tenzen zu zerstören? Ich habe mir bewusst diese
Bilder nicht lange angeschaut, um nicht Teil des
Publikums zu sein, was sich diese Aggressoren
wünschen, denn ohne Publikum ist es doch nur
halb so schön.
Ich passiere auch Unfälle, die bereits versorgt
werden, so schnell wie möglich und das hat einen mir sehr wichtigen Grund. WÜRDE,
MENSCHLICHE WÜRDE. Ich glaube es gibt kaum
Situationen, in denen wir weniger gern beobachtet werden, als in Momenten unserer Schwäche
und Hilflosigkeit. Stellen Sie sich einmal vor, sie
liegen verletzt und hilflos neben Ihrem zerstör-
ten Auto und alle Passanten glotzen Sie an und
fotografieren sie auch noch. Was muss das für
ein entwürdigendes Gefühl sein? Versetzen Sie

sich in die Lage der Opfer und erklären mir dann, warum Menschen so etwas tun. Ich verstehe es einfach nicht, das ist doch mit Sensationslust nicht erklärbar, diese kann doch nicht schwerer wiegen als die Würde des Betroffenen!

Bis hierhin ist es Ihnen, mein geneigter Leser, wahrscheinlich nicht allzu schwer gefallen, mir zu folgen, auch Ihnen stellen sich die von mir aufgeworfenen Fragen und auch Ihnen fällt vermutlich eine Antwort darauf schwer. Jetzt werden meine Gedanken noch etwas komplizierter.

Wir Menschen halten unsere Errungenschaften für unglaublich fortschrittlich. Wir bewundern unsere technischen Fähigkeiten, staunen über Wunderwerke, die dem menschlichem Geist entsprungen und von schlauen Ingenieuren konstruiert wurden, ohne auch nur ansatzweise die Funktionsweise zu verstehen und sind geblendet von dem überwältigenden Eindruck unserer gewaltigen Bauwerke, Schiffe, Flugzeuge, der Fähigkeit der bereits existierenden Computer und so weiter. Dennoch bin ich der Meinung, dass wir immer noch nicht sehr weit entfernt von der Einfachheit unserer Vorfahren aus der Steinzeit sind. Eigentlich haben wir nur unsere Hilfsmittel weiterentwickelt, aus dem Rad wurde zum Beispiel ein modernes Fahrzeug, nicht mehr und nicht weniger. Wir machen immer noch die gleichen Fehler und unsere Herangehensweise an Hindernisse und Schwierigkeiten hat sich nicht wesentlich geändert, abgesehen davon, dass es etliche Probleme gibt, denen wir komplett hilflos gegenüberstehen. Wir wären einem Supervulkan genauso hoffnungslos ausgeliefert wie einem auf die Erde zusteuernden Kometen, wir kommen mit unterirdisch brennenden Kohleflözen nicht zurecht, Waldbrände fordern nach wie vor Todesopfer unter Feuerwehrleuten, Erdbeben und Wirbelstürme zeigen uns Naturgewalten auf, denen wir nicht gewachsen sind. Diese Gewissheit sollte uns eigentlich eine gewisse Demut abverlangen und dennoch haben wir das Gefühl, durch unseren scheinbaren Fortschritt Alles im Griff zu haben und die Natur immer wieder herauszufordern. Betrachtet man sich die Fortschritte der Menschheit objektiv und ehrlich, so wird man feststellen, dass wir uns im Laufe der Jahrtausende eigentlich immer nur Hilfsmittel gebaut haben, die unser tägliches Leben vereinfachen sollen und diese Hilfsmittel im weiteren Verlauf immer nur weiter modifiziert haben. Eine der größten Errungenschaften war zweifelsohne das Rad, aus welchem im Verlauf von weiteren evolutionären Erfindungen unter anderem das heutige Auto hervorgegangen ist. Und mag uns ein modernes Auto, vor allem die neuen, hochpreisigen sehr mit ihrer intelligenten und komfortablen Technik beeindrucken, so sind sie doch nur eine Weiterentwicklung eines Hilfsmittels. Die menschliche Herangehensweise ist immer die selbe: Wir erkennen Probleme und versuchen sie technisch zu lösen. Dies erscheint uns natürlich auch logisch, was sollten wir denn sonst tun? Und hier liegt der Punkt den ich meine, wir können nicht anders denken, als wir es tun. Nur selten weichen wir von Denkmustern ab und wenn wir es tun, bleibt es meistens Ausnahmegenies vorbehalten. Um diese Ausnahmegenies kümmern wir uns leider viel zu wenig, weil wir sie einfach nicht verstehen. Sie fallen, wie ich bereits erwähnt habe, in der Schule auf. Sie lösen Matheaufgaben anders, als wir Normaldenkenden, da ihnen unser Weg nicht logisch erscheint. Doch in der Schule wird ihre Herangehensweise sanktioniert, weil selbst die Lehrer gar nicht begreifen, wie solche Leute denken und sie werden von klein auf an ausgebremst und somit eine andere Form des Denkens bereits im Keim erstickt. Das war alles sehr abstrakt, daher möchte ich ein paar Beispiele zum Verständnis aufführen und erwarte auch nicht von Ihnen, dass Sie meine Meinung teilen, es soll nur ein Denkanstoß sein. Am besten kenne ich mich in der Medizin aus, also beginne ich mit einem Beispiel aus diesem

Gebiet. Diagnostizieren wir einen entzündeten Blinddarm, beziehungsweise dessen Wurmfortsatz, so fällt uns nichts Besseres ein, als den Bauch des Betroffenen zu eröffnen und das entzündete Teil herauszuschneiden. Natürlich haben sich die Methoden verfeinert, sind schonender geworden, wir sind in der Lage mittels Anästhesie das Ganze schmerzfrei über die Bühne gehen zu lassen, aber wir haben keine andere Lösung als Herausschneiden gefunden. Haben wir Schmerzen durch verschlissene Gelenke, sprich Arthrose, so geben wir Schmerzmittel, deren Nebenwirkungen Magenschleimhautentzündungen und bei längerfristigem Gebrauch Nierenschädigungen sind. Die Magenprobleme lösen wir durch Gabe weiterer Medikamente, die auch nicht frei von ungewünschten Wirkungen sind und zu den Schäden, die wir an den Nieren anrichten, ist uns noch keine Lösung eingefallen. Die sind dann halt kaputt. Werden die Schmerzen am Gelenk zu groß, ersetzen wir dieses durch ein künstliches, welches in seiner Funktion jedoch niemals mit der des Originals mithalten kann, wir schneiden also wieder auf und bauen ein zweitklassiges Ersatzteil ein. Entsteht im Körper ein Krebs, so schneiden wir ihn heraus, zerstören ihn mittels Strahlen, die auch das umliegende Gewebe kaputt machen oder verabreichen eine Chemotherapie mit Zellgiften, die auch andere Organe angreifen. Ich weiß, dass die auf diesem Wege erreichten Fortschritte immerhin dazu geführt haben, die Lebenserwartung von Krebspatienten zu verlängern, günstigstenfalls sogar auf ein Normalmaß, die Lebensqualität von Schmerzpatienten zu verbessern, aber es erscheint doch in gewisser Weise immer noch wie Flickschusterei.

Aus einem anderen Bereich des Lebens kam neulich eine Radiomeldung, die besagte, dass der Innenminister gemeinsam mit dem hiesigen Polizeichef ein neues mobiles Labor in Betrieb genommen haben, welches die Spurensuche am Tatort einschließlich erkennungsdienstlicher Tätigkeiten, wie DNA Analyse, erleichtert oder gar erst ermöglicht. Nun mag man begeistert in die Hände klatschen, jedoch guckt man genauer hin, so wird man feststellen, dass trotz aller polizeitechnischer Fortschritte im Laufe der Jahrhunderte zwar die Aufklärungsrate angestiegen ist, die Anzahl der Verbrechen aber dennoch von Jahr zu Jahr steigt. Ist unsere Herangehensweise wirklich optimal oder übersehen wir irgendetwas? Meine Frau teilt diese Meinung nicht. Sie ist der Meinung, dass ohne die technischen Fortschritte, die jetzt Inhaftierten oft wahrscheinlich gar nicht gefasst wären und von ihnen immer noch eine Gefahr ausginge und das gelte auch für die Zukunft. Außerdem sorge unser Wohlstand und die Errungenschaften des Sozialstaates für eine so weit verbreitete Zufriedenheit, dass dadurch im Sinne einer Prävention schon kriminelle Handlungen verhindert würden. Das stimmt und ist mit Sicherheit auch ein guter Ansatz, doch es bleiben die nach wie vor verübten Gewalttaten.

Mit diesen Beispielen wollte ich erklären, dass wir Probleme immer wieder gleich angehen und ein echter Paradigmenwechsel nicht stattfindet oder zumindest wirklich neue Ideen sehr rar sind. Wir bewegen uns einfach lieber auf unseren gewohnten Fahrwegen. Hier kämen meine hochbegabten Freunde mit ihrer anderen Art des Denkens wieder ins Spiel, vielleicht sollte man sie einmal fragen, ob ihnen eine andere Herangehensweise einfiele. Ich will damit nicht sagen, dass die bereits tätigen Forscher nicht schlau wären, nein ganz im Gegenteil, ohne sie stünden wir vermutlich noch in der Steinzeit und unter ihnen findet sich bestimmt so manches Genie. Abgesehen davon darf ich natürlich nicht verschweigen, dass ich, zumindest was die Medizin angeht, die ganze Sache sehr vereinfacht dargestellt habe und die Forschung zur Zeit auch interessante Wege geht, die Lebenserwartung, zumindest in unseren Breiten, stetig steigt und mit ihr die Lebensqualität. Aber es gibt eben auch viele ungelöste Probleme, Stichwort Demenz, viele neurologische Erkrankungen, Organverschleiß, aber auch solche Kleinigkeiten wie grippale Virusinfekte, unklarer Schwindel oder Juckreiz, welche uns, oft nach langer, erfolgloser Diagnostik hilflos mit den Achseln zucken lassen. Hinzu kommen unsere zwischenmenschlichen Schwierigkeiten, mit denen es uns so schwerfällt, umzugehen und sie zu lösen.

Bemerkenswert ist darüber hinaus die unglaubliche Kreativität, die wir Menschen entwickelt haben, andere Menschen zu quälen oder zu töten. Wie viel geistige Energie wurde daran verschwendet, Methoden zu finden, um anderen Menschen Angst zu machen. Entweder, indem man mit der ganzen Klaviatur der Schmerzen spielt, unglaublich welche Foltermethoden uns eingefallen sind, oder indem man sie ihrer Würde beraubt. Zur Zeit blickt die Welt in den Mittleren Osten und ist entsetzt über die Barbarei des sogenannten Islamischen Staates, ihre auf Videos festgehaltenen Dekapitationen, die bewusst als entwürdigende Tötungsart ausgewählt wurden. Dabei übersehen wir, dass es auch in unserem Teil der Welt Firmen gibt, die mit der Weiterentwicklung von Waffensystemen beschäftigt sind, die keinem anderen Zweck dienen, als Menschen zu töten. Dies geschieht unter dem Deckmäntelchen der Arbeitsplatzerhaltung und des notwendigen Wirtschaftswachstums. In Wirklichkeit geht es einzig und allein um schnödes Geld, welches offensichtlich wertvoller ist, als die Integrität menschlicher Gesundheit und Lebens. Als wenn es da nicht genug andere Felder gäbe, auf denen man sich lukrativ entfalten könnte!

Es gibt Menschen unter uns, die andere Menschen so lange quälen, bis diese alle Informationen herausrücken, die sie besitzen und oft auch noch mehr. Das war früher so und hat sich bis heute nicht geändert, also seien sie nachsichtig mit mir, wenn ich dabei bleibe, dass die Menschheit kaum etwas von ihrer Primitivität verloren hat, dass unsere technischen Innovationen uns über diese Umstände leicht hinwegtäuschen können, sie aber nicht beseitigen. Wir sind weit von der oft angenommenen Allmacht entfernt und ich glaube, dass es uns gut tut, daran gelegentlich erinnert zu werden.

Und ich möchte auch daran erinnern, das gewalttätiges Verhalten leider nicht, wie früher angenommen, irgendetwas mit der Grundintelligenz oder der sozialen Herkunft der Täter zu tun hat, das habe sozialwissenschaftliche Studien zur Genüge bewiesen. Unter Hooligans finden sich leider auch Anwälte, Architekten, Handwerksmeister und Ärzte und nicht nur gesellschaftliche Verlierer. Frei nach Friedrich Schiller „Mit der Dummheit kämpfen Götter selbst vergebens!" Natürlich übersehe ich nicht die vielen nach wie vor existenten Zeichen der Menschlichkeit. Das Anfeuern von erschöpften Einsatzkräften oder Sportlern. Bilder von Menschen, die Feuerwehrleute oder Polizisten mit Kaffee versorgen, die Hilfsbereitschaft bei humanitären Katastrophen, Menschen, die in Hochwassergebiete reisen, ihren Urlaub opfern, um zu helfen oder die vielen ehrenamtlich Tätigen , die täglich durch ihren Einsatz das Leben Anderer angenehmer machen, die man nicht oft genug erwähnen kann.

Vielleicht käme hier erneut mein Ansatz zum Zuge, den ich bereits im Kapitel „Arbeit" aufgegriffen habe, nämlich, dass es wichtig wäre, sich die Fähigkeiten und Interessen jedes einzelnen zu Nutze zu machen, um ein noch besser funktionierendes Allgemeinwesen zu fördern.

Kleine und große Manipulationen

Eine der spannendsten Wissenschaften der Neuzeit ist für mich die Psychologie. In diesem Falle rede ich nicht so sehr von den Möglichkeiten im therapeutischen Bereich, sondern über das, was man über das menschliche Gehirn und unser daraus resultierendes Verhalten weiß. Zusammen mit den Neurowissenschaftlern und den Sozialwissenschaftlern macht man sich diese Kenntnisse immer mehr zu Nutze. Ich habe in den letzten Jahren einige Vorträge auf diesem Gebiet gehört und war danach immer hellauf begeistert. In einigen Kapiteln habe ich im Hosentaschenformat anklingen lassen, was zum Beispiel damit gemeint ist, wenn ich die Begeisterung für die meisten Sportarten auf unseren Jagdtrieb zurückführe oder das Gemeinleben auf die Urzeit, als schon unsere Vorfahren in Gruppen zusammenlebten, jagten und so weiter. Doch dieses Thema ist natürlich viel breiter und wir haben noch viel mehr gelernt, warum Menschen in bestimmten Situationen auf eine stereotype Art ticken und dieses Wissen können wir bereits auf vielen Feldern ausnutzen. Ich möchte Ihnen ein paar wenige Beispiele aufzählen, damit Sie wissen, was ich meine und worauf ich im weiteren Verlauf hinaus möchte. Einige der folgenden Beispiele sind Ihnen sicher nicht neu, über andere haben Sie vielleicht noch gar nicht nachgedacht.

Beginnen wir im Bereich der Kriminologie. Um Serientätern auf die Schliche zu kommen, bemüht die Polizei sogenannte Profiler. Dies sind Psychologen, die ein psychologisches Täterprofil erstellen. Aus allen Informationen, die die Polizei zu den Fällen, in denen sie einen Zusammenhang zu erkennen glaubt, gesammelt hat, wie Tatorte, Vorgehen der Verbrecher, gemeinsame Merkmale der Opfer, Tatzeitpunkte und so weiter, bekommen die Profiler ein immer genaueres Bild vom Täter, was wiederum die Polizei in die Lage versetzt, konkreter zu suchen.

Zweites Beispiel: Wenn große Firmen nach geeigneten Bewerbern für wichtige neu zu besetzende Stellen suchen, so machen sie sich mit Hilfe von Psychologen zunächst ein Profil, dem der optimale Bewerber entspricht. Das heißt man definiert bereits im Vorfeld die Eigenschaften eines Bewerbers, um nicht nur auf seine Abschlussnoten schauen zu müssen, die in vielen Branchen gar nicht aussagekräftig sind. Hat man ein solches Profil erstellt, wird ein Test zusammengebaut, in dem genau die gesuchten Fähigkeiten abgeprüft werden. Zwischen den eigentlich relevanten Fragen sind unmerkliche Fangfra-

gen versteckt, um herauszufinden, ob die gege-
benen Antworten stimmig sind und wirklich zur
Testperson passen. Solche Veranstaltungen nennen sich Assessment-Center, der eine oder andere von Ihnen hat mit Sicherheit schon ein solches
durchlaufen. Ich halte dieses Verfahren übrigens
ideal für die Besetzung von Medizinstudienplät-
zen, zunächst ein Online-Assessment und anschließend erst die Auswahlgespräche an den
Universitäten, zumindest im Rahmen einer Quote, denn ich denke, dass der eine oder andere für
diesen Beruf begabte junge Mensch auf der Strecke bleibt, nur weil seine Abiturnote nicht für
den vorgegebenen Numerus clausus ausreicht.
Um den Traditionalisten, die der Meinung sind,
dass nur die besten Schüler, gemessen an ihrer
Abschlussnote mit den begehrten Studienplätzen
belohnt werden sollten, kann man ja auch eine
NC Quote belassen oder die Note anderweitig
berücksichtigen. Betrachtet man die Abiturnote
objektiv, so sieht man ohnehin wie viel Ungerechtigkeit und fehlende Vergleichbarkeit dahinter steckt. Das Nachrichtenmagazin „Der Spiegel"
hat in seiner Ausgabe 18 vom 29.April 2017 diese
Ungerechtigkeit einmal genauer durchleuchtet
und vor diesem Hintergrund sollte man dieses
Kriterium etwas kritischer sehen, auch wenn ich
natürlich die Leistungen der guten Schüler nicht

schmälern will, sie sind eben einfach nur nicht wirklich vergleichbar. Dies beginnt schon damit, dass in Deutschland Kultus- und Schulpolitik Ländersache ist und jedes Bundesland eine andere Philosophie verfolgt. Einfach gesagt, in den Ländern, die sich zum Ziel gesteckt haben, möglichst viele Jugendliche mit einem Abitur auszustatten, ist es einfacher gut abzuschneiden, als in denjenigen, die andere Ziele verfolgen, das liegt auf der Hand. Aber zurück zum Thema :

Beispiel 3: Die Werbeindustrie hat tief in die Seele der Menschen geguckt, um herauszufinden, mit welchen Argumenten ein Produkt sich gut verkaufen lässt. Früher wurde mit der überragenden Qualität oder den Fähigkeiten geworben, welche die Menschen überzeugen sollten, vergleichende Werbung war verboten und somit mussten umso mehr die hervorstechenden Merkmale pointiert werden. Viele Firmen sind von dieser Philosophie abgerückt und haben nach Punkten gesucht, die das Gefühl der potenziellen Käufer anspricht. Emotionen sind gefragt und diese muss ein Produkt auslösen und die Werbung soll dabei helfen und geht ausgesprochen trickreich zu Werke. Es wird mit Farben gespielt, welche bestimmte Gefühle auslösen sollen, es werden Personen eingesetzt, die optisch dem Schönheitsideal entsprechen dürften, welche als mögliche Besitzer dieser Produkte dargestellt werden, gezielt Stimmung erzeugende Musik ist ein Werkzeug und all das, um beim Zuschauer eine angenehme Stimmung zu erzeugen. Da man sich darüber im Klaren ist, dass nur eine bestimmte Zielgruppe angesprochen werden kann, da man nicht in der Lage ist, es allen Recht zu machen, wird das Gesamtkonstrukt genau auf diese produziert. Hat man zwei unterschiedliche Zielgruppen, müssen eben zwei verschiedene Werbekampagnen produziert werden. Man weiß genau, welche Farben welche Stimmung erzeugen und es macht zum Beispiel überhaupt keinen Sinn, einen besänftigenden Grundfarbeton einzusetzen, wenn man einen Sportwagen verkaufen will und umgekehrt hat eine Aggression erzeugende Farbe nichts in einem Spot für Katzenfutter zu suchen. Man nimmt hübsch anmutende Personen, die beim Käufer das Gefühl erzeugen, dass sie nach Erwerb des Produktes dieser ähnlicher werden, besonders geeignet bei Körperpflegprodukten oder Kleidung. Denkt man darüber nach, so wird man natürlich wissen, dass sich sein Äußeres durch den Kauf in keinster Weise dem des Models annähern wird, man denkt aber nicht darüber nach, sondern lässt sich von Emotionen leiten und kauft aus Sicht des Produzente erfreulicherweise seine Artikel und nicht den objektiv gleichwertigen des Mitbewerbers. Dies funktioniert, wenn die Kampagne gut gemacht ist, bei einer großen Menge von Menschen, unabhängig über welche Bildung sie verfügen. Natürlich mache ich keine Ausnahme, auch ich bin auf diesem Wege beeinflussbar.

Bei mir in der Praxis tauchen immer wieder Pharmareferenten auf, deren Aufgabe klar sein dürfte, nämlich mich von ihrem Präparat so zu begeistern, dass ich nicht mehr auf das der Konkurrenz in meinem Verschreibungsverhalten zurückgreife. Anfangs war ich der festen Überzeugung, dass ich immun gegenüber dieser Form von Werbung sei, im Laufe der Jahre muss ich allerdings zugeben, dass dies nicht stimmt. Da allerdings alle großen Hersteller auf diesem Wege Marketing betreiben, dürfte zumindest ein gewisser Ausgleich stattfinden. Allerdings zeigt auch das wiederholte Anpreisen Wirkung, denn eine Firma hat für sich beschlossen, aus Kostengründen auf einen solchen Außendienst zu verzichten und ganz unmerklich habe ich mich langsam von deren Produkten abgewandt, da ich sie schlicht und ergreifend im Laufe der Zeit vergessen habe. Die Referenten verweisen in der Regel auf Studien und neu gewonnene wissenschaftliche Erkenntnisse, jedoch besagt eine alte Weisheit, dass man nur Studien glauben solle, die man selbst gefälscht habe und da ist etwas dran. Die vorgelegten Studien werden so lange bearbeitet, bis das gewünschte Ergebnis herauskommt. Als kleiner Anwender und dummer Hausarzt, der nicht in seinem täglichen Leben mit der Erstellung solcher Studien befasst ist, fällt mir natürlich gar nicht auf, wo in der jeweiligen Untersuchung eingegriffen wurde, um das Ergebnis, das gewünscht war, zu erhalten. Dabei hilft mir eine kleine, monatlich erscheinende, unabhängige Zeitschrift namens „Arznei-Telegramm", die diese Untersuchungen kritisch durchleuchtet und mir aufzeigt, wo manipuliert wurde. Insofern sind es weniger diese Ergebnisse, die mich dazu bewegen, mich für ein Medikament zu entscheiden, sondern vermutlich viel mehr das Gefühl, welches es in mir erzeugt und ich vermute, dass es vielen Kollegen ähnlich ergeht. Funktioniert im Nachhinein die Behandlung, so hat man vermutlich nicht viel falsch gemacht.

Bei Ihnen ist dieser Vertreter vielleicht auch etwas Bekanntes in Ihrem Beruf, vielleicht begegnet er Ihnen aber auch privat in Form eines Verkäufers oder noch besser einer Verkäuferin. Der Mann fühlt sich von der Verkäuferin geschmeichelt, wenn sie ihm attestiert, wie gut ihm der

Anzug steht und die Frau betrachtet es als Zustimmung einer Konkurrentin „ja, wenn die das schon sagt...."

Meine Frau und ich haben im Laufe der letzten Jahre immer wieder eine Erfahrung gemacht, die uns ein wenig an unserem Verstand zweifeln ließ. Nachdem wir beschlossen hatten, ein bestimmtes Produkt zu benötigen, haben wir begonnen uns damit auseinanderzusetzen. Wir lasen Testberichte und Kundenrezensionen bis wir uns für unseren Favoriten entschieden haben und loszogen, ihn im Einzelhandel zu erstehen. Es ging um Kinderautositze, Waschmaschinen, Trockner und Vieles mehr. Es wäre so einfach gewesen, wir hatten ja die genaue Artikelbezeichnung und hätten nur noch zu kaufen brauchen, wäre da nicht ein versierter Verkäufer gewesen, der uns so geschickt von einem anderen Produkt überzeugt hätte. Wir kauften also, ganz anders als geplant, ein anderes Produkt und ärgerten uns immer wieder im Nachhinein über dessen schlechte Qualität oder Eigenschaften. Wie kann man so blöd sein und immer wieder darauf hereinfallen? Und ich muss mir ganz klar an meine Nase fassen, da ich häufig die leichter zu beeinflussende Person war, nicht meine Frau. Aber die Manipulation beginnt ja bereits viel früher. Denken Sie einmal an sich und Ihre Kinder.

Sie haben ein klares Bild davon, welches Spielzeug Ihrem Kind Spaß machen könnte oder welches Kleidungsstück ihm besonders gut stünde. Das Kind hat vielleicht eine ganz andere Ausgangsmeinung oder hat im Vorfeld noch gar keine Idee, aber da Sie ja die Eltern sind, müssen Sie es schließlich zu seinem Glück zwingen. Ein Junge muss doch einfach Freude an einer Eisenbahn haben und diese bunten Plastikfiguren sind doch im Gegensatz dazu ein Witz, das Mädchen möchte doch viel lieber eine Puppenküche als einen Ball und das Kleidchen steht ihr doch deutlich besser, als eine viel zu grelle Hose. Wie oft haben Sie sich durchgesetzt? Und, Hand aufs Herz, wie oft sind Sie mit Ihrem Kind später noch einmal in den gleichen Laden gefahren, um doch noch die Plastikfigur, den Ball oder die grelle Hose zu kaufen?

Meine Erinnerung führt mich in die Zeit zurück, als ich ungefähr vier oder fünf Jahre alt war. Meine Großeltern waren begeistert von Lederhosen und beschenkten mich mit solchen. Ich konnte sie nicht leiden, musste sie aber tragen, weil sie robust waren und viel Geld gekostet hatten. Als mein Großvater irgendwann wieder einmal mit dem Ansinnen zu mir kam, mir eine neue Lederhose zu kaufen, war ich fest entschlossen, mich nicht darauf einzulassen und standhaft „Nein" zu sagen. Da es jedoch grundsätzlich Spaß machte, mit Oma und Opa in die Innenstadt zu fahren, zumal bei ihnen auch immer ein schönes Spielzeug absprang, fuhr ich dennoch mit. Der Weg führte uns in ein einschlägiges Bekleidungsgeschäft und ich sagte, wie ich mir vorgenommen hatte „Nein". Bis mir mein Opa zeigte, dass am Bein der Hose ein Fach angenäht war, welches als Halterung für ein Messer diente. Die Vorstellung ein Messer zu besitzen, welches ich ja gar nicht hatte, doch das spielte in diesem Moment keine Rolle, stimmte mich innerhalb weniger Sekunden um und ich hatte wieder eine Lederhose- und kein Messer. Dieses bekam ich ein paar Jahre später und verletzte mich noch am gleichen Tag daran, doch das ist ein anderes Thema.

Später, wenn die Kinder größer werden, geraten sie ebenfalls in den Fokus der Werbebranche, mal subtiler, mal weniger. Wie oft haben Sie schon auf drängen ihrer Kinder ein anderes Lebensmittelgeschäft trotz Umweg angesteuert, als geplant, nur weil es an der Kasse Sammelbilder gab? Eigentlich kann ich nicht der Einzige sein, der dies tut, betrachte ich die Tauschaktivitäten in den Pausenhallen meiner Kinder und mein Erstaunen darüber, wie schnell manche Klassenkameraden der beiden ihre Alben voll haben.

Ihre Kinder haben Sie manipuliert! Und Sie lächeln weise, denn Sie haben sie ja lieb.

Es gibt jedoch auch härtere Bandagen, mit denen um die Gunst ihrer Kinder und ihr Geld gekämpft wird. Gezielte Werbeblöcke im Internet auf den meist besuchten Seiten und Kanälen. Neu entstandene Stars, die Productplacement betreiben und der Wettbewerb der Kinder untereinander, wer die meisten Markenprodukte besitzt, welcher immer wieder befeuert wird. Im Prinzip ist es abstrus, welche Wünsche geäußert werden, doch da unsere Kinder nicht die einzigen sein sollen, die ohne diese Statusobjekte dastehen , geben wir immer wieder nach. Und psychologisch gesehen ist das vielleicht auch gar nicht so falsch, denn bis zu einem bestimmten Alter fehlt den Kindern einfach die Reife, gegen den aufgebauten Druck zu bestehen. Das gelingt ja selbst uns häufig nicht und auch wir lassen uns oft nur von unseren fehlenden finanziellen Möglichkeiten vom Kauf bestimmter Waren abhalten. Aber ein Kind, welches unentwegt wegen fehlender Statussymbole gehänselt wird, ist in seinen Möglichkeiten eher beschränkt und hilflos. Im günstigsten Fall gelingt uns hier ein vernünftiges Mittelmaß und falls wir in der bequemen Lage sind, uns etwas mehr leisten zu können, sollten wir unser Kind davon überzeugen, dass es nicht mitmacht beim Hänseln Anderer. Und natürlich macht es Sinn, sich mit dem Kind zusammenzusetzen und den Wert des Geldes zu erklären und warum man sich bestimmte Sachen einfach nicht jeden Tag leisten kann, aber ihm einfach zu sagen, dass es auch stark und gut ist, wenn es die Sachen nicht besitzt, die der Mehrheit wichtig zu sein scheinen, kann ein steiniger Weg für das Kind sein, vergessen wir nicht seine seelische Reife. Sie sind älter und erfahrener, Sie halten solche Situationen eher aus. Häufig gewinnt man schon eine Menge, wenn man einen bestimmten Zeitpunkt ausmacht, wann das Kind ein Produkt bekommt. Geburtstag, Weihnachten , Konfirmation, Kommunion/Firmung oder Zeugnistag. Damit erreicht man sogar noch eine gewisse Vorfreude. Als Kind konnte ich stundenlang Spielzeugkataloge betrachten und die Seite mit dem Produkt meiner Begierde war zum Schluss komplett abgegriffen.

Natürlich haben sich die Zeiten geändert und Produkte sind viel schneller zu bekommen, als früher, als eine Katalogbestellung bis zu ihrem Eintreffen zuhause gerne einmal drei Wochen gedauert hat. Auch der Begriff der Vorfreude hat scheinbar nicht mehr die Bedeutung, wie mir ein Gespräch mit meiner Tochter verdeutlicht hat. Sie verstand nicht so recht, worin der Vorteil liegen sollte, anstatt einen Musiktitel sofort aus dem Internet herunterladen zu können, diesen zu einem nicht von einem selbst bestimmten Zeitpunkt aus dem Radio aufzunehmen und zu hoffen, dass er ausgespielt wird und der Moderator nicht hineinquatscht. Ist vermutlich zu schwer zu erklären und hat etwas mit Nostalgie zu tun. Auf diesem Wege möchte ich mich noch einmal bei Frank Lauffenberg, einem SWF 3 Moderator (ich weiß, der Sender heißt heute SWR) meiner Jugendzeit, für seine Sendungen „Top Ten" und „Oldies but Goldies" bedanken, welche mir jahrelang meine Sonntage verschönert haben. Ich habe etliche Rubriken nach wie vor nicht vergessen, zum Beispiel seine Aufforderung, berühmte letzte Worte per Postkarte einzusenden, als die „Famous last words" LP von „Supertramp" erschien und die wöchentlich ausgelobten Gewinne für alle teilnehmenden Hörer in Form von Konzertkarten oder Langspielpatten nach Wahl. Wer würde sich heute noch für solche Preise die Mühe machen, eine Karte auszufüllen, zu frankieren und zum Briefkasten zu bringen? Wir fanden es toll.

Doch zurück zur Manipulation.

Manipulation ist nicht zwangsläufig etwas Negatives. Es erhält Systeme am laufen, sie kann als

Motivationshilfe eingesetzt werden und Menschen bei der Stange halten.

Interessant finde ich, wie sich Menschen für Tradition begeistern können. Da gibt es die alten bürgerlichen oder Adelsgeschlechter, die ihren Familienstammbaum über Jahrhunderte hinweg zurückverfolgen können, deren Mitglieder noch heute stolz darauf sind, obwohl sie, falls nicht etwas vom Besitz übrig geblieben ist, eigentlich nichts davon haben. Sie tragen Ringe mit dem Familienwappen oder selbiges ziert das Haus oder die Wand über dem Kamin. Eigentlich schwer zu erklären, doch ich vermute, es hat mit dem tief in uns verwurzelten Zugehörigkeitsgefühl zu tun. Jeder Mensch hat das Bedürfnis, zu irgendeiner sozialen Gruppe dazuzugehören. Das kann die Familie sein, in die man geboren wird, der Freundeskreis, eine Mannschaft oder sonst irgendetwas, wo man sich geborgen fühlt. Je älter ein solches Konstrukt ist, desto sicherer scheint es zu sein, denn es hat ja die ganzen Jahre überstanden, selbst wenn nur noch das Wappen übrig geblieben ist. Ein Wappen enthält haufenweise Symbolik und die ist ein Thema, welches eine Menge Faszination ausüben kann, die Heraldik ist ein Gebiet, mit dem sich unglaublich viele Leute beschäftigen. Nehmen wir einmal ganz praktische Beispiele. Hierfür bietet sich das

Militär an. Es gibt die unterschiedlichsten militärischen Systeme. Einige stützen sich ausschließlich auf Berufssoldaten, andere überwiegend auf Wehrpflichtige, wieder andere Länder bevorzugen gemischte Systeme, wie es beispielsweise die Bundeswehr über 50 Jahre lang getan hat. In diesen Armeen dienen nun viele junge Leute, die eigentlich gar kein persönliches Interesse daran haben, Soldat zu sein, denn als Soldat verzichtet man für einen gewissen Zeitraum auf einige seiner gewohnten Rechte. Man untersteht Befehl und Gehorsam, man kann die meiste Zeit nicht zuhause sein, sondern ist kaserniert, ist körperlichen Strapazen ausgesetzt und im Krisenfall sogar in seiner körperlichen Integrität bedroht, ganz abgesehen davon, dass man Waffen bedienen muss, deren ursprünglicher Zweck es ist, zu verletzen oder zu töten. Nun muss es den Vorgesetzten dieser Soldaten gelingen, dafür zu sorgen, dass diese zahlenmäßig überlegenen jungen Leute diszipliniert gehorchen und dabei haben sich einige Methoden bewährt. Zum einen ist es die Androhung von Strafen und ganz perfide sind hier Kollektivstrafen, welche dafür sorgen, dass bereits die potenziell Mitbetroffenen darauf achten, dass keiner von ihnen aus der Reihe tanzt, um nicht auch einer Strafe ausgesetzt zu sein. Das heißt schlicht und ergreifend, dass beispielsweise eine ganze Stube von vier bis sechs Soldaten kurzfristig nicht nach Hause fahren darf, weil einer Mist gebaut hat und nach Angesicht der Vorgesetzten das ganze Kollektiv versagt hat. Das will natürlich keiner und Einer bewacht den Anderen. Das zweite System ist die Motivation. Es wird den Untergebenen das Gefühl vermittelt, zu einer ganz elitären, militärischen Einheit zu gehören, eine Einheit, die sich vom Rest der Armee abhebt. Unterstützt wird diese Manipulation durch Symbole, zum Beispiel Wappen und Namen. Man benennt sich nach längst verstorbenen Kriegshelden wie von Richthofen, Immelmann oder von Boeselager, in deren Tradition man vorgibt zu stehen und diese Tradition vermittelt Stolz. Und auf keinen Fall möchte irgendjemand diese Tradition durch Leistungsversagen besudeln und alle ziehen an einem Strang. Dies ist eine sehr vereinfacht dargestellte Darstellung, Psychologen können es noch genauer erklären, warum es so gut funktioniert. Das Wichtigste ist jedoch, dass es funktioniert. Und weil es das tut, haben sich viele Organisationen dieses Vorgehen abgeguckt. Denken sie Motorradclubs mit militärischer Hierarchie, Schützenvereine, Feuerwehr und so weiter. Selbst Fanclubs von Fußballvereinen haben auf ihren Bannern das Gründungsjahr vermerkt und ein Wappen hinzugefügt. Und wenn man noch weiter geht, so ist es auch ein Bestandteil der Jugendkultur. Betrachtet man Graffitis oder das scheinbare Geschmiere auf Bänken, welches mit wasserfesten Stiften hinterlassen wird, so finden man wiederkehrende Symbole und Worte wie „Crew", „Clan", „Squad" oder ähnliche, welche wieder den Rückschluss zulassen, dass den Menschen die Zugehörigkeit zu einem geschlossenen Kreis wichtig ist. Selbst Akademiker sind mit Feuereifer dabei, denken wir an Owners Clubs teurer Luxusgüter wie Autos , teurer Getränke oder Uhren, Burschenschaften und Logen. Hier unterwerfen sich erfolgreiche Leute strengen Regeln und dieses Verhalten macht sich auch die bei uns herrschende Marktwirtschaft zunutze.

Ich stelle einmal eine provokante These auf: Zufriedenheit ist bei uns nicht erwünscht!

Das meine ich ganz ernst und erkläre es. Sie führen ein Leben, in dem es Ihnen im Großen und Ganzen an nichts mangelt. Der Familienzusammenhalt funktioniert ganz ordentlich, die beiden Autos fahren noch passabel, die Raten für die Wohnung können getilgt werden und mit ihren elektrischen Geräten ist ebenfalls alles in Ordnung. Ihr Smartphone bedienen Sie mit traumwandlerischer Sicherheit und es bereitet Ihnen Spaß, gelegentlich darauf zu spielen. So weit, so

gut. Jetzt kommt die Werbung ins Spiel. Sie behauptet nämlich, dass Sie neue Geräte brauchen, obwohl die alten noch wunderbar funktionieren. Es wird ihnen subtil suggeriert, dass Sie ohne die neu eingebauten Features der Nachfolgegeneration keine Freude mehr haben werden und wenn die Werbung gut genug gemacht ist, und die Hersteller dieser Produkte machen ihre Reklame gut, glauben Sie dies auch und wollen ein neues Produkt. Und schon ist die Zufriedenheit mit der alten Situation vorbei. Irgend etwas in uns oder zumindest in vielen von uns sagt uns sogar, dass wir die Ersten sein müssen, die ein neues Produkt besitzen oder die eine Neuerscheinung im Kino gesehen haben sollten, obwohl es, objektiv betrachtet, doch völlig egal ist, ob es ein paar Tage mehr oder weniger dauert. Aber, wie ich schon zuvor bereits erwähnte, ist das ganze Leben ein Wettbewerb oder wie erklären sie sich die Schlangen mit Campingstühlen vor Apple-Stores, wenn die Kalifornier ein neues Gerät am Start haben? Oder die Menschenmengen vor Kinos, wenn die „Star Wars" Saga um einen weiteren Teil erweitert wurde! All die Typen, die da vor den Lichtspielhäusern auf Einlass warten, schauen den Film eh x-mal an!
Man muss jedoch bedenken dass wir in einer Marktwirtschaft leben und diese Marktwirtschaft

beruht, glaubt man den Experten, eben auf Wachstum. Stillstand ist Rückschritt, kostet angeblich Arbeitsplätze, damit fließen weniger Gelder in die Sozial- und Steuerkassen und das Gesamtsystem leidet. Und da man bisher keinen alternativen Weg dazu gefunden hat, macht man eben weiter so. Man hält die Leute unzufrieden, die Wirtschaft floriert und alles ist gut. Da werden dann eben auch Kompromisse zu Lasten der Umwelt in Kauf genommen, eine weitere Verarmung der Dritten Welt ist auch nicht so schlimm, so lange die Leute nicht zu uns kommen und uns in unserem Wohlstand stören. Und die ärmeren Leute im eigenen Land werden mit staatlichen Almosen und leicht zu erhaltenen Krediten ruhig gestellt, bis sie sich unter der Zinslast nicht mehr bewegen können. Natürlich weisen kritische Menschen schon lange auf diese Zusammenhänge hin, doch sie werden von der großen Masse doch eher belächelt, weil sie gar nicht richtig verstanden werden. Und warum werden sie es nicht? Weil sie versuchen mit logisch nachvollziehbaren Argumenten arbeiten. So funktioniert es aber nicht, Massen auf seine Seite zu ziehen, sondern man muss die emotionale Schiene wählen und diese kommt auf Seiten der Weltverbesserer viel zu kurz. Betrachten Sie doch einmal den letzten amerikanischen Präsidentschaftswahlkampf. Hat die Kandidatin mit den Argumenten oder der Kandidat mit den unkontrolliert geäußerten Emotionen gewonnen?

Hier ist nach meinem Dafürhalten ein Ansatz zur Veränderung. Wer sagt denn, dass eine unzufriedene Gesellschaft wirklich besser funktioniert als eine zufriedene? Irgendwelche Experten, die es mit Zahlen scheinbar belegen können. Inzwischen ist längst klar, dass von Experten abgegebene Prognosen genau so unzuverlässig sind, wie die von Laien. Sie sind genau so wenig in der Lage, zufällige Ereignisse vorherzusehen, wie andere Menschen auch. Sie kennen vielleicht Störgrößen, wissen aber nicht wann sie eintreten. sie stellen Theorien auf, die im mathematisch - physikalischen Sinne logisch und stringent sind und müssen in der Praxis später feststellen, dass sie nicht funktionieren. Wir lassen uns immer wieder gern von Experten, wie auch immer sie zu diesem Status gelangt sein mögen, beeindrucken und einlullen. Es beginnt schon mit deren unumstößlicher Überzeugung und deren Sprache mit der diese Überzeugung dargelegt wird. Sie verfügen in der Regel über einen elaborierten Sprachcode, der sowohl beeindruckt, als auch einschüchtert. Doch seien wir mal ehrlich, das ist doch nur ein Stilmittel. Einfaches Beispiel: Sie planen ein altes Haus zu kaufen und holen sich

zu dessen Inspektion und Einschätzung der Folgekosten einen Experten zur Seite. Sie haben
zwei Möglichkeiten, die eine ist ein Professor für
Statik, der seit 20 Jahren an der Universität lehrt
und der andere ist ein Handwerksmeister mit
ebenso langer Berufserfahrung, der täglich Stunden auf Baustellen verbringt. Der erste ist über-
regional bekannt und spricht auf Kongressen, der
zweite nicht. Wer von den beiden wird Ihnen die
besseren Tipps geben, der mit dem elaborierten
oder der mit dem etwas restringierteren Sprachcode?

Bitte seien Sie mir nicht böse, aber ich denke,
Viele von Ihnen ziehen den Professor vor, weil
Sie sein Tamtam und elitäres Gehabe im Vorfeld
mehr beeindruckt.

In dem Versuch, ein Gesellschaftssystem auf die
Beine zu stellen, muss man sich der Mittel bedienen, der sich die Verfechter anderer Meinun-
gen auch bedienen. Die Menschen wollen emotional mitgenommen werden. Es muss mit Bildern, Farben, Musik gearbeitet werden, es muss
uns eingepflanzt werden, dass wir etwas wollen.
Überlegen Sie einmal, was schon vor über 80
Jahren die Nazis geschafft haben. Sie haben mit
inszenierten Emotionen Millionen von Leuten auf
ihre Seite gezogen und dazu bewegt, eine halbe
Welt zu zerstören und eine unüberschaubare

Menschenmenge zu ermorden. Die haben genau das gemacht, was ich eben beschrieben habe. Sie haben in der Fantasie der Leute Bilder gemalt und sie musikalisch unterlegt, haben ihnen vorgegaukelt, dass man in einem kleinen Deutschland nicht so zufrieden sein kann, wie in einem Großdeutschen Reich und das angeblich Menschen, die diese Meinung nicht teilen, böse sind, das System untergraben wollen und vernichtet werden müssen. Und es hat geklappt, sogar ohne die heutigen Möglichkeiten der digitalen Kommunikation. Dann muss es doch auch möglich sein, auf gleichem Wege eine friedliche, lebenswerte Welt zu konstruieren. Diese Welt könnte ja trotzdem eine Welt des Fortschritts sein, dieser müsste nur in etwas andere Bahnen gelenkt werden. Um denjenigen, die um ihr weiteres Geldverdienen bangen, ein wenig die Angst zu nehmen, sage ich, dass ich glaube, man kann auch im Rahmen von gesellschaftlichen Umstrukturierungen noch reich werden, da gibt es genügend Ressourcen. Und ich sehe auch keinen Sinn darin, Konsumgüter abzuschaffen, nur man könnte deren Menge so begrenzen, dass sie nicht mehr im maßlosen Überfluss, sondern nur noch im Überfluss vorhanden sind. Man könnte, erschlösse man sich neue Wirtschaftszweige auf ökologischem oder humanitären Sektor, die Generationszeit, die Haltbarkeit von Produkten einfach etwas länger planen. Der finanzielle Ausgleich ergäbe sich auf anderen Gebieten und es fiele bedeutend weniger Müll an.

Ich möchte noch einmal kurz auf meine Worte über Experten zurückkommen. Die Idee, dass Experten sich genauso häufig irren, stammt ja nicht von mir, sondern ist nachgewiesen. Vermutlich stecken hinter deren Fehleinschätzungen drei Hauptursachen.

Erstens, um Experte auf einem Gebiet zu werden, bedarf es jahrelanger Beschäftigung mit ein- und demselben Thema, in dessen Materie man sich immer tiefer eingräbt. Nun stellen Sie sich einmal ein Loch vor, dass sie mit einer Schaufel ausheben. Welche Form hat es? Richtig, es ist trichterförmig, oben breit und nach unten verjüngt es sich immer mehr. Dies ist die Sicht des Experten, er verlässt immer mehr die breite Oberfläche um in die Tiefe abzutauchen und verliert dabei die Gesamtübersicht und aus dem Verlust der Fähigkeit, sein Fachwissen in einem breiten Kontext zu sehen, entsteht das sogenannte Paradoxon der Expertise, das heißt die unerwartete Fehleinschätzung eines Experten. Zweitens unterliegen auch Experten den systemischen Denkfehlern, die praktisch alle Menschen begehen. Das heißt, sie schätzen Ereignisse und Situationen nach eigenen Maßstäben ab, die einerseits geprägt sind von Erfahrungen, andererseits von Erwartungen und wiederum andererseits von Hoffnungen und dass hier Fehlerquellen lauern, dürfte Jedem einleuchten.

Rolf Dobelli hat in seinen beiden Büchern „Die Kunst des klaren Denkens" und „Die Kunst des klugen Handelns" auf unterhaltsame Weise über 100 solcher systemischer Fehler vorgestellt. Unter Anderem erklärt er, auf welch merkwürdige Weise man zum Experten wird, nämlich mit Hilfe der Statistik und hier liegt die dritte Ursache. Stellen Sie sich bitte 100 Affen vor, die vor jeder Woche vorhersagen sollen, ob in der kommenden Woche ein Börsenindex steigt oder fällt, in dem sie sich für eine bestimmte Richtung entscheiden, in die sie gehen. Statistisch gehen 50 nach rechts und die anderen 50 nach links. Die Hälfte bleibt über. Nach 6 Wochen hat statistisch ein einziger Affe alle 6 Wochen richtig gelegen und wir fragen uns, wie er das hinbekommen hat. Die Antwort lautet: Zufall. Im übertragenen Sinne gelingen solche Erfolge auch Menschen und aufgrund dieser Erfolge gelten sie als Experten, bemerkenswert oder? Und diesen Expertenrat versuchen wir uns zunutze zu machen, indem wir diese Leute in Gremien wählen, die wiederum Entscheidungsträger beraten sollen. Auf wundersame Weise gelangen auch immer wieder Lobbyvertreter in solche Gremien, so dass sich nicht nur zufällige Fehler in deren Resümee einschleichen, sondern auch gewollte.

Vorhin bemerkte ich, dass die Werbung mit Bildern arbeitet, mit Musik untermalt, die eine Stimmung schaffen soll. In Erinnerung geblieben ist mir ein Spot der Firma Opel, die vor Jahren einen wunderschönen Clip mit herrlichen Naturbildern produziert hat, unterlegt mit Louis Armstrongs Lied „What a wonderful world". Wohlfühlatmosphäre pur, welche suggerierte, dass die beworbenen Autos unglaublich umweltfreundlich wären, vermutlich noch umweltfreundlicher, als gar kein Auto zu fahren. Ich vermute der Film hatte den gewünschten Erfolg und hat den Absatz der Fahrzeuge gründlich angekurbelt. Umweltschutz- und Menschenrechtsorganisationen gestalten ihr Werbematerial genau umgekehrt. Sie zeigen schreckliche Bilder, Fakten, die uns bestürzen, die aber eigentlich keiner sehen will und ich glaube, dass hier ein Ansatzpunkt wäre, etwas zu ändern. Der Zweck heiligt die Mittel und Werbung hat gezeigt, auf welche Weise sie am erfolgreichsten ist, nämlich mit der Ansprache von positiven Emotionen, mit dem Wecken von Wünschen, von denen man bisher noch gar nicht wusste, dass man sie hegt. Stelle ich mir

einen humanitären oder ökologisch gesonnenen
Aktivisten vor, so habe ich grundsätzlich Leute
vor Augen, deren Geschmack sich grob von dem
der breiten Masse abhebt und diese entsprechend nicht anspricht. Entsprechend gering ist
ihre Chance, zu mir oder der Masse durchzudrin-
gen, auch wenn ihre Botschaft richtig und wichtig
ist. Natürlich bestätigen Ausnahmen die Regel,
aber mir ist kein Film bekannt, in dem George
Clooney Seite an Seite mit Leonardo DiCaprio ein
wunderschönes, fiktives Umweltbild zeichnen,
welches es zu erschaffen oder zu verteidigen gilt.
Aber auch die beiden treten nur als Mahner auf.
In der Werbung werden junge Leute aufgefordert, einer imaginären „Community" beizutreten,
zu der man Einlass erhält, indem man entweder
deren Produkte ersteht oder an deren Onlineak-
tivitäten teilnimmt und unglaublich viele Leute
fühlen sich angesprochen und tauchen in der
scheinbaren Geborgenheit dieser Gemeinschaft
unter. Es muss doch auch möglich sein, dieses
Vorgehen auf, entschuldigen Sie das Wort, sinnvolle Tätigkeiten übertragen lassen.
Greenpeace oder Amnesty International haben
doch auch eine Tradition und legendäre Vor-
kämpfer, selbst Symbole sind ihnen nicht fremd,
daraus muss doch mehr zu machen sein , als bisher geschehen ist. Sie haben gute Ansätze ge-

zeigt, doch der Weg ist doch noch lange nicht zu
Ende.

Menschen wollen, wie bereits mehrfach erwähnt, zu Gemeinschaften gehören. Doch sie
möchten sich möglichst ihre Gemeinschaften
aussuchen, Zweckgemeinschaften sind meistens
nur zweite Wahl. Als Beispiel gilt im großen Stil
der real existierende Sozialismus nach sowjeti-
schem Vorbild. Um die Menschen nicht zu verlieren, wurden Mauern errichtet, die sie am Verschwinden hindern sollten. Darüber hinaus wurde ein gewaltiges System aus Spitzeln errichtet,
die alle regime- oder systemkritischen Tendenzen aufdecken und melden sollten. Diejenigen,
die bei kritischen Äußerungen erwischt wurden,
mussten mit harten Strafen rechnen. Ganz ehrlich, klingt das nach Zufriedenheit? Die ursprüng-
liche marxistische Idee einer gerechteren Gesell-
schaftsordnung wurde doch in der Realität ad
absurdum geführt und es gibt immer noch Leute,
die es auch knapp 30 Jahre später nicht gemerkt
haben.

Andererseits kann man, wenn man es geschickt
genug anstellt, den Anreiz einer Aufnahme in
eine Gesellschaft so begehrenswert machen,
dass die Leute von allein kommen. Am besten
man verknappt künstlich die Aufnahmekapazität,
dann wollen plötzlich alle hinein. Genau wie bei

einer limitierten Edition eines Produktes, die dem Käufer scheinbar nicht viel Zeit zur Entscheidung lässt. Allerdings ist es mit dem Produkt insofern einfacher, dass es nur einmal verkauft werden muss, die Mitgliedschaft muss jedoch langfristig attraktiv bleiben, das heißt, dass immer neue Anreize geschaffen werden müssen und das ist die Aufgabe guter Manipulatoren auch und gerade im positiven Sinne.

Merkwürdige Gefühle

Es dürfte praktisch unmöglich sein, über die Gefühle anderer Menschen etwas zu sagen, da man sich nicht in sie hineinversetzen kann. Man kann versuchen, deren Emotionen zu verstehen, indem man sie mit den eigenen vergleicht, aber ob sie wirklich kongruent sind, werden wir nie erfahren. Wer weiß, wie viele philosophische Gespräche sich im Laufe der Menschheitsgeschichte bereits um dieses Thema gedreht haben, ich führe sie regelmäßig mit meiner Tochter. Da ich also nur schwer über die Gefühle Anderer schreiben kann, muss ich wohl, wenn ich etwas beschreiben will, auf meine eigenen zurückgreifen.
Viele Gefühle sind kaum steuerbar, stellen sich oft einfach ungebeten ein. Sie können angenehm oder unangenehm sein und selbst das wird scheinbar von verschiedenen Leuten unterschiedlich bezüglich eines Gefühls, das wir alle mit dem gleichen Namen belegen, unterschiedlich empfunden. Der eine mag den Adrenalinstoß, der andere weniger.
Die meisten Gefühle sind vermutlich in der frühesten Phase der menschlichen Evolution entstanden und haben wahrscheinlich einen tieferen Sinn.

Beginnen möchte ich mit den von uns eher als negativ empfundenen Gefühlen.

Furcht, Angst , Phobie. Ich habe einmal gelernt das Furcht (althochdeutsch forhta) die Angst vor etwas Konkretem bedeutet (Realangst) oder wie der Psychologe Siegfried Warwitz es ausdrückt, unterscheidet sie sich von der abstrakten, diffusen Angst, Panik oder Phobie , sie beinhaltet die Angst vor etwas fassbaren und ist meist rational auf etwas gerichtet, das als Bedrohung wahrgenommen wird. Die Angst (lat. angustia – Enge, Bedrängnis, kennen wir auch bei der Angina pectoris, die Brustenge bei Herzinfarkten) ist eher ein Grundgefühl, welches in bedrohlich empfundenen Situationen wahrgenommen wird. Stellen Sie sich zum Beispiel ein dumpfes Grollen vor, welches Sie nicht zuordnen können. Krankhaft übersteigerte Angst bezeichnet man als Angststörung.

Phobien sind tief in uns implementierte Ängste vor Gefahren, die zum Teil gar nicht mehr existieren. Die Spinnenphobie beispielsweise schützte uns früher vor giftigen Arten, die heute nicht mehr in unserem Lebensraum anzutreffen sind. So weit, so gut.

Da ich nur den Zeitraum überblicke, seit dem ich in meinem Beruf tätig bin, kann ich keine Vergleiche zur Vergangenheit anstellen, doch in besagtem Zeitraum habe ich mit erstaunlich vielen Menschen gesprochen, die unter ihren Ängsten leiden. Es gibt dazu Statistiken, die sich auf Krankenkassendaten stützen und mein Gefühl untermauern, die besagen, dass sich immer mehr Menschen aus diesem Grund in Behandlung begeben. Meine Empfindung dabei ist, dass man diesen Menschen zwar helfen, aber sie selten wirklich von ihren Leiden gänzlich befreien kann. Zunächst werden körperliche Symptome wie Schmerzen, Übelkeit, Zittern und Schwitzen als Beschwerden angegeben, die sich jedoch dann im weiteren Verlauf und nach umfangreicher Diagnostik in keinen Kontext mit einer somatischen Ursache bringen lassen und dann beginnt es, schwierig zu werden. Als Therapieoptionen finden sich eine medikamentöse und psychotherapeutische Herangehensweise, die häufig auch kombiniert werden. Die Medikamente sind leider oft mit starken Nebenwirkungen behaftet und die Therapeuten sind so weit ausgelastet, dass sich in der Regel ein Therapieplatz erst nach Monaten findet und wenn der Betroffene Pech hat, stimmt dann die Chemie zwischen ihm und Therapeuten nicht und er muss sich in seiner ohnehin schon schwierigen Situation erneut auf die Suche machen.

Aber verlassen wir die Angststörungen und schauen einfach einmal auf die große Variabilität von Ängsten, die uns ereilen können.

Mir geht es so, dass ich das Gefühl habe, unter einer zunehmenden Höhenangst zu leiden. Im Rahmen eines Gesprächs unter Kollegen während meiner ersten Berufsstation in Oldenburg, erwähnte ich den Wunsch, einmal mit einem Fallschirm aus einem Flugzeug springen zu wollen. Einige Jahre später überraschten mich meine Kollegen dann mit einem von ihnen organisierten Tandemsprung, der mir unglaubliche Freude bereitet hat. Zugegebenermaßen kamen mir an dem Tag zwei günstige Umstände zugute, die es mir einfacher machten, wirklich zu springen: Erstens war eine geschlossene Wolkendecke am Himmel, über der wir absprangen, die die Sicht bis auf die Erde verhinderte und mir das Gefühl gab, dass sich unter mir eine dicke Watteschicht befand und zweitens wartete zum einen unten am Flugplatz meine eigene Frau und in der Maschine saß eine zweite mir unbekannte, vor denen ich mich auf gar keinen Fall blamieren wollte. Als dann mein Magen nach dem Absprung wieder seine gefühlte Normalposition eingenommen hatte, überkam mich ein Gefühl der Euphorie und ich war traurig, als wir wieder am Boden waren. Schon damals wäre ich allerdings niemals an einem Bungeeseil von einem Kran oder Ähnlichem gesprungen, erstens weil es mir zu wackelig wäre und zweitens, da es in dem Moment vorbei ist, wo es beginnt, Spaß zu machen. Diese Art von Kick ist für mich persönlich sinnlos und ich habe, ehrlich gesagt, auch zu viel Angst. Ich habe schon zu der damaligen Zeit Feuerwehrleute bewundert, die eine im Wind schaukelnde Drehleiter erklommen. Allerdings bekomme ich auch schon Angstschweiß, wenn ich auf einer Leiter stehe um eine Leuchtstoffröhre in einer Lampe auszuwechseln und ich glaube, das ist neu.

Ferner kann ich Lampenfieber voll und ganz nachvollziehen. Ich frage mich, welchen Begriff man dafür verwendete, bevor die Bühnen künstlich ausgeleuchtet wurden. Nichts würde mich auf eine Bühne bringen, um vor vielen Menschen etwas vorzutragen, meine Fluchttendenzen würden sich in einem solchen Maße steigern, dass man mich, wenn ich dran wäre, nirgendwo finden würde. Von daher ist es für mich nicht nachvollziehbar, wenn erfahrene Schauspieler von einem seit Jahrzehnten anhaltenden Lampenfieber berichten und immer noch auftreten. Für sie überwiegt die Freude des Spiels offensichtlich die Angst in einem solchen Maße, dass sie sie in Kauf nehmen. Während des Studiums musste ich vor mündlichen Prüfungen grundsätzlich mit einer in körperliche Symptome mündende Prüfungsangst kämpfen. Sie erinnern sich, im Kapitel Gesundheit beschrieb ich, dass ich vor dem Physikum sinnloserweise wieder, nach zweijähriger Abstinenz, mit dem Rauchen begann. Diese mündlichen Prüfungen schienen mich schier umzubringen. Im Vorfeld kontrollierte ich beim Einkaufen die Verfallsdaten von Lebensmitteln in den Geschäften, um welche zu entdecken, deren Ablauf nach meiner Prüfung lag. Wie verrückt! Ich glaube, was mir am meisten zu schaffen machte, war der Umstand, dass meine Fehler dem Prüfer sofort offenbar sein würden, wohin gegen schriftliche Arbeiten erst beim Prüfer zuhause kontrolliert wurden und ich nicht anwesend zu sein brauchte. Ich gehörte leider auch nicht zu den Menschen, die im Verlauf einer Prüfung ruhiger wurden, sondern meine Nervosität steigerte sich noch, so dass meine Ergebnisse nie wirklich berauschend waren. Ich glaube, das erste Erlebnis dieser Art war mit 18 Jahren meine praktische Führerscheinprüfung, die ich mit Ach und Krach bestand. Zu meinem Glück kann ich allerdings sagen, dass sich, im Gegensatz zu meiner Höhenangst, meine Prüfungsangst drastisch gebessert hat, was sicher mit meinem gewachsenen Selbstvertrauen zu tun hat. Sowohl in die

Facharztprüfung als auch in die Prüfung zur Zusatzbezeichnung „Chirotherapie" ging ich vollkommen entspannt, da ich bereits über so viel Erfahrung verfügte, dass ich mir meiner Sache ziemlich sicher war und entsprechend waren die Prüfungsverläufe.

Was ich damit zum Ausdruck bringen will, ist, dass man an seinen Ängsten im Einzelfall, wenn sie nicht übersteigert sind, durchaus wachsen kann.

Zurück zu den Ängsten, die meine Patienten äußern. Oft lässt sich bereits für mich als psychologischem Laien die Ursache derer Ängste erkennen. Oft sind die Menschen in einem Dauerdruck einer oder mehrerer Aufgaben, der ihnen manchmal bewusst und manchmal unbewusst ist. Bereits, wenn ich das Gefühl habe, einer Person gegenüber zu sitzen, deren Symptome psychischer Natur sein könnten, frage ich nach deren Tagesabläufen und Sorgen, wenn sie sie mir nicht ungefragt unterbreiten. In häufigen Fällen staune ich, wie einige Leute es schaffen, über Jahre hinweg eine Unzahl (ich weiß dieses Wort gibt es eigentlich nicht) von Aufgaben zu verrichten, ohne schon bereits vorher symptomatisch geworden zu sein. Wie viele Stunden mögen deren Tage haben, mehr als 24? Und wann ruhen die sich aus, wann schlafen sie? Und da haben wir den ersten Punkt, den man häufig bei depressiven oder angstbedingten Störungen findet, nämlich den eingeschränkten Schlaf. Manche wälzen sich jeden Abend in einem Karussell aus Gedanken und Grübeleien im Bett hin und her und finden keine Ruhe, andere schlafen zwar ein, wachen dann jedoch mitten in der Nacht auf und schlafen dann nicht wieder ein. Nun habe wir schon zwei Faktoren, die sich im Unwohlsein ergänzen, die Angst und die Übermüdung. Manchmal gelingt es, den Betroffenen unter Zuhilfenahme von niedrig dosierten Angstlösern oder Antidepressiva wieder zu Schlaf zu verhelfen, jedoch leider glückt dies nicht immer und dann hilft Alles nichts, das auslösende Problem muss weg. Doch wie soll dies gelingen? Aus der Rolle als Mutter kommt man genau so wenig heraus, wie aus der einer pflegenden Ehefrau eines kranken Mannes und kommt dann noch eine Berufstätigkeit hinzu, die unter Umständen mit weiterem Ärger verbunden ist, wird es noch schwieriger. Manchmal hilft ein Gespräch über verbesserte Arbeitsorganisation oder über das Erlernen der Fähigkeit, zu delegieren, um nicht mehr Alles selbst machen zu müssen. Oft sind die Leute dankbar, wenn man ihnen sagt, dass sie kein schlechtes Gewissen haben zu brauchen, wenn sie sich Hilfe holen, beispielsweise die älter werdende Ehefrau eines Demenzkranken, die sich an einen Pflegedienst wendet oder ihn, wenn sie gar nicht mehr kann, die Option hat, ihn in die Obhut eines Heimes zu geben und ihn dort zu besuchen. Gelegentlich ist es die Aufforderung, ein klärendes Gespräch zu führen oder einen Arbeitsplatzwechsel anzustreben. Manchmal hilft aber auch gar nichts. Es zeichnet sich einfach keine Lösung ab und manchmal sitzen die Ängste schon so tief, dass es keine einfache Möglichkeit mehr gibt, ihnen zu entkommen. Und häufig ist die Ursache der plötzlich auftretenden Panikattacken überhaupt nicht eruierbar. Das Leben verlief in geordneten Bahnen und plötzlich überkommen einen Panik oder andere bis dahin unbekannte körperliche Symptome. Meines Erachtens kommt hier wieder die Zeit ins Spiel, in der wir leben und die geprägt ist von Schnelllebigkeit, Unverbindlichkeit und Achtlosigkeit. Natürlich möchte ich nicht zu den Menschen zählen, die pauschal behaupten, früher sei Alles besser gewesen, aber dennoch möchte ich auf ein paar Kleinigkeiten hinweisen, die Ihnen wahrscheinlich nicht einmal neu sind.

Erstens die Schnelllebigkeit: Je mehr Technik uns das Leben erleichtert, desto schneller lassen sich Arbeiten erledigen und gleichzeitig wächst unsere Erwartung, dieses Tempo zu halten oder noch zu steigern, was wiederum zu Stress führt. Anfangs standen die Computer in den Firmenzentralen und hatten dort ihre Aufgaben zu erledigen. Dann kam der Personal Computer, der jedem einzelnen Mitarbeiter an den Arbeitsplatz gestellt wurde, dann die interne und später die externe Vernetzung und Geschwindigkeit, Aufgabendichte und Erreichbarkeit wuchsen stetig. Der ehemalige Microsoft CEO Steve Ballmer war 2007 der Meinung, dass das Iphone der Konkurrenz keine Zukunft habe und innerhalb von 10 Jahren haben sich ungefähr eine Milliarde Exemplare verkauft zuzüglich der Produkte der nicht schlafenden Mitbewerber. Wie bereits im Vorkapitel erwähnt, die größten Experten irren sich genau so oft, wie andere Leute. Das heißt, dass praktisch jeder im Leben stehende Mensch ab und bis zu einem bestimmten Alter ein Smartphone besitzt und dieses auch regelmäßig benutzt. Ältere Mitbürger sind da eher skeptisch und ich glaube, das liegt nicht nur an der Angst, diese Geräte nicht bedienen zu können, sondern auch weil sie die damit verbundenen Risiken sehen. Sie sind eine andere Form der Kommunikation gewöhnt. Aus ihrer Sicht spricht man am besten von Angesicht zu Angesicht und vor allem nur dann, wenn man auch wirklich etwas mitzuteilen hat. Sie verstehen nicht, warum man, wenn man sich mit den Leuten umgibt, an denen einem am meisten liegt auch noch gleichzeitig ein Handy bedienen muss. Und vermutlich haben sie nicht ganz Unrecht, zumal man seinem Gegenüber auf nicht ganz subtile Weise mitteilt, dass er nicht der ganzen Aufmerksamkeit wert ist. Diese Art von Geringschätzung erleben wir ständig und haben uns in gewisser Weise schon an sie gewöhnt, nehmen sie wahr und speichern sie, davon bin ich überzeugt, auch ab. Und das ist traurig. Wir nehmen sie so zu sagen mit, diese kleinen Kränkungen. Und wir selbst gehen wiederum mit unseren Mitmenschen auch so um, weil wir ständig präsent sein wollen, ständig auf dem neuesten Stand, obwohl es doch eigentlich gar nicht so wichtig wäre. Ein Abend mit einer oder mehreren netten Leuten kann einen doch eigentlich voll und ganz ausfüllen, inzwischen haben wir uns jedoch so sehr an unseren kleinen Begleiter gewöhnt, dass der Griff zu ihm bereits automatisiert erfolgt. Wenn wir uns darüber im Klaren sind, können wir vielleicht wieder bewusster mit Smartphone und Tablet umgehen und dieses dosierter einsetzen, einfach um unser Leben etwas zu entschleunigen und etwas den Stress von uns zu nehmen. Aber Mobiltelefone sind natürlich nicht das einzige Übel der modernen Zeit, wenn man es falsch dosiert einsetzt, jedoch das, welches man am schnellsten kontrollieren könnte.

Zweitens Unverbindlichkeit. Zu diesem Thema habe ich bereits Einiges gesagt, dem nicht mehr Viel hinzuzufügen ist. Wir sind einfach immer seltener bereit, uns auf zwischenmenschliche Verpflichtungen einzulassen. Verabredungen geben allenfalls einen Rahmen vor, auf den man sich aber nicht immer verlassen kann und hier liegt das Problem. Die Verlässlichkeit ist einfach nicht mehr da, die für die Menschen früher selbstverständlich war. Ein zuverlässiger Mensch gilt heutzutage als vorbildlich, obwohl wir uns wünschten, er sei die Regel. Um sich eine möglichst große Sicherheit zu geben, werden von Firmenanwälten heute Vertragswerke entworfen, die jegliche Eventualität beinhalten, um dem Gegenüber keinen Interpretationsspielraum zu lassen. Früher war klar, was gemeint war, dann kamen irgendwelche Winkeladvokaten, die die alten Werke zerpflückten und Schlupflöcher fanden und schufen somit ein Klima des Misstrauens, das sich schleichend breit gemacht hat. Keiner traut sich mehr, sich festzulegen. Schauen Sie einmal ein Fußballspiel, vor dem sich im Fernsehen im Vorfeld eine Expertenrunde trifft und fachkundig unterhält. Ganz häufig trauen sich die Experten nicht einmal einen unverbindlichen

Ergebnistipp abzugeben, was könnte denen denn passieren?

Wer traut sich schon, in einem Mietshaus seinen Nachbarn für den Notfall schon im Vorfeld Hilfe anzubieten? Es könnte ja passieren, dass diese wirklich in Anspruch genommen wird. Andererseits ist dies auch verständlich, denn viele Menschen missbrauchen auch ein im Vorfeld ausgesprochenes Hilfsangebot. Ich tue mich auch schwer damit, meine Handynummer herauszugeben, da ich bei einigen Pappenheimern genau weiß, dass sie mich wegen Banalitäten zu jeder Tages- und Nachtzeit anrufen würden. Klassenlehrer könnten Ihnen im Übrigen das gleiche berichten, manchen Eltern scheint nicht klar zu sein, dass sie morgens unterrichten und ab einer bestimmten Uhrzeit einfach Feierabend haben. Drittens Achtlosigkeit. Meiner Meinung nach sind die Leute nicht achtloser als früher, sie konzentrieren allerdings alle Achtsamkeit auf sich selbst. Und dabei haben Viele auch einen Großteil der Fähigkeit eingebüßt, körperliche Symptome richtig zu interpretieren. Ich staune immer wieder, welche Kleinigkeiten Menschen dazu bewegen, einen Arzt aufzusuchen und dann auch die klare Erwartungshaltung einer zügigen, externen Heilung hegen. Manche schaffen es nicht einmal, einen Muskelkater richtig zu interpretieren und betrachten sich als medizinischen Notfall.

Ältere Menschen neigen hingegen häufig eher zu einem gegenteiligen Verhalten, es wird oft sehr lange abgewartet. Ich erinnere mich noch recht gut an eine ältere Frau, die nach einem Sturzereignis längere Zeit Schmerzen in der Hüfte verspürte und sich dann, irgendwann der Not gehorchend, von ihrem Sohn ins Krankenhaus bringen ließ. Da es ihr schmerzbedingt sichtlich schwerfiel, aus dem Auto auszusteigen, holten wir sie mit einem Rollstuhl ab. Die weitere Diagnostik ergab einen Oberschenkelhalsbruch, den sie eine ganze Weile ertragen hatte. Das Gegenteil dazu war der junge Mann der sich aufgrund einer Schnittwunde am Finger mit dem Rettungswagen bringen ließ. Zurück zur Achtsamkeit. Fragen Sie einmal alte Leute nach ihren Nachbarn in einem Mietshaus, so bekommen Sie oft zur Antwort, dass die anderen Parteien häufig wechselten und sich in der Regel neue Mieter den Nachbarn nicht mehr vorstellten, wie es früher eigentlich üblich war. Das heißt, man kennt sich nicht mehr. Immer wieder einmal schüttelt man den Kopf über Zeitungsartikel, in denen darüber berichtet wird, dass man in einer Wohnung erst nach Wochen einen leblosen Menschen aufgefunden habe, den offensichtlich

Niemand vermisst hat. Natürlich kann man daraus nicht schlussfolgern, dass uns andere Menschen grundsätzlich egal geworden sind, zumal die meisten ja auch heute noch in ein Netzwerk von Familie, Freunden oder Kollegen eingebunden sind. Aber es scheint auch immer mehr Leute zu geben, die aus diesen Netzwerken herausfallen oder keinen Anschluss finden. Netzwerke , welche durch Wegzug, Tod oder Streit auseinanderbrechen und dann ist es kein weiter Weg mehr, allein dazustehen. Und dieses Gefühl des Alleinseins, löst ebenfalls Ängste aus. Natürlich gibt es Eigenbrötler, jedoch nicht jeder einsame Mensch hat diese Einsamkeit bewusst herbeigeführt.

Betrachten wir die Intensität, mit der unsere Zeit durch Aufgaben verdichtet wurde, sei es durch berufliche oder private Verpflichtungen, desto einleuchtender erscheint es uns, dass immer weniger Zeit bleibt, soziale Kontakte zu pflegen. Dies wird vielen Menschen klar und löst eine innere Unruhe aus, die sich hochspielen kann bis zur Panik. Da etliche dieser Vorgänge unbewusst ablaufen, ist den Betroffenen gar nicht klar, welche Ursache hinter ihren Ängsten stecken könnte.

Nicht zu vergessen die offensichtlichen Ursachen, wie drohender Arbeitsplatzverlust, globale

Ängste, Ängste, die durch die tägliche Flut an Informationen geschürt werden. Wir werden ununterbrochen mit Bildern konfrontiert, die schwer für uns zu verarbeiten sind. Wir stellen uns wahrscheinlich auch in einen imaginären Kontext mit diesen Bildern und fragen uns, ob uns nicht das Gleiche widerfahren könne. Natürlich können diese Bilder auch positive Reaktionen hervorrufen, denken wir nochmals an die vielen Menschen, die sich im Zuge des Oderhochwassers auf den Weg gemacht haben, um vor Ort zu helfen. Oder Bilder nach Anschlägen, die eine globale Verbundenheit mit den Opfern erzeugen, nur leider hält dieses erste Gefühl in der Regel nicht lange genug an, um nachhaltig etwas zu bewirken.

Außerdem gibt es auch immer Interessengruppen, die von der Angst anderer Leute profitieren. Politisch gesehen lassen sich beispielsweise Einschnitte in die Freizügigkeit und Intimsphäre wunderbar mit einer Bedrohung begründen, der begegnet werden müsse. Gesetze, die so etwas vorsehen, lassen sich in Zeiten einer scheinbaren Bedrohung viel leichter durchsetzen, als in komplett friedlichen Phasen. In anderen Ländern wird dieses Prinzip noch viel konsequenter verfolgt, als bei uns, schauen Sie aktuell in die Türkei, die USA oder Russland.

Ganze Branchen leben gut von der Angst, meine in gewissem Maße mit eingeschlossen. Aber hätten Sie, hätten sie nicht die Befürchtung vor einem eintretenden Schaden, eine Veranlassung, eine Versicherung abzuschließen? Und betrachtet man dann die Gewinne, die Versicherungen erzielen, obwohl sie auch Kosten haben, so scheinen wir de facto überversichert zu sein, denn wir zahlen mehr ein, als wir als Schadenersatz wieder herausbekommen. Aber wir wissen ja nie, ob nicht wir derjenige sind, den es trifft. Wir Ärzte fordern die Leute zu regelmäßigen Kontrollen auf, um ja nichts zu übersehen. Ist dies wirklich nur ein Appell an die Vernunft, oder werden hier auch Ängste angesprochen? Natürlich ist Vorsorge in gewissem Maße sinnvoll, aber eben nicht immer und eine Veränderung im Körper zu beobachten macht auch nur Sinn , wenn sich daraus auch Konsequenzen ergeben, nicht wenn es Kontrollen um ihrer selbst Willen sind. Oft ist es schwer, wirklich zu beurteilen, wie sinnvoll die eine oder andere Untersuchung ist, man kann es oft von zwei Seiten aus sehen und die Interpretation wird auch jeder anders vornehmen. Beispiel: Seit einigen Jahren gibt es in Deutschland das sogenannte Mammographie Screening für Brustkrebs, welches alle Frauen zwischen 50 und 69 Jahren einschließt.

Die ersten Zahlen bezüglich des statistischen Erfolges zeigten eine relative Risikoreduktion an Brustkrebs zu sterben von 25% für gescreente Frauen gegenüber ungescreenten. In absoluten Zahlen ausgedrückt starben 3 von Tausend Gescreenten und 4 von Tausend Ungescreenten. Das heißt 1 von Tausend Frauen hat von diesem Programm profitiert. Wenn Sie oder Ihre Frau jedoch diese eine ist, dann hat es sich für Sie gelohnt. Andererseits gibt es eine ganze Reihe falsch positiver Ergebnisse, das heißt, die Spezifität dieses Tests ist nicht besonders hoch, welches zu weiterer Diagnostik im Sinne von operativen Gewebeentnahmen und mit der durch das scheinbar positive Testergebnis ausgelösten Angst einhergeht. Sie sehen, es ist schwer, es wirklich richtig zu machen.

Mit der Angst lassen sich Leute gut manipulieren. Es werden scheinbar logische Argumente angeführt, welchen die Menschen gern bereit sind, zu folgen. Brillantes Beispiel dafür ist der Umgang mit Waffen in den Vereinigten Staaten. Obwohl jede Statistik widerlegt, dass eine Waffe im Haus selbiges sicherer macht, kaufen die Leute wie blöd Pistolen und ähnliche Gerätschaften, weil es ihnen plausibel erscheint, damit gegen Einbrecher geschützter zu sein.

Die Angst war und ist eine körperliche Reaktion, die uns schützen soll. Wenn Gefahr droht, bringt sie uns dazu, die Flucht zu ergreifen, wenn Schmerzen Angst auslösen, so bringt uns die Angst dazu, die Ursache der Schmerzen zu beseitigen, sie hält uns im Normalfall davon ab, unnötige Risiken einzugehen. Schlägt jedoch unser Warnsystem „Angst" zu früh an, so macht sie uns krank. Was mich besonders ärgert, ist, wenn Angst mutwillig oder achtlos durch ein Ereignis ausgelöst wird. Körperliche oder seelische Gewalt wird in vielen Fällen bei den Opfern Ängste oder gar Angststörungen auslösen, die später nur noch schwer beherrschbar sind. Besonders schlimm ist es, wenn diese Gewalt Kinder trifft, deren ganzes Leben durch die psychischen Auswirkungen dieses Ereignisses beeinflusst wird. Sie leiden emotional über viele Jahrzehnte ohne dass ihnen adäquat geholfen werden kann, Panik sucht sie heim, psychosomatisch bedingte Symptome sind immer präsent. Ich finde diese langfristigen Auswirkungen, werden bei der Beurteilung einer Straftat oft nicht ausreichend gewürdigt. Ein Gewalttäter kann ein ganzes Leben zerstören auch wenn die körperlichen Schäden schneller verheilen.

Doch ich sprach von psychischer Gewalt. Ich unterstelle einmal vielen Leuten, die andere psychisch malträtieren, im positiven Sinne erst einmal Dummheit. Ich hoffe, sie würden es nicht tun, wüssten sie, welche verheerenden Leiden sie dem Betroffenen bereiten. Dies soll einen Appell an Alle darstellen, sich einen Augenblick Zeit zu nehmen und darüber nachzudenken, wie sie mit ihren Mitmenschen umgehen. Mit Kollegen, Untergebenen, Mitschülern oder dem merkwürdigen Kauz, der im Nachbarhaus wohnt. Dass konsequentes Piesacken einen anderen Menschen seelisch zermürben kann, dass es nicht einfach nur der vermutete Scherz ist, den man sich mit einem Mitschüler erlaubt hat   und dessen Wiederholung in abgewandelter Form immer wieder die Unbeteiligten zum lachen bringt. Er geht immer auf Kosten des Opfers. Wenn dies auch nur einer verstanden hat, habe ich schon viel gewonnen und ein Opfer hat seine Ruhe oder ein ins Visier geratener Mensch bleibt verschont.

Angst hat viele Gesichter, viele Krankheiten werden zu den Angsterkrankungen gezählt, am bekanntesten dürften der breiten Masse Depressionen und Suchterkrankungen sein, jawohl beide habe mit Angst zu tun.

Zwei Punkte finde ich noch erwähnenswert in diesem Zusammenhang. Hierzulande leben wir in einem Zustand relativer Sicherheit. Körperliche

Bedrohung müssen zum Glück nur die Wenigsten von uns fürchten, es sind eher andere Punkte, die uns Angst einjagen. Einer Aufgabe nicht gewachsen zu sei oder die nächste Miete nicht mehr bezahlen zu können, stehen da eher im Vordergrund. Es gibt aber auch Länder, da ist das anders. Ich lasse manchmal meine Phantasie spielen und versetze mich in eine imaginäre Person an einen imaginären Punkt der Welt. Irgendwann habe ich damit angefangen, mir nicht immer schöne Szenarien auszumalen, sondern habe mich in Menschen hineinversetzt, denen es gerade in diesem Moment ganz furchtbar geht. Auf die Idee kam ich, als ich Fernsehen Bilder aus dem Nahen Osten sah und mir klar machte, dass die Menschen dort mit einer ständigen Angst im Nacken leben. Jederzeit könnte eine Granate das Haus treffen oder ein geliebter Mensch könnte sein Leben verlieren. Meine Vorstellung war nicht die eines Außenstehenden, sondern einer fiktiven Person mitten Im Geschehen, ich konnte die Angst förmlich spüren. Nun überlegen Sie einmal, wie viele Menschen gerade in diesem Augenblick, wenn Sie diese Zeilen lesen in einer solch verzweifelten Situation stecken und versetzen Sie sich in sie hinein. Menschen die gefangen gehalten werden, Menschen die in irgendeiner Gefahr stecken, egal ob selbstverschuldet oder nicht, Menschen die gerade das Wichtigste verloren haben, was sie besaßen. Es gibt diese Menschen wirklich und gerade in diesem Moment verändert sich das Leben einer Familie, die Sie nicht kennen, für immer. Ich finde das relativiert Vieles.

Eine retrospektive Untersuchung hat im Übrigen gezeigt, dass in Israel in den Achtzigerjahren, während der Zeit der Raketenangriffe, wenn Luftalarm ausgelöst wurde, signifikant mehr Leute einen Herzinfarkt erlitten als zu anderen Zeiten. Allerdings sank im Laufe der Zeit die Zahl mit der beginnenden Gewöhnung. Auch in der Medizin in Frieden lebender Länder hat sich in Studien herausgestellt, dass das Vorhandensein einer Angsterkrankung andere körperliche Erkrankungen ungünstig beeinflusst und dass die Behandlung solcher Störungen die Heilungsprognose zum Beispiel von Herzerkrankungen deutlich verbessert. Und es gibt noch einen Gedanken, der mir einmal durch den Kopf ging. Es gibt Menschen, die erscheinen uns unbezwingbar. Sie scheinen stark und übermächtig zu sein, wir haben Angst vor Ihnen, weil von Ihnen eine Bedrohung ausgeht. Das kann jemand sein, der uns körperlich oder psychisch bedroht. Es kann der Geldgeber sein, der die Daumenschrauben fester zieht oder ein Vorgesetzter, den wir fürchten.

In unserer Vorstellung wächst er von Tag zu Tag ins Übernatürliche und wir glauben nichts kann ihn stoppen. Stimmt das? Haben Sie jemals von einem Menschen gehört, der nicht irgendwann krank wurde oder irgendwann gestorben ist? Nein, jeder, wirklich jeder und mag er noch so unbezwingbar erscheinen, unterliegt den Gesetzen der Natur, Niemand ist allmächtig, Alles ist vergänglich und manchmal hat diese Endlichkeit etwas Tröstliches.

Und nicht jeder lässt sich von den gleichen Dingen verängstigen. Der Eine hat vor einer großen Menschenmenge und deren Lärm eine Heidenangst, der Fußballprofi empfindet sie im Stadion als Ansporn.

Es sind natürlich nicht nur Ängste, welche ich mit merkwürdige Gefühle meinte, doch es sind diejenigen, die sich durch einen freundlicheren, achtsameren und weitsichtigeren Umgang mit unseren Mitmenschen etwas eindämmen ließen, davon bin ich felsenfest überzeugt. Geben wir einmal mehr einem Menschen das Gefühl willkommen zu sein, obwohl uns eigentlich nicht der Sinn danach steht, haben wir wenigstens einem Anderen den Tag versüßt, wenn unser eigener schon nicht so gut läuft. Er kann ja nichts für unseren Konflikt, unsere Müdigkeit oder unsere Schmerzen. Muss ich mir auch immer wieder vor

Augen führen, aber die dankbaren Blicke derjenigen, die ich zu Zeiten noch freundlich behandele, wenn andere schon lange Feierabend haben, bestätigen mich darin.

Doch es gibt ja auch noch die Eifersucht, den Neid, die Liebe, den Hass, freundschaftliche Gefühle und alle haben irgendwo ihren Sinn. Wenn man lange genug darüber nachdenkt, kommt man, zumindest teilweise darauf, welcher es sein könnte. Die Eifersucht soll vermutlich Beziehungen zusammenhalten, die der Arterhaltung dienen sollen, der Neid dem Streben nach nicht erreichten Zielen, die Liebe dem Finden von Partnern und später der Aufrechterhaltung der Partnerschaft, ist sie auf Nachkommen gerichtet, so der Wunsch nach deren Wohlergehen, der Hass soll uns vor Feinden schützen und die freundschaftlichen Gefühle dazu animieren, uns in soziale Gefüge einzubinden. Das alles hat die Natur schon ganz gut eingerichtet und es funktioniert auch heute nach Jahrtausenden der Evolution noch reichlich gut. Auch diese Gefühle kann man sich zu Nutze machen, um daraus Kapital zu schlagen. Filme, Bücher und Musik haben sie zu ihren Hauptthemen auserkoren, denn nichts interessiert uns mehr, als emotionale Themen. Auch wir Männer, die wir Frauen um ihre weiche Seite belächeln, ihren Hang, sich Schnulzen anzusehen, sind davon uneingeschränkt betroffen. Auch wir sind über unsere Emotionen am leichtesten erreichbar, sie unterscheiden sich nur ein wenig von denen der Frau. Männer gucken doch nicht „Star Wars", weil sie sich für die ausgefeilte Technik der Raumschiffe interessieren, oder Formel 1 Rennen wegen der schicken Autos, sondern weil ihre Emotionen oder Instinkte angesprochen werden. Und wieder ist es die Werbeindustrie, die uns bei unseren Gefühlen abholt, Produkte werden gezielt so designet (sieht komisch aus mit dem „T" am Ende, doch ich verlasse mich hier auf die Autokorrektur),dass sie Gefühle ansprechen und nicht nur funktionell sind. Das beginnt beim Aussehen und endet bei der Haptik. Wie fühlt sich ein Produkt an? Kaufen wir ein Auto, so sehen wir in uns nicht nur den Energiesparer, Einkäufer und Familientransporteur, sondern auch den Rennfahrer, den Beherrscher unwegsamer Gelände und den Fahrer des stärksten Vehikels.

Die Frau kutschiert ihr mobiles Kunstwerk durch die Gegend, welches ihr beim Betrachten Attribute wie „niedlich" oder „süß" entlockt oder erfreut sich der Sicherheitsgefühl vermittelnden Größe eines SUV. Natürlich interessiert sich nicht jeder für Automobile, doch irgendeine Schwäche hat jeder, über die man ihn oder sie packen und zum Konsum verleiten kann. Diejenigen, die sich davon bewusst lossagen, werden von der großen Masse ja auch eher mit verwundertem Kopfschütteln bedacht, obwohl diese vielleicht schon einen Schritt weiter sind, als wir Anderen. Der Gedanke daran, auf etwas zu verzichten, was wir bereits besitzen und an das wir uns gewöhnt haben, fällt uns schwer. Experimente zeigen jedoch anhand von Testpersonen und -familien, dass Verzicht nicht zwingend schmerzhaft sein muss und teilweise sogar mit Vorteilen einhergeht, da man sich wieder, gezwungenermaßen auf Verhalten und Tätigkeiten besinnen muss, die schon in Vergessenheit geraten sind. Die Kommunikation untereinander profitiert angeblich extrem vom Verzicht auf Tablet und Smartphone, ich habe es allerdings noch nicht probiert. Dennoch bemühe ich mich bewusst, wenn jemand mit mir spricht, das Handy außerhalb meiner Sichtweite zu verstauen und an diesem Verhalten werde ich auch nichts ändern. Beim Hundespaziergang bleibt es auch zuhause, genau wie mein Portemonnaie, welches ich immer dann vermisse, wenn ein Lokal zum Kaffeetrinken lockt. Wenn ich anderweitig beschäftigt bin, vermisse ich es überhaupt nicht, mein Job lässt seine Benutzung ohnehin nicht zu, worüber ich auch heilfroh bin. Andererseits erfreue ich mich alle paar Jahre, wenn mein altes Telefon endgültig seinen letzten Atemzug getan hat, an dem verbesserten Aussehen des neuen, welches sich auch irgendwie besser anfühlt.

Ist uns all das eben Beschriebene klar, ändern wir unser Verhalten zwar wahrscheinlich nicht nachhaltig, doch wir denken eventuell etwas mehr darüber nach.

Was mich immer wieder aufs neue verwundert, ist die massive Diskrepanz zwischen Empfinden und Handeln. Einerseits sind wir schockiert von Bildern, die uns eine Umweltkatastrophe zeigen, andererseits finden sich in unseren Wäldern unglaubliche Mengen von Unrat, die nicht von allein dorthin gekommen sein können. Sind das alles wirklich nur Idioten, die so etwas tun? Immer wieder kommen Menschen zu mir, die von der ernsthaften Sorge getrieben werden, sie könnten krank werden und bitten um eine Vorsorgeuntersuchung. So weit, so gut. Doch andererseits finden sich unter diesen teilweise verängstigten Leuten bemerkenswert viele, die an ihrer Gesundheit Raubbau betreiben ohne den ehrliche Vorsatz, daran etwas zu ändern, allen voran Raucher. Wie kann man gleichzeitig eine solche glaubhafte Angst vor Herzinfarkt oder Lungenkrebs haben und allen Ernstes weiter rauchen? Verstehe ich einfach nicht. Bitte verstehen sie mich nicht falsch, ich halte denjenigen in der Regel keinen langen Vortrag, sondern wundere mich in erster Linie und biete Hilfe mittels Beratung an ohne aufdringlich zu werden. Ich fühle mich einfach nicht berechtigt, den moralischen Zeigefinger zu heben, Fehler haben wir Alle, ich bilde da, weiß Gott, keine Ausnahme aber ich denke zumindest darüber nach.

Diese Kuriositäten menschlichen Handels, die mir auffallen, und viele bemerke ja auch ich nicht, waren einer der Gründe für mich, mich hinzusetzen und zu schreiben, in der Hoffnung, dass ich mir beim Schreiben über Einiges im Klaren werde und ich mir somit selbst die Welt erkläre.

Die Sicht der Dinge

Es kann Spaß bereiten, sich Gedanken darüber zu machen, wie andere Menschen wohl die Welt sehen. Empfinden sie Farben, Formen, Geräusche genau wie ich oder stellt sich für sie Alles ganz anders dar? Ist deren Grün gar nicht mein Grün? Weicht es nur in Nuancen ab oder vollständig? Diese Fragen werden nur schwer zu beantworten sein, jedoch Einiges wissen wir inzwischen und dazu möchte ich im Folgenden ein wenig erzählen.

Zunächst einmal gibt es ein Phänomen, welches als Bestätigungsfehler oder Confirmation Bias bezeichnet wird. Darunter versteht man den Umstand, dass wir uns, einfach gesagt, die Welt so machen, wie wir sie sehen wollen, wir suchen nach Bestätigung. Das beginnt damit, dass wir uns Informationen möglichst nur aus den Quellen holen, von denen wir uns eine Bestätigung unserer bereits bestehenden Meinung erhoffen. Wir sehen uns mit anderen Enthusiasten unseren Lieblingskultfilm an und fragen diese dann, ob das Gesehene nicht einer der besten Filme aller Zeiten ist. Wie lautet wohl die Antwort? Wir besuchen die Wahlveranstaltung unserer favorisierten Partei und erkundigen uns unter den Anwesenden, wer der geeignetste Kandidat bei der nächsten Bundeskanzlerwahl ist. Unser Bild wird mit ziemlicher Sicherheit bestätigt. Was ich hier beschrieben habe, gilt in erster Linie für subjektive Gesichtspunkte, doch es lässt einen erahnen, warum viele Vorurteile so schwer aus der Welt zu schaffen sind und warum zwei Streithähne so schwer nur aufeinander zukommen können, wenn sie von vornherein konträre Positionen einnehmen und in diesen bisher bestätigt worden sind. Da muss schon jemand eine unglaubliche Überzeugungskraft besitzen, um daran etwas zu ändern oder er muss einen Expertenstatus besitzen. Diesen sogenannten Experten, sind wir, wie ich schon im Vorfeld beschrieben habe, durchaus geneigt, Glauben zu schenken, obwohl die Gründe dafür oft zweifelhaft sind.

Ein weiterer Punkt ist die begrenzte Kapazität unseres Gehirns. Denken Sie einmal an ihren alten Computer. Es gab immer einen Punkt, da war es eine Datei zu viel, die Sie heruntergeladen haben und das Gerät ist in die Knie gegangen, Sie haben Haupt- oder Arbeitsspeicher schlicht und ergreifend überlastet. So kann es unserer Schaltzentrale im Kopf auch ergehen und darum wurden einige Sicherungen eingebaut, damit dies nicht so schnell geschieht. Wenn Bilder oder Töne auf unser Auge oder Ohr treffen, so lösen sie einen Reiz an einer Nervenzelle aus und dieser

Reiz wird über einen anderen Nerven, eine Datenleitung im Computersinn, ins Gehirn transportiert und das Gehirn macht aus diesem Reiz ein Bild. Da die Netzhaut aber nur zweidimensionale Bilder empfängt, wir aber wissen dass unsere Umwelt dreidimensional ist, wird dies auch noch berücksichtigt in der Bildentstehung. Dann kommt noch die Perspektive hinzu und die Abstandsberechnung, welche dafür sorgt, dass wir ein entfernt stehendes Auto nicht für ein kleineres halten, als das, das direkt vor unserer Nase parkt. Hierfür ist bereits eine unglaubliche Rechenleistung notwendig. Nun wendet das Gehirn einen Trick an, was dafür sorgt, dass wir etwas oberflächlicher werden. Es nutzt den Umstand aus, dass wir im Leben bereits viele Bilder kennengelernt haben. Das heißt, wenn wir irgendwo ein Fahrrad sehen, so betrachten wir es gar nicht in allen Einzelheiten, sondern wir nehmen es nur kurz wahr, und das Gehirn baut aus den spärlichen Informationen des kurzen Blickes mit den Erfahrungsbildern von Fahrrädern, die früher gesammelt wurden, ein Bild zusammen. In der Regel reicht dies auch vollkommen aus, weil es auf Einzelheiten nicht so sehr ankommt. Andererseits zeigt dies auch, dass wir als Zeugen manchmal nur einen begrenzten Wert haben. Hinzu kommt noch das unterschiedliche Interesse eines jeden einzelnen Menschen. Der eine interessiert sich für die Marke eines Autos, der andere für die Farbe und der Dritte möchte anhand des Kennzeichens wissen, wo es herkommt. Diese drei Leute haben alle ein unterschiedliches Bild im Kopf.

Vergleicht man Kinder, die, das liegt auf der Hand, über einen geringeren Erfahrungsschatz von Bildern im Kopf verfügen mit Erwachsenen, so stellt man fest, dass Kinder genauer beobachten, da sie die fehlende Erfahrung erst sammeln und stärker auf das genaue Hinsehen angewiesen sind. Beim Hören kommt dann noch das weitere Hörspektrum hinzu.

Viele Bilder würden wir gar nicht wahrnehmen, wenn wir nicht hören würden. Ein Experiment hat gezeigt, wenn man uns bekannte Alltagsgegenstände zeigt, allerdings nur mit einem Auge, und auf das andere Auge ein Störbild gibt, so sehen wir diesen Alltagsgegenstand , zumindest für einen bestimmten Zeitraum nicht. Wurde den Probanden im Vorfeld jedoch genau das zu sehende Objekt beschrieben oder benannt, so konnten sie es sehen, und sie sahen es nicht, wurde ihnen zuvor ein falscher Gegenstand beschrieben. Sie sehen selbst, das Gehör arbeitet mit bei der Entstehung von Bildern. Im einfachsten Fall hören Sie einen Traktor und sehen dessen Bild vor ihrem geistigen Auge. Dies gelingt umso besser, je größer Ihre visuelle Vorstellungskraft ist, meine ist leider ausgesprochen gering, ich war nicht einmal in der Lage, mir einen weißen Balken im Inneren meines Kopfes vorzustellen, von daher habe ich auch keine große Zukunft als Regisseur.

Ein weiterer Punkt ist, dass wir glauben, dass eine große Menge von Leuten eigentlich nicht irren kann. In Experimenten zeigte sich, dass man sich von einer felsenfesten Meinung abbringen lassen kann, wenn nur eine entsprechende Menge von Menschen eine andere äußert, selbst wenn der eigene Standpunkt objektiv eigentlich unbestreitbar ist.

Psychologen legten Leuten ein Bild vor, das sie nachher beschreiben sollten. Auf welche besonderen Merkmale besonders geachtet werden sollte, wurde schon im Vorfeld verraten, denn dies war Teil des Experimentes. Als Bespiel war auf dem Bild eine gelbe Blume zu sehen. Nachher, einzeln befragt, beantworteten die Probanden die Frage nach der Farbe der Pflanze annähernd alle richtig, das heißt deren Beobachtungsfähigkeit war ungetrübt. Fügte man aber, während die Leute befragt wurden, eine Gruppe von unbekannten Menschen hinzu, die einhellig äußerten, die Blume wäre weiß gewesen, so waren etliche Probanden durchaus bereit, ihre Meinung zu ändern, sie wussten ja nicht, dass eine Manipulation vorgelegen hat und die anderen Personen eingeweiht waren und beugten sich dem Gruppendruck.

Es kommt mir vor, als höre ich, wenn uns die Ergebnisse der alljährlichen Kardiologen- oder Internistenkongresse vorgestellt werden, immer den gleichen Einführungssatz: „Herz- und Kreislauferkrankungen sind bei uns die Todesursache Nummer eins und dies sollte sich in Zukunft ändern." Auf den ersten Blick lässt sich daran nicht herummeckern, aber bei genauer Betrachtung stellt sich mir folgende, provokative Frage: Warum sollte sich das ändern? Woran sollen die Leute denn lieber sterben? An Krebs? Oder sollen alle einen Unfalltod erleiden?

So ist die Feststellung freilich nicht gemeint, denn die Suche nach Mitteln gegen die Folgen dieser Herz- und Kreislauferkrankungen sind sicher sinnvoll. Ich wünsche Niemanden einen Schlaganfall, der ihn mit einer so schweren Behinderung weiterleben lässt, dass er als teilweise gelähmtes, nicht mehr sprechen könnendes, schluckunfähiges Individuum vor sich hin vegetieren muss. Klares Ziel, dies sollte verhindert werden. Dass Menschen nach einem Herzinfarkt, der solch große Teile des Herzens betroffen hat, dass es unzureichend funktioniert, durch die leichteste Belastung Luftnot bekommen, will ich logischerweise auch nicht und auch da bin ich mit meiner Meinung bei den Kardiologen, dass etwas geschehen sollte. Außerdem ist es deren Job, sich genau darüber Ihre Gedanken zu machen, andere Krankheiten sind die Probleme anderer Berufsgruppen. Aber an einen Herzinfarkt zu sterben halte ich im Vergleich zu anderen Todesursachen für die gnädigere Form. Ich hoffe, es ist mir gelungen, zu verdeutlichen, was ich meine, dass ein scheinbar nachvollziehbarer Satz durchaus manchmal hinterfragt werden kann, ganz egal, wer ihn geäußert hat. Es fällt uns oft so schwer, über unseren berühmten Tellerrand hinauszuschauen, weil jeder von uns eben in seiner kleinen, eigene Welt lebt, der Eine in einer etwas größeren, der Andere in einer etwas kleineren.

Das Problem, was ich darin sehe, ist unsere Intoleranz. Wir lassen andere Sichtweisen nur ungern zu, weil es nicht unsere sind und wir uns nicht einmal die Mühe machen, uns in Andere hinein zu versetzen. Hinzu kommt unsere Überheblichkeit, mit der wir davon ausgehen, dass ausgerechnet unsere Wahrnehmung die richtige ist. Im kleinen Rahmen ist das auch nicht weiter schlimm, es ist völlig egal, welches das beste Sinfonieorchester der Welt ist, aber wenn es um weitreichende Entscheidungen geht, bin ich dankbar, wenn sie von Menschen getroffen werden, die die Befähigung haben, Standpunkte aus verschiedenen Warten zu betrachten. Das können durchaus Leute sein, die nach genauem Abwägen eine Entscheidung treffen, die nicht populär ist, denn wir wissen ja, dass die Masse nicht zwingend Recht haben muss. Betrachte ich allerdings zur Zeit die weltpolitischen Führer, so kommen mir Zweifel, ob wirklich jedem von ihnen diese Fähigkeit gegeben ist. Kommen wir aber zurück in die überschaubaren Kreise, auf die wir selbst Einfluss haben. Ich werde nicht müde, zu betonen, dass es auch mir besser geht, wenn mein Gegenüber zufrieden ist und darum sollte es in meinem ureigensten Interesse liegen, mich mit ihm zu vertragen. Konflikte machen nur Sinn, wenn sie die Chance auf ein positives Resultat haben. Klar kann abgelassener Dampf auch ein positives Ergebnis sein, doch es stellt sich die Frage, auf welchem Wege man dieses Ziel noch erreichen könnte. Natürlich verlange ich nicht, dass man, wenn man sich ungerecht behandelt oder missverstanden fühlt, trotzdem eine Diskussion vermeidet, aber in Einzelfällen ist sie verzichtbar.

Haben Sie einmal darüber nachgedacht, was sie Alles nicht sehen? Es dürfte die Menge der gesehenen Dinge exponentiell überschreiten und trotzdem trauen Sie sich eine ordentliche Portion Objektivität zu.

Ihr erster Eindruck kann das weitere Bild massiv bestimmen. Sieht Ihr gegenüber einer bekannten Person, die sie in der Vergangenheit immer geärgert hat ähnlich, so ist die Gefahr groß, auch diesen Menschen nicht zu mögen und dessen Aussagen anzuzweifeln und umgekehrt.

Dann nehmen Sie in erster Line wahr, was Sie interessiert und blenden Vieles vom Rest aus. Sympathische Leute betrachten Sie unkritischer, als Ihnen unsympathische. Werden Sie im Vorfeld eines Zusammentreffens mit einem Unbekannte bereits beeinflusst, so fließt das fremde Urteil in Ihr eigenes mit ein. Fatal ist dies bei Schiedsrichtern, Lehrern und Eltern gegenüber diesen Letztgenannten. Außerdem begehen wir immer wieder den logischen Fehler eines Rückschlusses von einer Eigenschaft auf eine andere gar nicht vorhandene, denn ein einfach gekleideter Mensch muss nicht arm sein. Dieser Fehler führt schnell dazu, dass wir Menschen in Schubladen stecken, denn mit dem ärmlichen Aussehen assoziieren wir eine bestimmte soziale Schicht. Funktioniert logischerweise auch umgekehrt mit dem Mann im feinen Anzug, er ist wahrscheinlich wohlhabend und möglicherweise Rechtsanwalt.

Fragen wir eine Anzahl von Leuten, ob ein belesener, klassische Musik liebender 40 jähriger Mann eher Fernfahrer oder Literaturwissenschaftler ist, so wird sich eine erstaunliche Anzahl der Befragten für den Wissenschaftler entscheiden, doch das ist Unsinn, denn es gibt statistisch gesehen, viel mehr Fernfahrer als Literaturwissenschaftler und somit ist die Chance, dass der beschriebene Mann ein Kraftfahrer ist, deutlich größer.

Wir mögen unsere eigenen Schwächen und Fehler nicht und nehmen sie bei unserem Gegenüber verstärkt war und versuchen sie zu bekämpfen, vielleicht behauptet der Volksmund deswegen, dass sich Gegensätze anzögen.

Sehen Sie nach Ihrem Lieblingsbild in einer Ausstellung eines, dass Sie als durchschnittlich empfinden, schneidet es im Vergleich zu ihrem Lieblingsbild deutlich schlechter ab als zu einem, das Sie gar nicht mögen.

Wurden Sie beim Kauf eines gebrauchten Autos mehrmals schlecht beraten, so ist die Wahrscheinlichkeit, dass sie Gebrauchtwagenhändler für gute Menschen halten, eher gering.

Sitzt Ihnen ein ruhiger Mensch gegenüber, so schreiben Sie ihm die Eigenschaft eines guten Zuhörers zu.

Haben Sie sich ab und zu erkannt? Ich mich schon und das ist auch normal.

Nun lassen sich einzelne Aspekte unseres Beobachtens natürlich trainieren. Sicherheitsleute am Flughafen betrachten die Reisenden mit einem anderen Blick , als andere, ihr Blick ist geschult unter dem Röntgengerät werden schnell kleine, verbotene Gefäße entdeckt, die uns gar nicht auffallen würden, beispielsweise Shampooflaschen. Andererseits haben auch sie das Problem ihrer eigenen Erwartung. Bei einem Geschäftsmann aus Texas übersahen sie die versehentlich eingepackte Waffe, weil sie sie bei ihm einfach nicht erwartet haben.

Oft beginnen wir frühzeitig mit der Bewertung einer Situation, ohne dass uns alle Informationen zur Verfügung stehen. Ich merke das häufig, wenn ein Patient Symptome schildert. Entweder die Symptome sind deckungsgleich mit mir bekannten Krankheitsbildern, dann weiß ich was zu tun ist. Oder sie sind mir vollkommen unbekannt und ich bin zunächst ratlos. In diesen Situationen hat es sich bewährt, wenn keine weiteren Klarheit bringenden Informationen mehr vom Betroffenen zu erhalten sind oder dessen Ausführungen immer verwirrender werden, den Menschen körperlich zu untersuchen. Ganz häufig entsteht als Symbiose aus Untersuchung und Bericht im weiteren Verlauf doch noch ein klares Bild, welches sich mit Hilfe von technischen Methoden häufig noch erhärten lässt.

Eine gewisse Hartnäckigkeit hat sich schon häufig als zielführend erwiesen.

Meine Großmutter, geboren im Jahre 1919, Gott hab sie selig, hat zwei Standpunkte vertreten, die nur mit ihrem Weltbild erklärbar waren. Als sie wegen einer Hautkrebsoperation im Krankenhaus lag, war ihr im Nachhinein vollkommen unerklärlich, dass es eine Chirurgin, eine Frau war, die sie operiert hatte. Sie konnte mit dem ihr beigebrachten Frauenbild nicht in Einklang bringen, dass Frauen den in ihren Augen schweren Beruf eines Chirurgen ausüben konnte. Warum eigentlich nicht, wo doch bekannt ist, dass in vielerlei Hinsicht die emotionale Belastbarkeit einer Frau der eines Mannes mindestens ebenbürtig ist und die körperliche Belastung, der eine dermatologischen Chirurgin ausgesetzt ist, sicher nicht die einer Waschfrau übersteigt.

Zweitens bedauerte sie grundsätzlich gutaussehende Menschen denen ein Unglück zustieß. „Warum ausgerechnet diese hübsche Frau, da war das Schicksal aber ungerecht!" Warum war

das Schicksal da besonders ungerecht, warum
hätte es lieber einen Menschen treffen sollen,
der über ein weniger attraktives Äußeres verfügt? Ich verstand natürlich, was sie meinte,
doch mit Logik hatte es nichts zu tun.
Der Vergleich mit Anderen hat es uns angetan.
Schon Kinder berichten ihren Eltern, beim
Wunsch nach Erlaubnis für ein längeres Wegblei-
ben oder nach Erfüllung eines materiellen Wun-
sches davon, dass alle anderen Kinder dies auch
dürften oder besäßen. In der Regel handelt es
sich hierbei um eine Übertreibung, doch auch in
der umgekehrten Argumentation der Eltern lässt
ein Vergleich oft nicht auf sich warten, oft wird
Bezug auf die eigene Jugend genommen und
dabei außer Acht gelassen, dass Zeiten sich ändern.
Ferner ist man mit sich selbst oft gnädiger, als
mit der Umwelt, man verzeiht sich selbst häufiger ein unangemessenes Verhalten als den zum
großen Teil unbekannten Mitmenschen mit der
Begründung, dass das Benehmen der Anderen
doch noch viel schlimmer sei. Die aus dem Auto
geschnipste Zigarettenkippe sei doch nicht vergleichbar mit der gängigen Praxis des Verklap-
pens von Altöl in die Weltmeere. Unter diesen
Schutzmantel der Gnade nimmt man gerne noch
Menschen, die einem nahestehen, sympathisch

oder am aktuellen Gespräch beteiligt sind. Denken Sie einmal an einen Treppenhaustratsch, in dem über das Verhalten eines Nachbarn hergezogen wird. Glauben Sie ernsthaft, dass das eigene Verhalten auch nur einen Deut besser ist? Jedoch neigt man dazu, sich anhand des Fehlverhaltens Anderer zu legitimieren oder zu exkulpieren. Wir vergleichen ständig Äpfel mit Birnen und machen aber das gleiche Verhalten Anderen zum Vorwurf.

Exemplarisch kann man dieses Verhalten im Fußballstadion beobachten. Man hat immer den Eindruck, die eigene Mannschaft werde vom Schiedsrichter benachteiligt, jede Entscheidung gegen das eigene Team wird mit einem gellenden Pfeifkonzert bedacht, der Schiedsrichter scheint der einzige Mensch im Stadion ohne gesundes Seh- und Urteilsvermögen zu sein. Ich mache in diesem Beispiel keine Ausnahme, das muss ich zu meiner Schande gestehen. Oft kam ich nach einem solchen Spiel nach Hause und meine Frau hatte es zeitgleich im Fernsehen gesehen und stellte bei der Begrüßung fest, dass der Schiedsrichter der besten Mann auf dem Platz war, er habe, nach Betrachtung der Zeitlupen, fast alles richtig bewertet. Unglaublich wie viele Sehbehinderte, ich eingeschlossen, vor Ort waren!

Wo ich gerade beim Thema Fußball bin: Als mein Sohn so ungefähr vier oder fünf Jahre alt war, spielte bei Hannover 96 der von der Elfenbeinküste stammende Stürmer Didier Ya Konan, der sich hier einer großen Beliebtheit erfreute, auch bei meinem Sohn, der sich ansonsten aber überhaupt nicht für Fußball interessierte und es auch immer noch nicht tut. Nein, es war dessen äußeres Erscheinungsbild, das ihn faszinierte. Zu Beginn der Saison veröffentlichte die lokale Presse ein Mannschaftsfoto in Postergröße und als Alex es sah, stellte er fest, dass er Ya Konan, ganz egal, wie viele Leute noch auf dem Bild abgebildet seien, immer erkennen würde. Gefragt woran, antwortete er, er sei der einzige Spieler mit solch schönen Zöpfen. Kein Wort zur Hautfarbe! Ich war baff, hätte jemand dieses Zitat aufgenommen, hätte man es zu einem Wettbewerb für gute Ideen gegen Rassismus schicken können. Für uns Ärzte gibt es die Möglichkeit, uns sogenannten Balint-Gruppen anzuschließen. Hier treffen sich eine kleine Gruppe von Medizinern unter Moderation eines psychologisch tätigen Kollegen und schildern ihre Fälle, die ihnen am meisten zu schaffen machen, egal ob fachlich oder emotional. Nach Schilderung des Falles, muss der betroffene Arzt sich zurücknehmen und darf nur auf Fragen antworten und der Rest der Gruppe ist an der Reihe. Auf diese Weise findet man häufig Lösungen, da der Patient aus einem ganz anderen Blickwinkel betrachtet wird, eventuell aufgebaute Sym- oder Antipathien keine Rolle spielen und der Behandler gleichzeitig eine Reflektion des eigenen Handels erhält. Eigentlich eine wirklich gute Idee, nur habe ich mich selbst davon zurückgezogen, da mich diese Gruppenarbeit zu sehr aufwühlte.

Schon im Studium machte mir das Fach Psychiatrie am meisten zu schaffen, da ich, nachdem ich die Geschichten und Leidenswege der Patienten gehört hatte, begann zu reflektieren und bei mir nach Parallelen zu suchen, was mir bei rein somatisch Erkrankten -im Gegensatz zu meinen Kommilitonen- nie passierte. Jetzt wusste ich zumindest, um welches Fach ich besser eine Bogen mache.

Wir bemühen unglaublich gerne Vergleiche, um uns zu rechtfertigen. Dass wir dabei häufig Täuschungen und Manipulationen auf den Leim gehen, nehmen wir in Kauf oder wir wissen es schlicht und ergreifend nicht. Warenhäuser schildern Preise für Artikel unter Angabe eines angeblich früheren Preises aus, welcher viel höher, als der aktuell verlangte ist. Das der frühere Preis frei erfunden ist, ist uns natürlich nicht bewusst und wir haben das Gefühl, Geld gespart zu haben, der Verkäufer das Gefühl, clever zu sein. Beides eine mögliche Sicht der Dinge, die allerdings der objektiven Betrachtung nicht standhält. Der Eine hat keinen Cent gespart und der Andere schlicht und ergreifend beschissen.

Als ich ein kleiner Junge war, war die Mutter meiner Mutter, also meine Oma, allerdings nicht die vorhin zitierte, begeisterte Sammlerin von Antiquitäten und von teuren Kleidungsstücken. Als sie eines Abends begeistert von den mehren tausend gesparten Mark berichtete, die aufgrund einer Preisreduzierung eines gekauften Pelzmantels zustande gekommen seien, forderte mein Vater sie auf, das gesparte Geld zu zeigen. Diese Provokation seinerseits zog natürlich einen dicken Streit nach sich.

Übertreibungen schmücken Geschichten einfach aus. Denken Sie bitte an so genanntes Anglerlatein, in dem der gefangene Fisch im Bericht deutlich an Länge und Gewicht die Wirklichkeit überschreitet. Im Stadion waren mehr Leute, als hineinpassten und die gemessene Fiebertemperatur hätte einen eigentlich umbringen müssen. Und wenn man die Geschichte oft genug erzählt hat, glaubt man sie schließlich. Wenn allerdings zwei gegenseitige Interessengruppen von ein und demselben Ereignis berichten, klafft in der Regel eine gewaltige Lücke zwischen den genannten

Zahlen. Beispielsweise sind Demonstrationszüge nach Angaben der Veranstalter immer wesentlich größer als die Schätzungen der Polizei. Der Eine möchte seinen Erfolg dokumentieren, der Andere beschwichtigen.

Der eigene ist immer, zumindest einen Hauch, besser als der Besitz des Anderen, das beginnt bereits in der Kindheit und diese Unart setzt sich bis ins hohe Erwachsenenalter fort. Nun ist hier die Frage, warum verhalten wir uns so. Zum einen spielt sicher der Wettbewerb eine Rolle, in dem wir uns, wie bereits beschrieben, ein ganzes Leben lang zu befinden glauben und zum anderen spielen wir durch künstliche Aufwertung Defizite des eigenen Besitzes in den eigenen Augen herunter. Nehmen wir an, die Wohnung des Kollegen ist größer, weist mehr Balkonfläche, eine besser Lage und mehr Abstellraum auf, so ist sie doch in der Energieeffizienz der eigenen unterlegen, so einfach ist das.

Es gibt natürlich auch den entgegengesetzten Fall, in dem die Untertreibung die eigenen Interessen widerspiegelt. Das Kind, welches statt um 18.00 Uhr um Viertel vor Sieben nach Hause kommt, macht aus den 45 Minuten gerne eine gute halbe Stunde, das klingt nicht so dramatisch. Genau wie die „paar Gläschen Bier", welche zu einer unüberlegten Handlung geführt haben, weniger dramatisch klingen als 3 Liter.

Die Sicht der Dinge kann allerdings auch von einem ganz anderen Aspekt abhängen, nämlich der Körpergröße. Kinder sehen in ihrer Welt, schon aufgrund der Höhe ihrer Augen, ganz andere Dinge, als wir Erwachsenen. Zum Beispiel die sogenannten „Quengelfächer" an Supermarktkassen, die, mit Süßigkeiten oder Spielzeug gefüllt, bewusst in Augenhöhe der Junioren angebracht wurden und diesen einfach nicht entgehen können, ganz egal wie müde oder gelangweilt sie auch sein mögen. Und wenn ihre Wünsche danach nicht erfüllt werden, quengeln sie eben.

In den letzten Jahren ist immer mehr von Globalisierung, globalem Denken und Handeln die Rede. Ich persönlich halte diese Begriffe für etwas hochgestochen. Es fällt uns doch schon schwer genug, unsere eigene, kleine Welt zu überschauen. Wir fallen permanent auf Täuschungen herein oder täuschen uns selbst, uns gelingt so selten eine wirklich objektive Sicht auf die Dinge und Tatsachen und da trauen wir uns globales Denken zu?

Das große Problem beginnt doch schon mit den unterschiedlichen Kulturen der Menschen, die uns, bis auf die eigene, sehr fremd sind. Um ein

Land oder einen Kontinent beurteilen zu können, müssen wir es oder ihn doch erst einmal kennen. Bevor wir eine Partnerschaft eingehen, müsste sie zuerst unter dem Gesichtspunkt der Fairness ausgelotet werden. Wir bieten sinnbildlich doch nach wie vor Menschen anderer Völker bunte Glasperlen als Tausch gegen ihre Schätze an. Hier beginnt schon ein Ungleichgewicht. Darüber hinaus sind uns deren Werte gleichgültig, da wir schon im Vorfeld unsere eigenen als die unumstößlich besten halten, obwohl es dafür keine nachvollziehbaren Gründe gibt, außer dass wir keine anderen kennen. Teil unserer Werte sind die von uns definierten Normen, die in der viel zitierten EU Banane enden, welche eine bestimmte Größe und Krümmung besitzen darf, um in die EU eingeführt werden zu dürfen. Die von der Norm abweichenden werden vor Ort vernichtet, welch ein Jammer.

Dies ist leider nur der leichteste Teil, der schwierigere dürfte sein, viele Wertesysteme so koexistieren zu lassen, dass alle damit zufrieden leben können. Hungerfreie Kontinente mit Menschen, die in ihrer Tradition weiterleben können neben den westlich orientierten, die auch so weiter machen können, wie es ihnen gefällt.

Zurück zu den Vergleichen und deren Hinken. Betrachten wir die Effizienz von Schul- und Wirtschaftssystemen, so fallen Länder wie Südkorea besonders auf. Allerdings auch in der Suizidrate, welche ein Hinweis darauf sein könnten, dass in dem Land ein Druck aufgebaut wurde, mit dem viele Menschen nicht mehr klar kommen. Man sollte sich also davor hüten, etwas kopieren zu wollen, was nicht eins zu eins zu einem passt. Und umgekehrt sollte man keinem Anderen etwas Eigenes überstülpen wollen, womit dieser nicht zurecht kommt.

Es ist an der Zeit, sich erneut Gedanken darüber zu machen, was mit Globalisierung gemeint ist und was damit gemeint sein könnte, dass man sich mit Leuten aus aller Welt zusammensetzt und alle Wünsche registriert, damit keiner zu kurz kommt. Ein gutes Forum könnten die Vereinten Nationen sein, eine in meinen Augen tolle Institution. Allerdings verstehe ich die Zusammensetzung des Sicherheitsrates nicht. Was rechtfertigt es , dass es fünf ständige Mitglieder gibt? Und warum reicht ein einzelnes Veto, um zu einer Beschlussunfähigkeit zu führen?

Ich vermisse bei uns Menschen oft die Konsequenz, unsere Meinung auch in Handeln umzusetzen. Es dürfte unbestritten sein, dass die meisten Leute von sich behaupten würden, dass das Wichtigste was sie besäßen, ihre Kinder seien. Die meisten Leute stimmen mir darin sicherlich zu. Warum gesteht man das Recht dann nicht allen zu, auch den Menschen in Afrika oder Asien, wo die Kinder für unseren Wohlstand arbeiten müssen? Warum gehen wir nicht mit unserer Welt so um, dass auch die Kinder unserer Kinder sie in einem ordentlichen Zustand vorfinden. Warum verstecken wir uns hinter so vielen fadenscheinigen Argumenten? „Ich trenne meinen Müll nicht, weil es so wie so nichts bringt, da am Ende wieder alles zusammengekippt wird." Dann fragen Sie bitte einmal ihr kommunales Entsorgungsunternehmen oder besuchen Sie deren Tag der offenen Tür oder organisierte Führungen, dann wird man Ihnen das Gegenteil zeigen. Es ist schlimm, wenn wir achtlos etwas in die Natur schmeißen, weil wir nicht nur unseren Dreck hinterlassen, sondern auch ein Exempel statuieren, an dem sich andere orientieren. Wir gehen ja auch, zumindest wenn Kinder uns beobachten können, bei Grün über die Ampel, um als leuchtendes Vorbild voranzugehen, warum tun wir des nicht auch mit der Umwelt? Stellen wir uns doch einfach immer vor, von Kindern beobachtet zu werden. Das dürfte doch gar nicht so schwer sein, zumal wir ohnehin dem Wahn verfallen, zu glauben, überall sichtbar zu sein, da die CIA uns permanent mit seinen Satelliten beobachtet. Nein im Ernst, erstens tun sie das natürlich nicht, weil wir die überhaupt nicht interessieren und zweitens machen wir doch diese Angst zu etwas Nützlichen und versuchen, so oft es geht als Vorbild dazustehen.

Übrigens habe ich meine Probleme mit Denjenigen, die überall Verrat wittern, wenn Überwachungskameras angebracht werden. Erstens was spricht dagegen, zum Beispiel Taxifahrer durch Überwachen ihrer Fahrzeuge vor Überfällen zu schützen ? Und was ist so schlimm daran, wenn ein Unternehmen, welches festgestellt hat, dass immer wieder Mitarbeiter in die Kasse greifen, diese Kassen mittels Kameras zu überwachen, denn wer nichts zu verbergen hat, braucht doch keine Angst zu haben, oder?

Ich denke, wenn sich jeder von uns bemühen würde, den Standard vorzugeben, den er von anderen Leuten erwartet, wäre schon echt viel gewonnen. Wenn alle etwas aufeinander zugingen, würden alle profitieren und wenn wir zu guter Letzt auch noch daran denken, dass es unglaublich verschieden Sichtweisen gibt, sind wir von einem perfekten Zusammenleben nur noch einen Wimpernschlag entfernt.

Ich hab es mir vor einiger Zeit angewöhnt, Leute zu beschwichtigen. Ich bin mir darüber bewusst, dass, zumindest so lange ich meinen Beruf ausübe, mein Wort ein gewisses Gewicht hat. Wenn sich also Jemand über das Handeln oder die Fehler anderer beklagt, so antworte ich häufig, dass das Beschriebene auch mir hätte passieren können und erkläre im Anschluss meine Worte oder führe ein Beispiel meiner Fehler an. Dies führt häufig dazu, dass gedacht wird, dass ein Fauxpas, der selbst einem Arzt passieren könnte, nicht so schlimm sein kann. Das nennt sich Deeskalation. Natürlich können Fehler und Unachtsamkeit schlimme Konsequenzen haben, aber von denen rede ich nicht. Weniger nachsichtig bin ich mit Rücksichtslosigkeit, die ich allerdings von harmloser Gedankenlosigkeit unterscheide. Der Rücksichtslose ist immer auf seinen Vorteil bedacht, wohingegen der Gedankenlose nicht gedankenlos, sondern mit seinen Gedanken nicht bei der Sache ist. Fehler sind verzeihlich, zumal sie, wenn etwas passiert, normalerweise bei demjenigen, dem sie unterlaufen sind, ein schlechtes Gewissen verursachen, was schlimm genug ist. Was glauben Sie, wie viele Leute auf der Welt herumlaufen, die keinen sehnlicheren Wunsch haben, als einen begangenen Fehler rückgängig machen zu können? Vergessen wir diesen Gedanken nicht, wenn wir dabei sind ein hartes Urteil über Andere zu fällen und nach drakonischen Strafen zu schreien. Diese Strafen müssen doch auch noch einen anderen Sinn haben außer Vergeltung. Diese mag dann wichtig sein, wenn der Betroffene keine Einsicht oder Schuldbewusstsein zu haben scheint und er den Eindruck hinterlässt, seine Tat zu jeder Zeit wiederholen zu können. Überlegen Sie einmal, wie schwer ein schlechtes Gewissen lasten kann, wie sehr man sich stigmatisiert fühlen kann, wenn man sich schämt. Mir geht es manchmal dann so, dass ich das Gefühl habe, jeder könne mir ansehen, was ich gemacht habe und das ist schlimm. Ich bin also der Meinung, dass der Satz „Strafe muss sein" oft kritisch gesehen werden muss, denn stimmt er wirklich immer?

Was wollte ich eigentlich sagen?

Es gibt so viele Dinge, über die ich mich täglich wundere. Das sind Nachrichten, Gespräche und Beobachtungen, die mein Erstaunen hervorrufen und die meisten davon verstehe ich nicht auf Anhieb. Je länger ich jedoch darüber nachdenke, desto klarer wird mein Bild davon. Nun habe ich mir überlegt, wenn ich diese Gedanken zu Papier bringe, strukturiere ich sie gleichzeitig und diene damit meinem eigenen Verständnis. Dabei fiel mir auf, dass hinter Etlichem eine Logik steckt, hinter Anderem entdecke ich diese nicht. Oft scheinen sich die Menschen, ich eingeschlossen, selbst im Weg zu stehen. Entweder, weil sie nicht genug darüber nachdenken, was sie tun oder weil sie eingetretene Pfade benutzen, die alle zu nehmen scheinen, die aber zu keinem sinnvollen Ziel führen. In nicht seltenen Fällen liegt es an der Kommunikation, die fehlt oder die gegenseitig falsch verstanden wird. Das liegt nicht zuletzt daran, dass unsere Sprache manchmal ungenau ist oder uns im richtigen Moment die rechten Worte fehlen oder wir ein-fach gelegentlich vergessen, sie zu sagen.
Ein Beispiel für an der eigentlichen Bedeutung vorbeizielende Begrifflichkeit ist im Übrigen das Wort pädophil. Es bedeutet, aus dem Griechi-

schen übersetzt, schlicht und ergreifend kinderliebend. Wer will mir jetzt ernsthaft weismachen, dass Menschen, die Kindern abscheuliche Qualen zufügen, diese lieben? Oft ist uns also auch gar nicht richtig klar, was wir sagen, warum wir es sagen oder warum wir eigentlich bestimmte Dinge tun oder lassen.

Wir lassen uns immer wieder blenden von einem Ruf der Anderen vorauseilt, einem Titel oder einer beeindruckenden Anzahl von Erfolgen auf einem bestimmten Gebiet, von sogenannten Experten. Allerdings sind diese meist nur Experten für ein ganz bestimmtes Gebiet und in der Regel sind ihre Prognosen genauso fehlerhaft, wie die von Laien. Vielleicht macht es daher auch das eine oder andere Mal Sinn, seinem eigenen Instinkt oder seiner eigenen, wohlbegründeten Meinung zu vertrauen.

Zu Beginn der Menschheit, weit, weit in der Vergangenheit, als noch keiner auf die Idee gekommen ist, irgendetwas niederzuschreiben, haben sich Menschen bereits zusammengefunden, um in Gemeinschaften zu leben. Die Kommunikation war damals noch auf ein Minimum beschränkt, doch es reichte, um gemeinsam die elementaren Ziele zu erreichen. Man jagte gemeinsam, suchte sich Höhlen, in denen man Schutz fand und bildete eine wehrhafte Gemeinschaft. Einer gab das Kommando, die Anderen gehorchten. Im Prinzip hat sich daran bis heute nicht viel geändert. Allerdings sind unsere Gemeinschaften größer geworden und es bedarf mehr Anführern. Da diese gesellschaftliche Stellung mit etlichen Annehmlichkeiten verbunden ist, ist das Streben nach diesen Positionen nachvollziehbar. Wir nennen es heute „Karriere machen". Allerdings überschätzt der Eine oder Andere seine Führungsqualitäten und es entstehen Reibungspunkte und Konflikte. Das Austragen dieser Konflikte scheint, wenn sie zu einem befriedigenden Ziel führen sollen, eine hohe Kunst zu sein, denn günstigstenfalls gehen beide Parteien einigermaßen zufrieden daraus hervor. Leider verstehen wir Streitigkeiten häufig als Anlass für einen Wettkampf, aus dem unbedingt einer als Sieger hervorgehen muss und hier sehe ich das Problem: Wenn es einen Sieger gibt, muss es zwangsläufig auch einen Verlierer geben und diese Einstellung könnte man überdenken. Im Laufe der Zeit hat man festgestellt, dass sich Projekte in Gemeinschaftsarbeit am besten realisieren lassen, wenn man Jedem die Aufgabe zuteilt die er am besten beherrscht. Leider funktioniert dieses Zusammenspiel der Menschen oft nur während der Dauer eines Projektes, danach ist wieder jeder auf seinen eigene Vorteil bedacht, obwohl das Zusammenspiel der menschlichen Fähigkeiten und Kräfte unglaublich befriedigend sein kann.

In meinen Augen ist einer der zentralen Werte, die es zu erhalten gilt, die Würde eines Lebewesens und Niemand hat das Recht, diese mit Füßen zu treten. Meiner Meinung nach sind alle Menschen gleich viel Wert, doch sie sind nicht gleich. Das ist ein himmelweiter Unterschied und auch das gebetsmühlenartige Wiederholen bestimmter politischer Gruppierungen ändert nichts daran. Es ist doch nicht zu übersehen, dass jeder von uns seine individuellen Stärken, Begabungen und Schwächen hat und ein gescheites System sieht dies auch. Es bemerkt, dass eine Gleichmacherei nicht zum gewünschten Ziel führt, sondern die individuelle Förderung. Sie sieht auch, dass es auch Sinn macht, neben den Schwachen auch die besonders Leistungsfähigen voranzubringen.

Fragen Sie einen Menschen, was das höchste Gut ist, so wird er, wenn er schon einmal die gegenteilige Erfahrung gemacht hat, Gesundheit antworten. Dafür ist in meinen Augen zunächst einmal Jeder selbst verantwortlich. Es sollte sich inzwischen herumgesprochen haben, was die Gesundheit fördert und was sie beeinträchtigt. Diejenigen, denen es nicht glückt, gesund zu bleiben, steht bei uns ein System zur Seite, welches sie effektiv unterstützt. Doch auch das Gesundheitssystem hat seine Grenzen. Einerseits ist es begrenzt durch den Wissensstand, denn wo noch keine Therapie gefunden wurde, hat es keine Optionen und andererseits natürlich auch durch seine begrenzten finanziellen Ressourcen. Allerdings beklage ich mich bei den angesprochenen Ressourcen auf sehr hohem Niveau, unser System macht schon verdammt viel möglich und wenn es mal einen Hustensaft nicht bezahlt oder die Bestimmung einer Vitaminkonzentration im Blut, so ist das in meinen Augen nicht so schlimm, die Krankenkassen können nicht auch noch die Verantwortung einer brauchbaren Ernährung übernehmen.

Hilfreich kann hier Sport sein. Er dient bekanntermaßen als Heilmittel für viele körperliche Probleme, man muss eben nur damit anfangen und da gibt es einige Kleinigkeiten zu beachten. Absolut im Vordergrund steht für mich der Spaß, den er bereiten sollte, denn sonst hält man ihn sowieso nicht durch. Das Zweite ist eine vernünftige Dosierung, um nicht wegen Erschöpfung und Schmerzen gleich wieder hinzuschmeißen oder seinem Körper Schaden zuzufügen und Drittens die geeignete Ausrüstung.

Wir folgen einerseits unserem Urtrieb zu jagen und zu sammeln und tun gleichzeitig etwas gegen unglaublich viele körperliche Beschwerden. Kein Medikament wirkt so breit und effizient, wie vernünftig durchgeführter Sport. In unserer Kindheit beherrscht uns ja ohnehin noch ein enormer Bewegungsdrang, den es zu fördern und aufrecht zu erhalten gilt. Allerdings überkommt uns im Laufe der Jahre eine gewisse Bequemlichkeit und der Sport bleibt immer mehr auf der Strecke. Und hier sollte man nicht dem weit verbreiteten Prinzip „ut aliquid fiat" (damit irgendetwas passiert, mache ich halt etwas – in der Medizin übrigens auch gern befolgt, um ja keinen zu enttäuschen und sagen zu müssen: "Ich kann Nichts für Sie tun!") folgen, sondern gezielt nach den eigenen Bedürfnissen vorgehen, einfach ausprobieren, es findet sich für die Meisten etwas.

Der Mensch sucht sich oft Etwas, an dem er Halt findet. Dies kann ein anderer Mensch, eine Tätigkeit oder Berufung sein, für viele Menschen ist es ihr Glaube, ihre Religion. Nach meinem Dafürhalten hat kein Mensch das Recht, sie dafür auszulachen oder zu kritisieren. Dass man einen Gott nicht sehen kann, wissen sie selbst und dennoch gibt ihnen der Glaube an ihn Kraft. Ich setze Glaube nicht zwingend mit Kirche oder

Religionsgemeinschaft gleich, auch wenn es da viele Überschneidungen gibt und auch wenn die jeweiligen Heiligen Schriften Vorgaben machen, die uns noch in unserem heutigen Leben unterstützen. Viele Verfassungen und Gesetze beruhen darauf und sorgen dafür, dass unser Alltag in geregelten Bahnen verläuft. Mögen die Anhänger einer rein wissenschaftlichen Erklärung für die Welt und das Leben ruhig auch bei ihrer Meinung bleiben, denn auch sie glauben ja an Etwas, denn eine wirkliche Erklärung für die Entstehung des Lebens habe ich auch von ihnen noch nicht gehört.

Zufriedenheit ist für mich der erstrebenswerteste, länger anhaltende Zustand, den man erreichen kann. In ihm steckt das Wort „Frieden" und meint den inneren und äußeren. Diese Zufriedenheit ist vermutlich durchaus immer wieder erreichbar, wenn wir uns über einige Sachen im Klaren sind. Sie lässt sich nicht von heute auf morgen erzwingen. Man wird sie auch nur in den seltensten Fällen allein erreichen, sondern man braucht die Hilfe Anderer. Diese wird man aber nur erhalten, wenn auch dieser zufrieden ist und hier ist der schwerste und wichtigste Punkt von allen: Wir müssen auf unsere sozialen Fähigkeiten achten, sie bewahren und schärfen, denn alleine erreichen wir nichts. Wettstreit mit Anderen ist schön und gut, gelegentlich brauchen wir den Vergleich, wo wir stehen, das Gefühl von Sieg und Niederlage, doch danach muss man wieder an einem gemeinsamen Strang ziehen. Es ist gar nicht so schwer, auch einmal außer der Reihe zu Mitmenschen freundlich zu sein, denn deren Freude darüber ist meist ansteckend und wirkt sich auf den aus, der die Freude verbreitet hat. Geld macht glücklich, wenn man es verschenkt. Natürlich nicht Alles, nur ein kleines bisschen, um uns an der Freude der Beschenkten zu erfreuen und manchmal müssen wir uns auch einfach einmal selbst ein Geschenk machen, egal wie dieses aussieht.

Auch ein nettes Wort oder das großzügige Übersehen eines fremden Fehlers kann als Geschenk empfunden werden, kostet gar nichts und stiftet eine angenehme Atmosphäre. Fehler machen wir übrigens alle, der eine mehr, der andere weniger, das sollte man nicht vergessen. „Wer denn frei ist von Sünde, der werfe den ersten Stein" sagte Jesus und die Leute legten ihre bereits aufgehobenen Wurfgeschosse beiseite.

Glück ist für mich eine Sache von wenigen Augenblicken, man kann es nicht erzwingen und nicht festhalten, aber man sollte es wenigstens bemerken, egal, ob in dem Moment, wo es da ist oder im Nachhinein, wenn man über die Vergangenheit nachdenkt. In diesem Fall nutzt es nicht, über dessen Flüchtigkeit traurig zu sein, sondern es nachwirken zu lassen und zu hoffen, dass es irgendwann wiederkommt, beeinflussen lässt es sich sowieso nicht und somit ist auch das Streben danach sinnlos. Streben wir lieber nach Zufriedenheit, das kann wenigstens klappen. Der Beginn dazu ist für mich immer der freundliche Umgang mit allen anderen Geschöpfen, dieses ist zwar oft nicht einfach, weil wir so vielen Störeinflüssen wie schlechte Laune, Müdigkeit, Schmerzen, unangenehme, frisch erlebte Ereignisse oder Streitigkeiten ausgesetzt sind. Wenn es aber in einigen Fällen gelingt, sich darüber hinwegzusetzen, indem man sich in dem Augenblick, in dem man auf ein anderes Lebewesen trifft, bewusst wird, dass dieses nichts für die eigene Unpässlichkeit kann, wäre schon wahnsinnig viel gewonnen.

Wie ich vorhin schon schrieb, lassen sich die eigenen Ziele deutlich leichter mit der Hilfe anderer Menschen erreichen. Um diese dazu zu bringen, einem dabei zu helfen, greift man zu Tricks. Das nennt man Manipulation. Schon Mark Twain beschreibt in seinem Roman „Die Abenteuer des Tom Sawyer" eben jenen Tom, der von seiner Tante beauftragt wurde, einen langen Zaun zu streichen, wozu er überhaupt keine Lust hatte.

Zuerst wurde er auch noch von anderen Kindern gehänselt, bis es ihm so geschickt gelang, ihnen seine Tätigkeit schmackhaft zu machen, bis sie auch einmal pinseln wollten. Zu guter Letzt bekam er sogar Geld von ihnen, wenn er sie nur streichen ließ. Gut gemacht Tom, sagen wir uns heute noch und kopieren dieses Verhalten. Ganze Wirtschaftszweige tun den ganzen Tag nichts anderes, als sich zu überlegen, wie sie Menschen am geschicktesten beeinflussen können. Dabei geht es in erster Linie ums Geldverdienen. Man möchte entweder an Ihr Geld oder an Ihre Schaffenskraft kommen. Das Vorgehen wird dabei immer subtiler und man hat vielerorts die argumentative Schiene längst verlassen und versucht, Sie an Ihrer emotionalen Seite zu packen. Man ist bemüht, bei Ihnen Gefühle für das beworbene Produkt auszulösen. Man ist sich dessen bewusst, dass sie das Meiste nicht brauchen, weil Sie fast alles besitzen, was sie für das tägliche Leben benötigen, auch viele Dinge, die den kleinen Luxus bedeuten. Man weiß auch, dass Sie das auch wissen und somit ist ein Appell an Ihre Vernunft nicht erfolgversprechend, also muss man den Wunsch in Ihnen etwas Neues besitzen zu wollen, auf anderem Weg stimulieren. Man regt Ihre Sinne an, Auge, Ohr, Tastsinn, ja man versprüht auch produktspezifische, allgemein angenehm empfunden Düfte auf Verkaufsflächen, um Ihre Nase zu erreichen. Alles möglichst unmerklich. Achten Sie einmal auf Ihre Umgebung, wie häufig man versucht, sie auf diesem Weg zu kriegen und wie oft Sie es umgekehrt auch mit anderen versuchen. Wir sind schon in unserer Kindheit diesen Manipulationen ausgesetzt. Das ist alles nicht schlimm, wir müssen es nur merken. Leider muss man, um dieses Ziel zu erreichen, ein gewisses Maß an Unzufriedenheit in uns einimpfen, denn wenn wir mit dem Status Quo zufrieden wären, wäre unsere Lust am Fortschritt und Konsum gebremst und diese Unzufriedenheit lässt oft unsere unangenehmen Eigenschaften zum Vorschein kommen. Wir werden dann geizig, raffsüchtig, benutzen vermehrt unsere Ellenbogen, um uns gegen Mitbewerber durchzusetzen, um die Ersten zu sein. Wenn Ihnen dieser Umstand klar ist, ist es leichter für Sie, sich ab und zu dagegen zu wehren, denn eigentlich möchten Sie, so glaube ich, gar nicht unzufrieden sein. Neulich glaubte ich, dass unser Kaffeevollautomat seinen Geist aufgeben könnte und informierte mich nach dessen Nachfolgemodellen, welche mich von ihrer Beschreibung so faszinierten, dass ich drauf und dran war, trotz Überleben des alten, einen neuen zu kaufen. Welch ein Blödsinn, denn die alte Maschine mahlt frischen Kaffee, brüht ihn auf und ist in der Lage Milch aufzuschäumen, mehr kann die neue auch nicht.

Es wird immer wieder behauptet, die Menschen würden immer schlimmer, die Welt immer roher. Das glaube ich nicht! Betrachten wir die Geschichte, dann stellen wir zunächst einmal fest, dass Menschen zu jeder Zeit in der Lage waren, sich ihre Umwelt recht schnell anzupassen und nichts anderes tun wir heute. Wir passen uns gerade an das Computerzeitalter an und befinden uns vermutlich mitten in einer Gewöhnungsphase. Außerdem gab es zu jeder Zeit schlimme Auswüchse menschlichen Tuns. Möchten Sie im Mittelalter gelebt haben? Glauben Sie zwischen 1933 und 1945 herrschte weltweit ein angenehmes und höfliches Klima? Ich denke, es gab zu allen Zeiten Gute und Böse und jede Ära hat ihre Vorzüge und Nachteile, versuchen wir also aus der Zeit, in der wir gerade leben, das Beste zu machen, es bleibt uns ohnehin nichts Anderes übrig.

Natürlich sind momentan augenscheinlich viele Menschen sehr gestresst und bei vielen führt dieser Stress zu krankhaften Symptomen. Hier gilt es aufzupassen, denn wenn man zu lange zögert, darauf zu reagieren, wird es schwierig, den in Gang gesetzten Prozess wieder rückgängig zu machen. Doch nicht jeder Stress macht gleich krank, nicht jeder Belastung ist gleich Stress, hier das richtige Maß zu finden, ist nicht so einfach. Hier tragen wir Ärzte sicher eine nicht zu unterschätzende Verantwortung, die Situation richtig einzuordnen. Es dürfte sich ja bereits herumgesprochen haben, dass jeder auf sich achten sollte, die sogenannte Work-Life-Balance ist in aller Munde.

Vielleicht mangelt es uns häufig an einer gewissen Form von Behutsamkeit anderen gegenüber, die wir uns wieder angewöhnen sollten, aber es ist auch nicht jede Kritik mit Mobbing zu verwechseln.

Ein Mensch, der die Welt ohnehin immer durch misstrauische Augen betrachtet, wird eher das Gefühl haben, man wolle ihm etwas anhaben, wird sich eher missverstanden und gemobbt fühlen, als der Optimist. Optimismus ist allerdings schwer zu erlernen, vor Allem, wenn einem das Leben etwas Anderes beigebracht hat. Aber mir fällt es schwer, den mir permanent begegnenden Pessimismus immer nachzuvollziehen. Es können doch nicht so viele Leute vom Leben gezeichnet sein, so dass man ein gewisses „Prinzip Unzufriedenheit" dahinter vermuten könnte.

Ich will aber keinesfalls bestreiten, dass es Mobbing wirklich gibt und wenn einem so etwas auffällt, so sollte man den Opfern helfen, denn es hat sich gezeigt, dass man ohne Hilfe von außen nur schwer einer solchen Situation entkommen kann. Die Gründe, Opfer zu werden können mannigfaltig sein und oft sind sie auf den ersten Blick nicht erkennbar. Ein Kind könnte in der einen Klasse für seine Begeisterung für klassische Musik und sein fabelhaftes Geigenspiel der Star sein, in der Parallelklasse wird er gehänselt und geschnitten. Ein logisches Prinzip ergibt sich daraus nicht. Das Problem ist nur, dass je länger das Opfer dieser Situation ausgesetzt ist, desto mehr findet es sich damit ab, bis es an den Punkt gelangt, an dem es selbst glaubt, es verdient zu haben, gequält zu werden. Und dazu hier mein ganz klares Statement: Kein Lebewesen auf der ganzen Welt verdient es, von anderen gequält zu werden. Niemand hat das Recht, die Würde eines Anderen zu verletzen. Passiert so etwas in einer Schule, so sind Lehrer und Schulleitung ohne Wenn und Aber am Zuge, das Gleiche gilt für Vorgesetzte am Arbeitsplatz, es muss so schnell es geht im Keim erstickt werden. Es sollten überall engagierte Programme aufgelegt werden, um durch Prävention vorzubeugen und wenn Fälle bekannt werden, so sollten die Opfer schnell spüren, dass sie nicht alleine sind und

Unterstützung bekommen, günstigstenfalls breite, denn diese tut unsagbar gut

Jedem dürfte klar sein, dass nicht jeder Mensch die gleiche Sicht der Dinge hat. Die Gründe dafür sind unterschiedlich, sind aber zum großen Teil in den Erfahrungen begründet, die eine Person gemacht und wie sie sie verarbeitet hat. Hinzu kommen eine unterschiedliche Perspektive, ein unterschiedliches Auffassungsvermögen und differierende Geschmäcker. Alle genannten Punkte sind uns eigentlich klar und dennoch sind wir schnell dabei, zu kritisieren. Was wollen wir damit bezwecken? Stört uns der andere Standpunkt so sehr oder wollen wir uns in den Vordergrund drängen oder wieder einmal gewinnen. Ich will damit sagen, dass sich viele Meinungsverschiedenheiten geschickter aus der Welt schaffen ließen, wenn wir uns vorher überlegten, warum uns eigentlich etwas stört. Ist es tatsächlich nur der Geschmack des Anderen, so sagt doch schon der Volksmund, dass man darüber nicht streiten solle, im Übrigen versuche ich vor einem endgültigen Urteil, so oft es mir einfällt, mich in mein Gegenüber hineinzuversetzen, wenn es danach immer noch nötig ist, kann ich immer noch meckern. Leider denke ich noch viel zu selten daran.

Zusammenfassung und Danksagung

Ich hatte im Vorwort gesagt, dass ich keinen Ratgeber schreiben möchte, da ich Sie alle gar nicht kenne. Vielmehr habe ich ein wenig meine Sicht der Dinge dargelegt und habe während des Schreibens meine Gedanken geordnet, in der Hoffnung am Ende dieses Buches etwas klarer zu sehen und ich glaube dass es mir ein wenig gelungen ist. Vielleicht habe ich Dinge angerissen, die Ihnen bewusst oder unbewusst auch schon aufgefallen sind, die Sie aber vielleicht ganz anders bewerten als ich und das ist gut so. Ich hoffe, dass wir uns in Erinnerung rufen, wie wichtig es ist, sein Stückchen Zufriedenheit zu finden. Dabei muss jeder seinen eigenen Ansatz finde, denn keiner setzt seine Prioritäten gleich. Also zitiere ich Horaz: „Carpe diem, quam minimum credula postero." Frei übersetzt heißt dies, dass man den Tag nutzen solle, da man nicht weiß, was der nächste bringt.
Unter Umständen ist ja die eine oder andere Anregung dabei, wo Fallstricke lauern könnten, die einen davon abzuhalten versuchen. Wahrscheinlich fallen Ihnen noch ganz andere ein, auf die ich gar nicht gekommen bin.
Ich habe im Laufe des Lebens gemerkt, dass mein Wohlbefinden steigt, je mehr ich ich selbst sein

darf und ich mich nicht zu verstellen brauche. Dazu habe ich allerdings lange gebraucht, um dies zu begreifen. Ich wünsche Ihnen, dass Sie schneller dahinter kommen, dass Sie so, wie Sie sind, okay sind und nur selten in Ihrem Leben eine Rolle spielen müssten.

Falls Sie mochten, was Sie gelesen haben und sich dafür interessieren, welche Meinung ich zu Ihren Standpunkten habe, so lassen Sie es mich unter der E-Mail-Adresse dirkszufriedenheit@gmx.de wissen. Wenn sich genügend Interessierte finden sollten, schreibe ich gerne weiter.

Ich bin gespannt, wie ich mich fühle, wenn ich dieses Projekt abgeschlossen habe, mit dem ich doch eine Menge Zeit verbracht habe. Auf diesem Wege danke ich meinem Sohn Alex für seine Geduld, als ich immer wieder auf seinem Laptop schrieb, den er doch gleichzeitig für mindestens genauso wichtige Zwecke gebraucht hätte, danke. Und Dank Hündin Zoe, denn die Spaziergänge mit ihr brachten mich immer wieder auf gute Gedanken, auch schon lange vor diesem Buchprojekt. Danke meiner Frau Ron, deren kritische Anmerkungen mich immer wieder Einiges überdenken lassen und an meine Tochter Tamika für die Gespräche und die vielen Einfälle, die sie mit mir diskutiert hat und hoffentlich noch lange tun wird.

Schön wäre es, für Sie eine gewisse Inspiration geschaffen zu haben, wenn ja, dann beginnen Sie schnell damit, Etwas für Ihre Zufriedenheit zu tun denn , wie die Römer schon erkannten „Canes mordent ultimum", also „den Letzten beißen die Hunde."

FSC
www.fsc.org

MIX

Papier aus ver-
antwortungsvollen
Quellen
Paper from
responsible sources

FSC® C105338